Wer war das? · Dichter und Denker

In dieser Reihe sind bisher erschienen:

Christine Schulz-Reiss

WER WAR DAS?
Dichter und Denker

ISBN 978-3-7855-6357-1
1. Auflage 2009
© 2009 Loewe Verlag GmbH, Bindlach
Vignetten: Beate Mizdalski
Umschlagfotos: gettyimages/James Strachan (Bücherwand), akg-images
und akg-images/Archiv Klaus Wagenbac (Porträts)
Printed in Slovenia (004)

www.loewe-verlag.de

Wer war das?

Einleitung

Faust. Der grüne Heinrich. Das Gespenst von Canterville. Der Panther. Das fliegende Klassenzimmer. Baal. Der Richter und sein Henker … Diese oder andere Gedichte, Dramen, Romane, Erzählungen kennst du vielleicht aus der Schule oder weil du gern liest. Oder du hast Zitate aus ihnen gehört. „Ich weiß, dass ich nichts weiß!" „Was du nicht willst, das man dir tu …" „Zur Frau wird man nicht geboren …" Auch solchen Gedanken oder Weisheiten bist du sicher schon mal begegnet, hast dich gefragt, was das heißen soll und was der oder die Philosoph/-in damit sagen will. Du hast im Unterricht gelernt, Werke zu interpretieren, und dabei gemerkt, dass es in Literatur und Philosophie eigentlich immer um dasselbe geht: darum, eine Antwort auf die Frage zu finden, was ein gelingendes Leben ist und wie es der Mensch schafft, ein solches zu führen. Über die Autoren selbst hast du vermutlich nicht viel mehr als ein paar dürre Lebensdaten erfahren, welcher Epoche sie angehören und vor welchem historischen Hintergrund ihre Werke entstanden sind. Dass sie uns heute noch interessieren, viele dieser Ideen, Balladen, Dramen, Romane der längst verstorbenen Denker nach wie vor auf dem Lehrplan stehen, liegt daran, dass das, was sie über die Welt und ihre Werte, über die Menschen und das Leben vermitteln, noch immer gilt. Es hat nichts von seiner Aktualität verloren, sosehr sich die Welt und wir in ihr uns auch verändern. Es hilft uns, sie zu verstehen.

Dabei sind die Autoren selbst und ihr Leben genauso spannend wie ihr Werk. Was waren das für Menschen? Wie sind sie aufgewachsen? Welche Ereignisse haben sie geprägt? Waren sie glückliche Kinder, gut oder schlecht in der Schule? Arm oder reich? Gesund oder krank? Darüber erfährst du in der Schule wenig oder gar nichts. Viele dieser „Genies" waren ganz „normale" Menschen wie du und ich, andere arme Teufel, wunderlich oder gar etwas verrückt. Über jeden gibt es weit mehr zu erzählen als das, was sich in Spuren, Andeutungen, Gleichnissen oder auch handfest in seinem Werk niederschlug. Dieses Buch stellt dir einige dieser „Großen" näher vor. Warum ließ sich einer von verfaulten Äpfeln inspirieren? Warum bot eine Philosophin einem Mann an, ihm den Dreck vor den Füßen wegzukehren, obwohl sie die Frauen dazu aufrief, sich gegen das „andere Geschlecht" zu wehren? Warum steckte einer die eigenen Söhne und Töchter ins Heim, obwohl er glaubte, nur aus einem glücklichen und freien Kind könne ein vernünftiger Mensch werden? Warum inszenierte sich ein Kerl als Macho und Säufer, war in Wirklichkeit aber zerbrechlich wie Glas? Manchen, vor dessen großartigem Werk du vielleicht bislang vor Ehrfurcht erstarrt bist, wirst du anschließend vom Sockel holen, andere bemitleiden, missbilligend den Kopf über sie schütteln oder herzlich lachen.

Der französische Schriftsteller André Gide hat einmal gesagt: „Einen Dichter seiner Werke wegen zu lieben und ihn dann persönlich kennenzulernen, ist manchmal so, wie Gänseleberpastete zu lieben und hinterher die Gans kennenzulernen." Die eine „Pastete" schmeckt dir vielleicht, die andere gar nicht. Wenn du die „Gans" (sprich: den Kopf hinter den literarischen „Kostproben") kennst, wirst du an mancher zusätzlich einen ganz anderen, neuen Geschmack entdecken. Womöglich bekommst du Lust, einige Werke noch einmal oder zum ersten Mal zu lesen.

Jeder dieser Biografien habe ich als „Appetithappen" ein Rätsel vorangestellt mit einem Detail aus dem Leben der dargestellten Person oder ihres Werks. Damit kannst du dich und andere testen: Wer war das?

Die innere Stimme

Na danke! Auf einen solchen Spruch hätte Sophróniskos auch verzichten können! Der Steinmetz war nach Delphi gekommen, um sich, wie das zu seiner Zeit üblich war, bei der Seherin Pythia ein Orakel für seinen Sohn sagen zu lassen. Gehofft hatte er auf einen Rat, wie er den Knaben am besten erziehen könne. Stattdessen erhielt er die schnöde Auskunft, er solle den Jungen einfach tun und machen lassen, was der für richtig halte, und ihn auf keinen Fall zu irgendetwas zwingen. Nicht schaden könne es, ab und an für ihn ein Gebet zu Zeus zu schicken. Ansonsten solle er ganz unbesorgt nach Hause gehen. Sein Nachwuchs nämlich trage „einen" in sich, der ihn weit besser ins Leben führen werde als jeder Lehrer oder Erzieher. Jahrzehnte später befragte ein Freund des Sophróniskos-Sohnes das Orakel, welcher Mensch weiser sei als der. Diesmal antwortete die Seherin: Es gebe keinen! Vielleicht weil niemand so viele Fragen stellte wie er?

Der so Bezeichnete war mittlerweile in ganz Athen bekannt wie ein bunter Hund, weil er jeden, der sich auf eine Unterhaltung mit ihm einließ, mit nicht enden wollenden Fragen quälte und so in die Enge trieb, dass sich sein Gegenüber schließlich wie ein Dummkopf vorkam. Dabei konnten seine Gesprächspartner von ihm selbst nicht einmal die „richtige" Antwort erwarten. Denn dann sagte er: „Das Einzige, was ich weiß, ist, dass ich nichts weiß!" Manche machte seine Fragerei wütend, andere, vor allem junge Männer, bewunderten, ja, liebten den komischen Kauz dafür und konnten nicht genug vom Gedankenaustausch mit ihm kriegen. Genau dafür zahlte er mit dem Leben: Ein Gericht verurteilte ihn zum Tode, weil er die Jugend verführe und sich gegen die Götter gestellt habe. Dabei hatte er nur auf seine „innere Stimme" gehört.

Wer war das?

Sokrates –

der „Narr von Athen"

Geboren 469 v. Chr. in Athen
Gestorben 399 v. Chr. ebenda

Was war denn da schon wieder los? Bis auf die Straße war Xanthippes Gezeter zu hören. Und wie immer verließ Sokrates ungerührt Frau und Haus. Was kümmerte ihn ihr Gekeife? Wie fast jeden Tag machte er sich an diesem Morgen auf ins Zentrum Athens. Er war noch nicht aus dem Schatten des Hauses getreten, da flog oben ein Fenster auf und über ihm ergoss sich ein letzter wütender Gruß seines Weibes: Sie leerte einen Wassereimer über ihm. Sokrates schüttelte sich wie ein nasser Hund und rief den gaffenden Nachbarn erhobenen Hauptes zu: „Sagte ich nicht, dass Xanthippe, wenn sie donnert, auch Regen spendet?" Keiner seiner Freunde verstand, wie er es mit einer solchen Furie von Frau aushielt. Warum ausgerechnet Xanthippe? Wer so fragte, dem erteilte Sokrates diese Lektion: Wer ein guter Reiter werden wolle, wähle ja auch lieber ein wildes als ein williges Pferd. Wenn er es schaffe, dieses zu zügeln, sei es danach ein Kinderspiel, jedes andere im Zaum zu halten. Wenn er also Xanthippe ertrage, könne ihn so leicht kein Mensch mehr erschüttern. Allerdings hatte seine Frau es ihrerseits auch nicht leicht mit ihm – statt mit dem erlernten, ehrlichen Handwerk Geld zu verdienen, trieb sich der Steinmetz herum, um mit Leuten zu reden und zu philosophieren. Bestenfalls brachte er mal eine auf der Straße gefundene Münze mit nach Haus. Wie sollte sie davon die Familie mit den drei Söhnen ernähren? Was half es ihr, dass Sokrates selbst wenig brauchte? Er ging stets barfüßig und seiner Tunika sah man an, dass es seine einzige war. Er rühmte sich gern: „Wie zahlreich sind doch die Dinge, derer ich nicht bedarf!" Es musste wie Hohn in Xanthippes Ohren klingen, wenn ihr Mann seine Bescheidenheit philosophisch so überhöhte: „Wer am wenigsten braucht, ist den Göttern am nächsten!" Nur einmal besaß Sokrates einen dicken Batzen Geld – das Erbe seines Vaters. Und was tat er? Erst lieh er es einem Freund, dann erließ er diesem die Schulden.

Sokrates war nicht der einzige Mann in Athen, der sich im fünften Jahrhundert vor Christus in der Welt der Gedanken, der Philosophie und Rhetorik, also der Kunst des Redens, bewegte. Die meisten seiner „Kollegen" ließen sich dafür bezahlen, dass sie ihr Wissen weitergaben. Diese Wanderlehrer wurden „Sophisten" genannt, was ein halbes Schimpfwort war, gab es doch etliche, die sagten, was ihre Schüler hören wollten. Nicht so Sokrates, der seinen Schülern niemals fertige Lehren erteilte. Er forderte sie vielmehr durch unbequeme Fragen zum selbstständigen Denken auf. Sie sollten allein herausfinden, was Tapferkeit oder Feigheit, Reichtum oder Armut, Gut oder Böse, rechte Staatsführung oder schlechte sei. Zum Nachdenken stachelte er auch jeden an, der sich von ihm in ein Gespräch verwickeln ließ, sei es ein einfacher Eseltreiber oder ein stolzer Staatsmann. Wer mit Sokrates einen noch so harmlosen Wortwechsel begann, landete unweigerlich bei den ganz großen Fragen des Lebens.

Sokrates nahm kein Geld von seinen häufig adeligen Schülern. Bestenfalls ließ er sich zu einem abendlichen Gelage einladen und schlug dann manchmal auch das angebotene Nachtlager nicht aus. Er machte keinen Hehl daraus, dass er schöne Knaben liebte. Im Athen seiner Zeit war das nichts Anrüchiges – und Sokrates ging es dabei um etwas anderes als um körperliche Liebe: Sein Ziel war das Verschmelzen von Gedanken und Geist.

Eigentlich war dieser Sokrates ein grundsolider Mann, der aus einem rechtschaffenen Elternhaus stammte. Der Vater war ein fleißiger Steinmetz und führte seinen Sohn in dieses Handwerk ein. Der zeigte sich durchaus begabt: Zwei von ihm gefertigte Statuen sollen die Athener Burg geziert und dort dem Zahn der Zeit 600 Jahre lang widerstanden haben. Mehr noch als den Vater bewunderte Sokrates seine Mutter Phainarete. Sie hatte ihm – vermutlich im Jahr 469 – das Leben geschenkt. Phainarete war Hebamme. Später verglich ihr Sohn seine Tätigkeit gern mit ihrem Beruf: So wie seine Mutter Frauen geholfen habe, ihre Kinder aus dem Körper zu entbinden, stehe er durch seine Fragen Männern, die mit Gedanken „schwanger" gingen, bei der Geburt ihres Innersten, ihrer Selbst und damit der Wahrheit bei. Die sei verborgen, ganz wie die Götter, die sich dem Menschen ja auch nicht zeigten. Deshalb sei er den Menschen mit seiner Arbeit zu Diensten.

Sokrates' Methode, durch Fragen Begriffe zu klären und damit den Dingen auf den Grund zu gehen, wird Mäeutik genannt: Das (alt-)griechische Wort heißt eigentlich Hebammen-Kunst – seine Mutter war Hebamme.

Mit dieser Art Geburtshilfe, seiner „sokratischen Frageweise", rief der Athener die Philosophie, wie wir sie heute kennen, ins Leben. Philosophen („Freunde der Wahrheit") gab es zwar schon vor ihm. Diese Denker aber untersuchten die Natur: Sie wollten herausfinden, woraus die Welt besteht, wie sie funktioniert, wie Luft und Wasser, Erde und Feuer, Belebtes und Unbelebtes zusammenhängen. Sokrates dagegen nahm sich die Menschen vor. Sein Ziel war es, hinter das Geheimnis von Geist und Seele zu kommen und die Wahrheit darüber herauszufinden, was gut ist und was böse, was richtig und was falsch. Er fragte also nach dem Sinn des Lebens, danach, was „rechtes Leben" sei. Das machte ihn zum „Vater der Philosophie".

Sokrates begründete die Philosophie – so, wie wir sie noch heute verstehen und betreiben.

Dabei hat er selbst kein einziges Wort aufgeschrieben. Wir wissen noch nicht einmal, ob er des Schreibens mächtig war. Gebildet war Sokrates allerdings: Ein Freund nahm ihm eines Tages den Meißel aus der Hand, um ihn aus der Werkstatt in die Welt des Wissens zu führen. Daraufhin beschäftigte sich der Steinmetz mit Musik, Astronomie, Geometrie, Poetik und Rhetorik. Was wir über Sokrates wissen, stammt aus den Federn anderer – allen voran seines Schülers Platon, der die Lehren seines Meisters niederschrieb und damit ebenso berühmt wurde wie der. Ein anderer Sokrates-Schüler und -Biograf war der griechische Feldherr und Schriftsteller Xenophon.

Sokrates trieb sich aber nicht nur in der Welt der Gedanken herum: Er kam auch seinen Pflichten als Athener Bürger nach. So leistete er, wie sich das gehörte, Wehrdienst und zog dreimal, 431, 424 und 422 für seine Heimatstadt als Hoplit, also als schwer bewaffneter Fußsoldat, gegen Sparta in den Peloponnesischen Krieg. Dort zeigte er sich außergewöhnlich zäh. Selbst im Winter marschierte Sokrates auf nackten Füßen ins Feld. Wenn im Sommer seine Kameraden über die Hitze stöhnten, hörte man von ihm keinen Ton. Flohen andere panisch vom Schlachtfeld, trat Sokrates in aller Ruhe den Rückzug an. Einmal schleppte er den verwundeten Feldherrn Alkibiades mit sich und rettete ihm so das Leben. Sokrates aß und trank nicht viel. Ließ er sich aber, was selten vorkam, auf ein Gelage ein, war ihm Wein wie Wasser: Dann fasste er mit seinem Becher noch immer nach, wenn die hartgesottensten Säufer längst unter den Tischen lagen.

Auch seinem Ruf, ein komischer Kauz zu sein, machte Sokrates als Soldat alle Ehre. In einem seiner Dialoge lässt Platon den Alkibiades erzählen: Eines Morgens habe Sokrates reglos und so tief in Gedanken versunken im Freien vor seinem Zelt gestanden, dass er nicht ansprechbar war. Den ganzen Tag gab er diese unbewegliche Statue ab. Es wurde Nacht – und Sokrates rührte sich noch immer nicht. Seine Kameraden machten sich lustig über ihn. Einige breiteten gar zu seinen Füßen ihr Nachtlager aus, um nicht zu verpassen, wenn der Denker wieder zu sich kam. Der ließ sie bis zum Morgengrauen warten. Dann begrüßte er die aufgehende Sonne mit einem Gebet und schritt davon, als sei nichts gewesen.

Zu Hause galt er in dieser Zeit schon längst als „Narr von Athen". Nicht nur, weil er auch dort manchmal stundenlang bewegungslos mitten auf der Straße verharrte. Mehr noch, weil er jeden, den er zu fassen bekam, zur Rede stellte und manchen mit seiner Fragerei an den Rand des Wahnsinns trieb. Wehe, einer maßte sich an, von Tapferkeit oder Tugend zu reden! Dem bewies Sokrates, dass er eigentlich gar nichts davon verstand. Manchmal steckte er dafür Püffe und Knüffe ein. Sokrates nahm es gelassen und verkündete weiter seine Lehre: Niemand solle hehre Begriffe wie Tugend oder Tapferkeit verwenden, bevor er nicht deren wahre Bedeutung kennt! Dazu aber müsse der Mensch erst mal wissen, wer er selber sei. Viele schimpften ihn deshalb einen Quengler, Flausenmacher oder Wortverdreher. Andere machten sich lustig über ihn: wie der Dichter Aristophanes, der ihn in seiner Komödie „Die Wolken" als „Erhabenheitsschwätzer" in Szene und ihm damit auf der Bühne ein Denkmal setzte. Und was tat Sokrates, der bei der Aufführung mitten unter den Zuschauern saß? Als die sich vor Vergnügen auf die Schenkel klopften, stand er auf und bedankte sich mit erhobener Hand und Verbeugung beim Publikum für dessen Gelächter.

Sokrates war nicht nur ein Unikum, er sah wohl auch so aus: mit seiner knubbeligen, viel zu kurz geratenen Nase über den wulstigen Lippen, seinem, wie er selbst sagte, viel zu dicken Bauch und den spärlichen Haaren auf dem runden Kopf. Seinen Scheitel zierte eine glänzende Glatze. Die eingangs gestellte Frage, warum er Xanthippe geheiratet habe, ließ sich auch andersherum stellen: Was fand Xanthippe bloß an einem solch hässlichen Mann, der bei der Heirat schon fünfzig Jahre alt war? Er soll aber sogar noch eine zweite Frau erobert haben: Myrto heiratete er, so heißt es, auf Wunsch des Staates. Athen gingen damals wegen all der Kriege die Kinder aus. Deshalb wurden die Bürger aufgerufen, Zweitehen einzugehen. Von Myrto stammte angeblich Sokrates' dritter Sohn. Vielleicht ist das aber nur eine Legende, zumal Sokrates' Meinung von der Ehe nicht gerade die beste war. Als ein Freund ihn fragte, ob er heiraten solle, sagte er diesem: „Egal was du tust, du wirst es bereuen."

Mit 63 Jahren stellte sich Sokrates noch mal in die Dienste des Staates: Er wurde im Jahr 406 zum „Prytanen" gewählt und war damit Mitglied des „Rats der 500", wobei er sich stets an die Gesetze und nicht an die Wünsche der Regierung hielt. So widersetzte er sich dem Befehl, einen politischen Gegner auszuliefern. Ein andermal stimmte er als Einziger gegen die Todesurteile, die der Athener Gerichtshof über die Feldherrn einer verlorenen Seeschlacht verhängte. Das sollte die Strafe dafür sein, dass sie ihre Gefallenen unbestattet zurückgelassen hatten. Sokrates hielt dagegen, es sei dem Staat nicht erlaubt, sich zum Herrn über Leben und Tod aufzuspielen. Unter den Mächtigen schaffte man sich so keine Freunde. Aber Sokrates beugte sich nicht – auch nicht den dreißig Tyrannen, die 404 die Herrschaft über Athen an sich gerissen hatten. Sie vertrieben und verfolgten ihre Gegner. 1 500 ehemalige Bürger überlebten diesen Terror nicht. Trotzdem blieb Sokrates in Athen.

Mehr noch: Er sprach vor seinen jungen Schülern über gute und schlechte Herrscher. Einen schlechten stellte er einem Hirten gleich, der der ihm anvertrauten Herde Schaden zufügt und dann nicht zugeben will, dass er ein miserabler Hirte sei. Und er fragte, ob es nicht noch viel schlimmer wäre, wenn der Leiter eines Staates die eigenen Bürger vertreibt oder ihr Leben verschlechtert und sich dafür noch nicht einmal schäme, geschweige denn eingestehe, dass er ein schlechter Staatenlenker sei. Das ging zu weit! Was fiel Sokrates ein, den Mächtigen vor der Jugend so den Spiegel vors Gesicht zu halten? Einen der dreißig, Kritias, hatte Sokrates schon vorher mit spitzfindigen Bemerkungen verärgert und beleidigt. Gemeinsam mit seinem Kollegen Charikles untersagte Kritias dem Philosophen daraufhin weitere Reden vor jungen Leuten. Im Gegenzug führte Sokrates die beiden nun erst richtig vor: Damit er nicht unwissentlich gegen das Gesetz verstoße, sollten sie ihm doch bitte sagen, ob sie mit dem Verbot wahre oder unwahre Reden meinten. Seien die wahren gemeint, müsse er also unwahre führen, meinten sie unrechtes Reden, müsse er sich um rechtes bemühen. Daraufhin verboten die Tyrannen ihm gänzlich den Mund und zerrten ihn vor Gericht. Die Anklage lautete: Sokrates verehre nicht die Götter des Staates – denn bei allem, was er tat, berief er sich auf seinen inneren „daimon", womit er sein Gewissen meinte. Das sage ihm, was er zu tun und was zu unterlassen habe. Außerdem verderbe er die Jugend. Das war nur vorgeschoben. In Wirklichkeit sollte verhindert werden, dass Sokrates die Jugend dazu erzog, kritisch über den Staat nachzudenken.

Die Verhandlung gegen Sokrates wurde zu einem der berühmtesten Prozesse der Weltgeschichte. Sokrates' Verteidigungsrede, überliefert von Platon, gilt als Meisterwerk kritischen Denkens, Hinterfragens und Redens schlechthin – auch wenn Sokrates den Prozess am Ende verlor. Statt sich schuldig zu bekennen oder gar um Gnade zu bitten, zerpflückte er die Anklage nach bekannt sokratischer Manier. Er führte das Orakel von Delphi an: Das hatte, von einem seiner Freunde über Sokrates befragt, gesagt, es gebe keinen weiseren Athener als ihn. Seitdem, sagte der so Gelobte, habe er unermüdlich, aber vergeblich nach einem klügeren gesucht, aber tatsächlich keinen gefunden. Das Gericht schäumte vor Wut. Noch mehr provozierte er die Richter, als er über sich selber sagte: Das Einzige, was er wisse, sei, dass er nichts wisse. Dann aber könne die Gottheit mit ihrem Spruch über ihn nur eines gemeint haben: Das Wissen um sein Nicht-Wissen sei es, was ihn weiser mache als jeden anderen. Denn alle anderen gäben ja vor zu wissen – und seien beleidigt, wenn er ihnen das Gegenteil nachweise.

Die Richter stimmten über ein Todesurteil ab, aber nicht jeder sagte dazu Ja. So bekam Sokrates noch eine letzte Chance: Er sollte selbst eine Strafe vorschlagen, die ihm gerecht erschien. Stattdessen verlangte er eine Belohnung dafür, dass er das lahme Staatsross mit seinen Sticheleien wie eine Stechmücke vorantreibe: Und zwar durch eine Speisung, wie sie sonst nur die olympischen Sieger bekamen.

Danach stimmten alle Richter dem Todesurteil zu. Sokrates nahm es gelassen. Er würde, so meinte er, „seltsam handeln", wenn er jetzt den Posten, auf den ihn die Gottheit nach seiner Überzeugung gestellt habe, verließe, nur um dem Tod zu entgehen. Den fürchte er nicht, im Gegenteil: denn entweder sei er wie ein tiefer Schlaf ohne Träume und damit besser als das

Die Gnadenfrist von 30 Tagen zwischen Urteilsspruch und Vollzug der Todesstrafe verdankte Sokrates der Tatsache, dass zu dieser Zeit gerade das Staatsschiff nach Kreta unterwegs war, um dort ein Dankopfer zu bringen. In dieser Zeit waren keine Hinrichtungen erlaubt.

Dieses Gemälde von Jacques Louis David (1748–1825) zeigt Sokrates im Kreise seiner Freunde – kurz bevor er das tödliche Schierlingsgift trinkt.

Leben. Oder er führe ihn an einen anderen Ort, wo dann alle Verstorbenen seien. Was aber gäbe es Schöneres, als mit Orpheus oder Homer und all den anderen Großen zusammenzutreffen, die vor ihm gegangen seien?

Freunde schlugen ihm vor zu fliehen. Das aber kam für ihn nicht infrage: Sein Gewissen verbot ihm diesen Gesetzesbruch. Als Xanthippe ihn das letzte Mal im Gefängnis besuchte, weinte sie und klagte, er werde zu Unrecht mit dem Tod bestraft. Er verabschiedete sie mit den Worten „Wäre es dir lieber, ich würde zu Recht sterben?" und blieb die letzten Tage mit seinen Freunden allein. Schließlich trank er das für ihn vorgesehene Schierlingsgift und sprach: „Nun ist es Zeit wegzugehen: für mich, um zu sterben, für euch, um zu leben. Wer von uns dem besseren Zustand entgegengeht, ist jedem verborgen, außer dem Gott." Sokrates starb 399 v. Chr. mit siebzig Jahren.

Für die Wahrheit in den Tod

Sokrates starb für die Philosophie – und wurde durch seinen Märtyrertod unsterblich: Lieber verlor er sein Leben, als unrecht zu handeln. Sein Tod wird gern mit dem des Jesus von Nazareth verglichen: Schließlich starben beide für die Wahrheit. Der eine, Sokrates, für den Glauben daran, dass wahr und richtig sei, was ihm sein Gewissen sage, und er keine andere Wahl habe, als danach zu handeln. Der andere, Jesus, für eine Wahrheit, die nach seinen eigenen Worten nicht von dieser Welt sei. Sokrates war der erste Denker, der Philosophie zu dem Zweck und mit den Fragen betrieb, die bis heute die Philosophen – und irgendwann irgendwie jeden von uns – beschäftigen: Wie muss der Mensch leben, was darf er tun, was soll er unterlassen, um sittlich richtig und damit gut zu handeln?

Die breiten Schultern der Philosophie

Den Namen, unter dem wir ihn kennen, verdankt er einem Lehrer. Der nannte ihn so, weil er als Schüler breite Schultern hatte, was ihm beim Ringkampf zugutekam. Der Name blieb ihm – und auch gerungen hat er sein Leben lang: allerdings in der Arena der Gedanken. Er wollte herausfinden, was die Seele des Menschen ausmacht. Und wie alle Philosophen seit Sokrates war er unterwegs auf der Suche nach dem Weg zu einem gelingenden Leben. Auf seinen Schultern ruht ein Gedankengebäude, das auch späteren Kirchenlehrern gefiel. Der Begriff Politik stammt von ihm. Und er meinte, Philosophen seien die einzig geeigneten Staatsführer. Trotz seiner kräftigen Statur hatte er eine schmächtige Stimme. Er sprach leise und es hieß über ihn, man habe ihn nie lachen gesehen. Ein Dichter beschrieb ihn als „Breitling" mit „zärtlicher Sprache wie das Zirpen der Grille".

Seinen Namen kennen wir auch als Adjektiv für eine besondere Art der Liebe. Wobei wir unter der nach ihm benannten Zuneigung etwas anderes verstehen als er. Für uns ist diese Liebe ein stilles Schwärmen, das sich in der Sehnsucht nach einer Person verzehrt. „Seine" Liebe war weit mehr. Zu ihr gehört, dass sich eine Seele aus der Verwandtschaft zu einer anderen nährt, aber auch, dass zwei Menschen und ihre Seelen sich dadurch vermählen, dass sie gemeinsam nach der Wahrheit und dem Guten streben. Durch diese Art der Liebe wurde zu seiner Zeit die durchaus auch körperliche Anziehung zwischen einem Lehrer und seinem Schüler verbrämt. Ihn hat eine solche Liebe zur Suche nach der Idee des wahrhaft Guten verführt. Sein Lehrer Sokrates ging für seine Liebe zum wahrhaftigen Leben in den Tod. Sein „Sohn" schenkte ihm dafür in seinen Schriften ein ewiges Leben.

Wer war das?

Platon
und die ewigen Ideen

Geboren 428/427 v. Chr. vermutlich in Athen
Gestorben 347 v. Chr. in Athen

Das hätte böse enden können! Platon wusste doch, dass dem Herrscher von Syrakus die Freundschaft seines Schwagers Dion mit ihm ein Dorn im Auge war. Dionysios I. befürchtete, der Philosoph könne Dion und das Volk zum Aufruhr verführen. Warum musste Platon ihn noch zusätzlich provozieren? Er hatte mit dem Tyrannen ein Gespräch über Macht geführt. Als er sagte, die stehe nur Leuten zu, die sie nutzten, um der Tugend zu dienen, schnaubte Dionysios vor Wut. Er antwortete seinem vierzigjährigen Gegenüber, aus ihm spreche ein Greis, denn das Alter habe seinen Geist getrübt. Platon gab zurück: „Und aus deinen Worten spricht die Willkür des Tyrannen!" Nur mit Mühe konnte Dion seinen Verwandten davon abhalten, Platon auf der Stelle an den Hals zu gehen. Stattdessen wurde der nun festgenommen und zu einem Sklavenhändler geführt. Der lud ihn auf sein Schiff und nahm ihn mit nach Ägina. Dort wartete der Sklavenmarkt auf ihn. Auf der Insel aber war gerade ein Gesetz in Kraft getreten, das vorschrieb, jeden Athener ohne Prozess hinzurichten, der ungebeten die Insel betrat. Und Platon stammte aus Athen. Nur die Fürsprache eines Bürgers von Ägina, er sei doch „nur ein Philosoph", rettete ihm das Leben. Statt sterben zu müssen, wurde Platon nun für ein halbes Talent, rund 13 Kilo Silber, verkauft. Der Käufer entpuppte sich als Freund und brachte ihn zurück nach Athen.

So erzählte Diogenes Laertios rund 600 Jahre später die dramatischste Episode aus Platons Leben. Diogenes war ein Schriftsteller, der im zweiten Jahrhundert nach Christus Biografien der griechischen Denker verfasste. Einzelheiten über Platons Leben zu finden, fiel ihm dabei schwer. Denn dieser Philosoph hinterließ zwar eine ganze Menge Werke, aber wenig über sein Leben. Auch die Erinnerungen seiner Zeitgenossen waren spärlich und das meiste davon vage.

Als sicher gilt, dass Platon einer vermögenden Adelsfamilie entstammte. Geboren wurde er im Jahr 428 oder 427 v. Chr. in einem vornehmen Vorort von Athen. Andere Quellen nennen Ägina seine Heimat, jene Insel, auf der er vierzig Jahre später als Sklave landete. Seine Eltern gaben ihm den Namen Aristokles. Erst ein Sportlehrer nannte ihn später Platon, weil der Junge dank seiner breiten Schultern (altgriechisch: platon = breitschultrig) ein guter Ringer war. Platons Vater Ariston starb früh. Deshalb wuchs sein jüngster Sohn im Haus des Pyrilampes auf. Der war ein Onkel von Platons Mutter Periktione und nahm die Witwe zur Frau. Platon hatte zwei Brüder, Glaukon und Adeimnatos, und eine Schwester namens Potone. Der Bruder seiner Mutter, Charmides, und ihr Cousin, Kritias, hatten Staatsämter inne und weckten in dem jungen Mann das Interesse an Politik.

Wie alle Aristokratensöhne besuchte Platon das Gymnasium. Dort lernte er Lesen, Schreiben, Rechnen und wurde in die Werke des größten griechischen Dichters Homer, die Ilias und die Odyssee, eingeführt. Vor allem aber trieben die Schüler Sport. Denn das Gymnasium war die Talentschmiede für die Olympischen Spiele. Wahrscheinlich war Platon schon zu dieser Zeit – wie so viele junge Männer – oft mit Sokrates auf den Marktplätzen und in den Straßen Athens unterwegs: Dieser Philosoph war stadtbekannt, weil er jeden, der sich auf ihn einließ, in endlose, kuriose Gespräche verwickelte. Wehe,

Zu Platons erhaltenen Werken zählen vor allem die Apologie, die Verteidigungsrede seines Lehrers Sokrates vor Gericht sowie 34 Dialoge und einige Briefe.

einer redete auf anfangs meist belanglose Fragen neunmalklug daher oder wagte gar, große Worte wie Tapferkeit oder Tugend in den Mund zu nehmen! Der wurde dann, ehe er sich's versah, von Sokrates mit weiteren Fragen in die Enge getrieben. Manchmal blieb dieser merkwürdige Denker auch plötzlich unbeweglich auf der Straße stehen und dachte stundenlang nach. Einige Burschen trieben dann gern Schabernack mit ihm, rempelten ihn an oder zogen ihn an den Haaren. Doch davon ließ sich Sokrates nicht stören. Die Gymnasiasten kannten ihn aus der Schule, wo er mit ihnen philosophische Gespräche führte. Platon bewunderte den Mann so sehr, dass er eines Tages seine eigenen schriftstellerischen Versuche verbrannte, weil er sich angesichts Sokrates' Weisheit dafür schämte. Mit zwanzig schloss sich Platon ganz dem von ihm verehrten Philosophen an. Dessen Schüler blieb er die nächsten neun Jahre, bis Sokrates starb. Der wurde, weil er alles und jedes, auch den Staat, infrage stellte, wegen Verführung der Jugend und wegen Gottlosigkeit angeklagt und im Jahr 399 zum Tode verurteilt. Für Platon war das ein Schock. Vergeblich hatten Schüler und Freunde den Denker bedrängt, er solle doch fliehen. Doch Sokrates lehnte dies mit der Begründung ab, sein Gewissen verbiete es ihm, gegen die Gesetze zu verstoßen.

Nach Sokrates' Tod fürchtete auch Platon um sein Leben und floh mit Freunden aus Athen. Erst ging er nach Megara, dann reiste er angeblich nach Ägypten, sicher aber nach Unteritalien und Sizilien. Das war damals eine griechische Kolonie. Seine Absicht, in die Politik zu gehen, hatte Platon inzwischen aufgegeben: Er hatte miterlebt, wie im Jahr 404 die dreißig Tyrannen die Macht an sich rissen – darunter seine Verwandten Charmides und Kritias –, ihre Gegner verfolgten und 1 500 Athener umbringen ließen. Nach dem Todesurteil gegen Sokrates hatte er den Glauben an den Staat, so wie er jetzt existierte, ohnehin verloren. Stattdessen widmete sich Platon nun ganz der Philosophie, wobei die Suche nach einem gerechten Staat eine wichtige Rolle spielte. Platon wollte den im Verborgenen liegenden Sinn finden, der hinter allem und jedem stecken musste. Dabei entwickelte er die Idee von den ewigen Ideen: Er war davon überzeugt, dass alles, was ist, nur ein Abbild von Urformen darstellt, die als „Ideal“, also als Prototyp der Idee, seit Ewigkeiten und für die Ewigkeit außerhalb des für den Menschen Sichtbaren abgelegt sind.

388 reiste Platon nach Sizilien zu den Pythagoreern. Das war eine religiös-politische Gemeinschaft mit strengen Regeln. Sie suchten nach der göttlichen Ordnung für die Welt und das Leben und waren Anhänger der Demokratie und Gegner der Tyrannei in Syrakus. Auf Sizilien freundete sich Platon mit dem damals 21-jährigen Dion an – und brachte Dionysios I. gegen sich auf. Wie bereits erwähnt, kehrte Platon als freigekaufter Sklave über Ägina nach Athen zurück. In seiner Heimatstadt lehrte er nun selbst am Gymnasium und gründete seine eigene philosophische Akademie.

Platons Unterricht bestand aus dem Gespräch mit den Schülern: Er redete stets frei. Geschriebene Texte, so meinte er, könne man nichts fragen und deshalb daraus auch nichts lernen. Gleichwohl schrieb Platon seine Lehren, meist in Form von Zwiegesprächen, nieder. In seiner Apologie schilderte er Sokrates' Verteidigungsrede vor Gericht. Von Platon stammen die berühmtesten philosophischen Dokumente über Politik und Staat. Sokrates machte er zur Hauptfigur in seinen „Dialogen“. In ihnen verwickelte er fiktive Figuren mit oft prominenten Namen in kontroverse Gespräche über seine Ideen von den Tugenden, der Seele, über den Staat, die Gesetze und vieles mehr.

Zwanzig Jahre nach seiner ersten Sizilien-Reise fuhr Platon ein zweites Mal nach Syrakus: Dionysios I. war inzwischen tot

Platon formulierte seine Ideenlehre im „Höhlengleichnis“: Danach sitzen die Menschen in einer Höhle. Die Dinge, die sie sehen, sind nur die Schattenrisse der Urformen, die das Licht an die Wände wirft. Wer die Dinge an sich erkennen will, muss nach oben klettern – wie die Philosophen, die den Weg des Erkennens gehen.

Auf Platons Akademie geht unser Begriff vom akademischen Studium zurück. Platons „Universität“ lag im heiligen Hain des Helden Hekademos.

27

und Dion hoffte, dessen Sohn und Nachfolger Dionysios II. mit Platons Hilfe von der Tyrannei abzubringen. Doch das ging schief. Dionysios II. verbannte Dion wegen Hochverrats. Nur mit Mühen konnte Platon Sizilien wieder verlassen. 361 fuhr er ein drittes Mal nach Syrakus. Doch er hoffte vergebens, zwischen Dionysios und Dion vermitteln zu können, und kehrte erneut zurück nach Athen. Dort widmete er sich nun ausschließlich seiner Akademie, in der er bis zu seinem Tod im Jahr 347 lehrte.

Von Gleichheit und Liebe

Aus Platons Theorie, alle Dinge, auch der Mensch, seien nur ein Abbild einer in der Ewigkeit hinterlegten Idee, ließe sich die Gleichheit aller Menschen ableiten. In seinen Ideen eines gerechten Staates teilte Platon die Menschen (und meinte damit die Männer) allerdings in drei Kasten ein: Als Herrscher setzte er oben die Philosophen ein, darunter die Soldaten als Wächter des Staates und unten die anderen, die als Handwerker und Bauern alle mit dem versorgen sollten, was der Mensch zum Leben braucht. Noch weniger als von den Handwerkern und Bauern hielt er von den Frauen: Sie bezeichnete er als Fluch der Götter und meinte, sie seien nur gut für die Zeugung und Aufzucht der Kinder. Deshalb sei es das Beste, der Staat suche für jeden Mann die für ihn geeignete Frau aus. Kein Wunder, dass Platon selbst keine hatte. Unter Liebe verstand er denn auch etwas anderes, als Menschen dies für gewöhnlich tun, nämlich die gemeinsame Suche nach der wahren Seele, dem Guten. Die Seele war für Platon dreigeteilt: in Vernunft, Gefühle und Triebe. Und nur wenn die Vernunft über die beiden anderen Teile regiere, könne der Mensch ein gelingendes Leben führen, das im wahrhaft Guten münde. Diese Ethik Platons ist bis heute aktuell.

Kühler Kopf und heißes Blut

Der Arztsohn fand über die Natur zur Philosophie. Er beobachtete die Sterne und untersuchte das Wetter. Er sortierte Pflanzen und Tiere. So kam er schließlich beim Menschen an. Er gab allen Dingen eine Ordnung und stellte eine wissenschaftliche Stufenleiter des Lebens auf. Auf die unterste Sprosse setzte er die unbelebte Natur, darüber die Pflanzen, noch eine Stufe höher die Tiere. Ganz oben fand der Mensch seinen Platz als einziges mit Vernunft begabtes Wesen, das als „zoon politicon" Staaten bildet. Er lernte bei einem berühmten Lehrer. Der suchte hinter allem eine Grundform und glaubte an eine Welt der Ur-Ideen. Sein Schüler hielt sich lieber an handfeste Dinge und sah in jedem und allem, auch im Dasein, einen bestimmten Zweck, dem er oder es dient. Diesen Zweck gälte es, bestmöglich zu erfüllen. Das war für ihn der Sinn des Seins und des menschlichen Lebens.

Bei seinen Forschungen stieß er auf etliches, was heute noch gilt. Anderes belustigt uns Wissensmenschen als Kuriosität. Er hat Frösche zerlegt, Vögeln zugesehen und Fischen zugehört. Bauern und Jäger befragte er nach den Gewohnheiten der Tiere. Er beschrieb den Weg vom Ei zum Huhn. Er glaubte, dass es Lebewesen gibt, die durch Urzeugung aus Sand und Schlamm entstehen. Und dass der Wind, den ein Rebhahn beim Fliegen macht, genügt, um ein Weibchen zu befruchten. Von Mäusen meinte er, sie würden durch Salzlecken trächtig. Über eine Hirschart schrieb er, diese Tiere gingen vor Entzücken in die Knie, sobald sie Flötenspiel oder den Gesang von Menschen hören. Und er berichtete von einem Fisch, der brummend, schnalzend und schnaufend im Wasser steht, um seinen Laich zu beschützen. Das Herz des Menschen hielt er für den Ort, an dem unser Denken sitzt, das Hirn nur für einen Apparat, um das Blut zu kühlen.

Wer war das?

Aristoteles

und die menschlichen Möglichkeiten

Geboren 384 v. Chr. in Stageira, Thrakien
Gestorben 322 v. Chr. in Chalkis, Euböa

Sosehr seine Schüler ihren Lehrer verehrten – manchmal lachten sie sich über ihn schief! Einige hatten Aristoteles heimlich beim Zubettgehen beobachtet und gesehen, dass er sich zum Schlafen einen Schlauch mit heißem Öl auf den Bauch legte. Noch komischer fanden sie seinen „Wecker": Aristoteles hielt in einer Hand eine eiserne Kugel, die er über den Rand des Bettes nach außen streckte. Direkt darunter stand eine Schüssel. Wenn er nun in den Tiefschlaf fiel, lösten sich die Finger und die Kugel schepperte laut auf deren Blech. Aristoteles schreckte hoch, als hätte jemand gerufen: Aufstehen! Zeit, wieder nachzudenken!

Aristoteles war zwar Philosoph, stand aber mit beiden Beinen fest auf dem Boden. Er steckte den Kopf nicht in die Wolken, sondern beobachtete, was sich auf der Erde abspielte und wie die Natur funktionierte. Er zerlegte Pflanzen und Tiere, dachte über Steine und Sterne nach. Davon erzählte er seinen Schülern und forderte sie zum Forschen auf. Wer bei ihm in die Lehre ging, lernte viel: ob Biologie oder Physik, ob Wetterkunde oder Astronomie, ob die Entstehung des Lebens oder dessen Ende – es gab nichts, worüber Aristoteles nichts zu erzählen wusste. Er war ein wandelndes Lexikon, der seine Erkenntnisse in 400, manche Quellen sagen sogar 1000 Büchern und 445 270 Zeilen festhielt.

Aristoteles war der geistige Zieh-„Sohn" Platons und „Enkel"

Wegen einiger seiner Tiergeschichten wurde Aristoteles über Jahrhunderte verspottet. Den brummenden, schnaufenden Fisch, den er beschrieb, gibt es aber tatsächlich: Er wurde nach ihm Aristoteles-Wels benannt.

30

des Sokrates und setzte sich an die Spitze des philosophischen Dreigestirns, wie wir heute diese größten griechischen Denker nennen. Im Gegensatz zu Sokrates und Platon war Aristoteles kein Athener. Er lernte und lehrte aber vor allem dort. Erst in Platons Akademie, dann in einer von ihm selbst gegründeten Schule, dem Lyzeum. Athener Vollbürger wurde er nie, er war Metöke. So hießen die Menschen, die zwar Wohnrecht in der Stadt bekamen und auch Steuern zahlen mussten, aber keine politischen Rechte besaßen und nicht wählen durften.

Geboren wurde Aristoteles 384 v. Chr. in der tiefsten Provinz, im thrakischen Stageira. Deshalb nennen ihn die Geschichtsschreiber auch den „Stagiristen". Sein Vater Nikomachos war der Leibarzt des makedonischen Königs Amyntos III. Auch seine Mutter entstammte einer Arztfamilie. Die Neugier aufs menschliche Leben war Aristoteles somit schon in die Wiege gelegt. Seine Eltern waren nicht von Adel, aber vermögend. Deshalb konnten sie ihrem Sohn den Besuch von Platons Akademie bezahlen. Der 17-Jährige musste sich dort unter Aristokratensöhnen behaupten. Im Gegensatz zu anderen Denkern wie zum Beispiel seinem Zeitgenossen Diogenes, der angeblich so genügsam war, dass er in einer Tonne wohnte, liebte Aristoteles das gute Leben. Er achtete auf gepflegte Kleidung, steckte sich Ringe an die Finger und war stets gut frisiert. Schön war er allerdings nicht – angeblich hatte er dünne Beine und kleine Augen. Beim Sprechen war ihm die Zunge im Weg, weshalb er lispelte.

Anfangs war Aristoteles nur ein wissbegieriger Schüler, dann unterrichtete er selbst an Platons Akademie. Er gründete die erste Bibliothek der Weltgeschichte und war oft in seine Bücher vertieft. Platon nannte ihn deshalb „der Leser". Er wiederum vergötterte seinen Lehrer und meinte, er liebe nur eines mehr als ihn, nämlich die Wahrheit. Aristoteles zog dennoch andere Schlüsse aus der Welt als dieser. Deshalb beklagte sich Platon im

Scherz über seinen Schüler: „Aristoteles schlägt gegen mich aus, wie es junge Füllen gegen ihre Mutter tun."

Platon war ein „Idealist", der hinter jedem Ding und Wesen, auch dem Menschen und seinem Leben, eine Urform als ewige Idee vermutete. Er meinte, richtig zu leben heiße, dieser Ur-Idee möglichst nahezukommen. Aristoteles dagegen hielt sich an das, was er mit eigenen Augen sah. So wurde er „Materialist": Er untersuchte das Material, aus dem etwas bestand. Dabei kam er auf den Gedanken, dass ein Ding nicht nur aus einem bestimmten Stoff besteht, sondern dass erst die Form es zu dem macht, was es ist. Eine Statue etwa wird erst zur Statue, wenn ein Bildhauer mit seinem Werkzeug einem Stein diese Form gibt. Aristoteles ging noch weiter: Er sagte, jedes Ding trage seinen Zweck und sein Ziel in sich selbst und werde aus sich selbst heraus auf dieses Ziel hin bewegt. Jeder Organismus strebe also danach, den ihm innewohnenden Möglichkeiten am besten gerecht zu werden.

Aristoteles nannte das Streben nach Vervollkommnung der in jedem Ding und jedem Organismus angelegten Möglichkeiten Entelechie.

Da der Mensch sich von allem anderen durch seine Vernunft abhebt, sei der Sinn des menschlichen Lebens demnach, die Möglichkeiten, die ihm durch diese Vernunft zur Verfügung stehen, bestmöglich auszuschöpfen. Das sei das Ziel des wahren, richtigen, guten und damit gelungenen Lebens.

Nach zwanzig Jahren, als Platon im Jahr 347 starb, verließ Aristoteles Athen. Es heißt, er habe vergeblich gehofft, dessen Nachfolger zu werden. Stattdessen leitete nun Platons Neffe Speussipos die Akademie. Da traf es sich gut, dass Aristoteles von seinem ehemaligen Studienkollegen Hermias an dessen Hof eingeladen wurde. Der war jetzt Herrscher von Assos in Kleinasien. Hermias verkuppelte Aristoteles mit seiner Nichte und Stieftochter Pythias, die der Philosoph schließlich heiratete. 345 aber schlugen die Perser Hermias tot und Aristoteles ging mit seiner Frau nach Mytilene auf der Insel Lesbos. Dort wurde er

Vater zweier Kinder, Pythias und Nikomachos, wobei Letzterer möglicherweise der Sohn seiner Geliebten oder zweiten Frau Herphyllis war. Auf Lesbos studierte Aristoteles die Tiere der Küste und des Meeres.

Aristoteles hatte einen guten Ruf als Lehrer. Und so erinnerte sich die Familie des verstorbenen Amyntas III. an ihn. Aristoteles' Vater war früher der Leibarzt dieses makedonischen Königs gewesen. Dessen Nachfolger Philipp II. holte den Gelehrten nun als Erzieher für seinen Sohn Alexander nach Pella. Dort blieb Aristoteles die nächsten acht Jahre. Wie er dort lebte, wie es ihm, dem nun über 40-jährigen besonnenen Denker mit dem damals 13-jährigen wilden Alexander erging, wissen wir nicht. Aus seinem Zögling wurde später der mächtigste Herrscher der damaligen Welt, Alexander der Große. Bei seinen Feldzügen hatte der stets eine Ausgabe von Homers „Illias" bei sich, die Aristoteles mit Anmerkungen versehen hatte. Von den Märschen nach Ägypten und Indien brachte Alexander seinem einstigen Lehrer Informationen über die Tiere dort und sogar manches lebende Exemplar mit.

Als Alexander nach dem Mord an seinem Vater den Thron bestieg, entließ er Aristoteles und bedankte sich bei ihm mit einer großen Summe Geld. Davon baute der Philosoph im Jahr 335 in Athen seine eigene Schule, das Lyzeum. Er und seine Zöglinge dort wurden „Peripatetiker" genannt. Das klingt geheimnisvoller, als es ist, heißt aber einfach „Herumwandler" oder „Spaziergänger". Der Begriff wurde zur Bezeichnung der aristotelischen Denkweise oder „philosophischen Schule". Denn Aristoteles stand nicht am Pult, wenn er lehrte, sondern wandelte mit seinen Schülern in den Säulenhallen des Lyzeums herum.

Lange bleiben konnte Aristoteles in Athen diesmal nicht. Wegen des Streits mit den Makedoniern misstrauten die dortigen Politiker auch ihm. Nachdem Alexander der Große im Jahr

323 gestorben war, wurde Aristoteles der Gotteslästerung beschuldigt – wie einst der große Sokrates. Um nicht zu enden wie dieser, der zum Tode verurteilt worden war, floh sein geistiger „Enkel" nach Chalkis auf Euböa. Dort, am Geburtsort seiner Mutter, besaß die Familie ein Landgut, auf dem Aristoteles nach wenigen Monaten im Jahr 322 starb – angeblich an einem Magenleiden.

Die vier Gründe des Seins

Aristoteles sagte: Erst die Form macht einen Stoff zum Ding. Dem fügte er einen Zweck hinzu, nach dem alles, was existiert, strebt. Jedes Ding und Wesen, so meinte er, hat vier „Gründe": die „causa materialis", das ist der Stoff, aus dem es besteht, die „causa formalis", die Form, die ihm gegeben wurde, die „causa movens", der Antrieb, der ihn bewegt, und die „causa finalis", das sind Sinn, Zweck und Ziel, denen ein Ding wegen der ihm innewohnenden Möglichkeiten entgegenstrebt. Wer oder was diese Bewegung – vom Stoff zur Form mit dem Antrieb in Richtung auf ein Ziel hin – in Gang gesetzt hat, wusste auch Aristoteles nicht. Er vermutete dahinter einen „unbewegten Beweger", für den diese vier Gründe des Seins nicht gelten, weil er in sich selber ruht und das eigentliche Ziel der Bewegung aller anderen Dinge und Wesen ist. Damit meinte er Gott. Deshalb entdeckte die Kirche im Mittelalter Aristoteles für sich. Der Philosoph ist aber auch der Vater der Logik: Er stellte die Dinge in Beziehung zueinander und zog daraus logische Schlüsse. Zum Beispiel so: Alle Menschen sind sterblich. Alle Philosophen sind Menschen. Also sind alle Philosophen sterblich.

Die Qualen der Hölle

„Auf halbem Wege unsres Erdenlebens erwachte ich in einem dunklen Wald, nachdem der grade Pfad verloren war." So beginnt das Werk, das unseren Dichter zu einem der berühmtesten der mittelalterlichen Weltliteratur hat werden lassen. Der Weg im Wald sollte ihm noch wie ein gemütlicher Spaziergang erscheinen, gemessen an dem, was beim Verlassen des Dickichts auf ihn wartete: Unter Liebeswütige und Lügner geriet er, Räuber, Mörder und Verräter, einige von ihnen waren seit vielen Jahrhunderten tot. Und doch spürte er fast körperlich die Qualen, denen diese gepeinigten Kreaturen ausgesetzt waren: Sie mussten – jeder entsprechend seiner irdischen Sünden – ewige Strafen erleiden. Einige dieser Toten waren noch nicht lange hier. Einige hatte er noch als Lebende gekannt. Andere hatten Geschichte geschrieben. Auch seine Ahnen warteten auf ihn. Neun Kreise der Qualen musste der Wanderer wie in einem Trichter durchschreiten: In einem jagten Höllenstürme einstige Lüstlinge durch die Ewigkeit, in einem anderen wurden die, die zu Lebzeiten gefräßig waren, mit ekelerregendem Kot beschmiert. Die auf Erden ihren Zorn nicht hatten beherrschen können, zerfleischten einander in einem stinkenden Sumpf. Gewalttäter und Tyrannen kochten in einem Strom von brodelndem Blut, während im nächsten Höllenkreis das Fleisch von Räubern und Dieben unter den Bissen giftiger Schlangen zu Asche zerfiel, um sich danach immer wieder neu zusammenzusetzen. Vatermörder und Verräter sah er mit zu Kristallen gefrorenen Augen gefangen im Eis, bis er schließlich dem Grauen entkam. Nun wartete der Hügel der Läuterung auf ihn. Dort büßten die, die ihre Sünden bereuten. Und welch Glück winkte ihm dort: die unerfüllte Liebe seines Lebens! Sie wies ihm den Weg ins Paradies.

Wer war das?

D(ur)ante Alighieri –
auf dem Weg ins Paradies

Geboren wahrscheinlich am 30.5.1265 in Florenz
Gestorben am 14.9.1321 in Ravenna

Beatrice, ach, Beatrice …! Was für eine Liebe muss das gewesen sein, dass Durante Alighieri 47 seiner 56 Lebensjahre nicht von ihr loskam, obwohl er nicht auf Erfüllung hoffen konnte. Zum einen, weil das schöne Kind einem ältlichen Witwer versprochen wurde, kaum dass der damals gerade Neunjährige für die wenig Jüngere bei deren erstem Anblick entflammte. Zum anderen, weil er selbst als Zwölfjähriger mit der adeligen Gemma Donati verlobt wurde. Und schließlich, weil Beatrice, die er nie aus Herz und Sinn verlor, vor Vollendung ihres 25. Lebensjahres starb. Dennoch kreist fast das gesamte literarische Werk des berühmtesten italienischen mittelalterlichen Dichters um Beatrice. Für sie hat der in Abkürzung seines Namens „Dante" Genannte Liebeslyrik besonderer Art geschrieben: In seiner „Vita Nuova" goss er sein Sehnen und Streben nach dem „neuen Leben" in Verse. Beatrice machte er auch zur Schlüsselfigur seiner „Commedia", jener Wanderung durch das oben geschilderte „Inferno" der Hölle auf den „Läuterungsberg" (italienisch: „purgatorio", gern gleichgesetzt mit dem Fegefeuer, in dem reuige Sünder ihre Schuld abbüßen müssen) bis ins „paradiso", das Paradies und den göttlichen Himmel. Erst stellte ihm Beatrice den großen Dichter der Antike Vergil als Führer zur Seite: Der half dem Wanderer aus dem dunklen Wald, in dem ihm in Tiergestalt die ersten Todsünden begegnet waren. Vergil begleitete ihn durch die Hölle, bevor er sich am Läuterungsberg verabschiedete. Dort wartete die engelsgleiche Geliebte auf ihn. Doch nicht, um sich endlich mit ihm zu vereinen. Ihrer beider Liebe erfüllte sich, indem sich durch sie für ihn die letzte Pforte zum Paradies und zum Himmel öffnete. In diese Geschichte hat der Dichter in Rätsel verkleidet die Daten seines Lebens gewebt.

Dantes Geburtstag „im Zeichen der Zwillinge" wurde – abgeleitet aus der „Commedia" – auf den 30. Mai 1265 gelegt. Aus Dantes Jugend ist wenig bekannt, seine Biografie voller Lücken, die Dokumente über sein Leben spärlich. Als sicher gilt, dass Durante da Alighiero di Bellincione d'Alighiero als Sohn des Florentiner Stadtadeligen Aligherio di Bellincione und dessen Frau Bella auf die Welt kam. Seine Mutter starb früh. Seine Taufkirche San Giovanni führte Dante den Lesern der Commedia vor Augen: ihre Mosaiken in der Kuppel, das Weltgericht mit Hölle, Paradies und Gottesthron. Selbst die Brunnenlöcher vor dem Gotteshaus, die damals Massentaufen dienten, kommen in der Dichtung vor. Er selbst soll einmal einen dieser Brunnen zerschlagen haben, um ein Kind vor dem Ertrinken zu retten. Zur Schule ging Dante wahrscheinlich bei den Bettelmönchen der Franziskaner oder Dominikaner, die in den Borghi, den Vororten außerhalb der Stadtmauern von Florenz, lebten und lehrten. Später, so heißt es, habe Dante in Bologna Theologie, Geschichte, Astronomie und Philosophie studiert.

Der für sein Leben bedeutendste Augenblick ereignete sich bei einem Maifest im Jahr 1274. Da waren die Alighieris zu Gast bei Freunden, wo das Auge des Neunjährigen auf ein in ein blutrotes Kleid gewandetes Mädchen fiel – und ihres auf ihn. Es war Beatrice, die Tochter des Kaufmanns Folco Portinari. Doch wenig später wurde die Kindfrau dem verwitweten Bankier Simone Bardi zur Frau gegeben. Damit war sie für Dante verloren, vergessen aber hat er sie nie. Er selbst wurde mit zwölf Jahren mit

Zur „Göttlichen" wurde Dantes „Komödie" erst nach seinem Tod: Der italienische Dichter Boccaccio nannte sie „divina", dann setzte ein Drucker eigenmächtig das „Göttlich" auf den Titel des Buches.

Dante schrieb nicht, wie sonst üblich, auf Latein, sondern auf „volgare", der toskanischen Muttersprache, damit auch das einfache Volk seine Dichtung verstehen konnte.

Auf diesem Fresko hält Dante die „Göttliche Komödie" in Händen und ist von verschiedenen Szenen aus diesem Werk umgeben.

Gemma Donati, einem Mädchen aus niederem Adel wie er, verlobt. Die beiden bekamen nach ihrer Heirat (zwischen 1285 und 1292) vier Kinder: drei Söhne, denen Dante die Namen seiner Lieblingsapostel Pietro, Jacopo und Filippo gab, und Antonia, die später als Nonne den Namen Beatrice annahm. „Seine" Beatrice sah Dante nur noch zwei oder drei Mal, zuletzt vermutlich mit 18 Jahren: Da winkte sie ihm, ganz in Weiß gekleidet, zaghaft aus der Ferne zu. Ach, Beatrice! Sie wurde keine 25: 1290 war sie tot. Zwei Jahre danach begann Dante, ihr mit den Gedichten der „vita nuova" ein Denkmal zu setzen. Bis 1295 schrieb er daran.

Dante lebte nicht nur ein Dichter-Leben: Der Florentiner Bürger beteiligte sich als berittener Soldat an der Schlacht von Compaldino gegen Arezzo und Pisa, in der die Partei der Guelfen gegen die der Ghibellinen kämpfte. Beide waren entstanden aus dem Konflikt zwischen römischem Papst- und deutschem Kaisertum, wobei die Guelfen, zu denen Dante gehörte, dem Papst den Vorrang gaben und siegten. Um ein politisches Amt übernehmen zu können, schrieb sich Dante in die Zunft der Ärzte und Apotheker ein und wurde 1296 in den Rat der Hundert und danach zu einem der sechs Prioren, der höchsten Beamten der Stadt, gewählt. Zu dieser Zeit hat er sich hoch verschuldet – warum, ist nicht bekannt. Zurückzahlen konnte er seine Schulden nie. Mit der Politik begann Dantes Niedergang als Florentiner.

Seine Partei der Guelfen hatte sich gespalten: Er gehörte den „Weißen" an, die zwischen Papst und Kaiser standen und die Unabhängigkeit von Florenz bewahren wollten. Die „Schwarzen" dagegen tendierten nach Rom – und waren geneigt, die Stadt an Papst Bonifaz VIII. zu verkaufen. Der war einer der machtgierigsten und gewalttätigsten Männer, die je auf dem Stuhl Petri saßen. Dante war zutiefst gläubig, aber für eine klare Trennung von Staat und Religion. 1301 wurde er von Florenz als Vermittler in diesem Streit nach Rom geschickt. Daheim kam es derweil zu Kämpfen zwischen „Weißen" und „Schwarzen". Häuser wurden geplündert und niedergebrannt, auch das von Dante. Über ihn selbst wurde der Bann verhängt: Sollte er die Stadt wieder betreten, drohte ihm der Feuertod. Deshalb hat er seine Heimatstadt nie wieder gesehen. 1315 wurde ihm die Begnadigung angeboten. Doch die lehnte er ab. Daraufhin wurde der Bann auf seine Söhne ausgedehnt, die in Florenz geblieben waren. Jetzt flohen auch sie.

Über Dantes Leben im Exil ist wenig bekannt. Nur, dass er viel reiste: Er war in Verona und Bologna, Padua und Trient, vielleicht im istrischen Pola und Duino, in Lucca, Arles und angeblich sogar in Paris. Er schlichtete Streit zwischen Fürsten und Bischöfen, war Gast von Grafen und setzte seine Hoffnung auf den Italienfeldzug von Kaiser Heinrich VII. Mit dem Tod des Kaisers 1313 starb auch Dantes Hoffnung auf Frieden. In seiner Schrift „de monarchia" warb er noch einmal für eine Trennung von Kirche und Staat.

1311 hatte er mit der Dichtung der „Commedia" begonnen. Er schrieb zehn Jahre an den hundert Gesängen: je 33 für die Hölle, das „purgatorio" und den Aufstieg ins Paradies. Insgesamt zählt die „Göttliche Komödie" 14 230 Verse. Nicht nur historische Figuren wie Alexander der Große oder Kleopatra, Gestalten der Dichtung wie Odysseus oder Aeneas, Poeten wie Homer oder Ovid, Philosophen wie Aristoteles oder Averroes ließ Dante als arme Seelen wieder auferstehen. Auch Personen, die er selbst noch kannte, wie der inzwischen gestorbene Papst Bonifaz VIII. und weltliche Fürsten seiner Zeit kommen darin vor. Darunter arme Teufel wie Francesca da Rimini, die sterben musste, weil sie ihren Mann betrog und nun in der Hölle für ihre Liebe litt. Der „Wanderer" in der Commedia weint, als er sie sieht. Es sind wohl des Dichters eigene Tränen …

Dieser war in den letzten fünf Jahren seines Lebens Gast bei einem Verwandten Francescas, des Fürsten Guido da Polenta in Ravenna. Hier lebten jetzt auch seine Söhne Pietro und Jacopo. Dantes Tochter war Nonne im Kloster Santo Stefano dell' Uliva. 1321 kehrte Dante krank von einer Venedig-Reise nach Ravenna zurück, wo er in der Nacht zum 14. September 1321 starb. Er wurde in der Kirche San Pier Maggiore beigesetzt. Später bat die Stadt Florenz um die Gebeine ihres größten Sohnes – vergebens. Dafür erfüllte sie ihm posthum seinen Herzenswunsch: Er hatte geträumt, eines Tages würde Florenz ihn mit Lorbeer bekränzen. Heute erinnert dort ein Denkmal an ihn.

Was ist Liebe?

In der „Göttlichen Komödie" hat Dante mit Worten illustriert, wie sich Gläubige vom Mittelalter bis weit ins 20. Jahrhundert die Stufen der Erlösung vorstellten: die Hölle für verdammte Sünder, das Fegefeuer für Reuige, das Paradies für die, die reinen Herzens oder geläutert sind. Dante hat aber auch die Liebe neu definiert: Er führte die zwischen Mann und Frau mit der göttlichen zusammen, indem er sich mit der im Leben nicht erfüllten eigenen zu Beatrice auf dem Weg zu Gott versöhnte – mithilfe der Geliebten.

Seins oder nicht seins?

„Sein oder nicht sein …" ist eines der berühmtesten Zitate aus einem seiner Dramen. Seins oder nicht seins? Das ist die Frage, die seit Jahrhunderten die literarische Welt bewegt: Stammen all die großartigen Werke, die seinen Namen tragen, tatsächlich von ihm? Oder hat er den Namen jemand anderem geliehen? So viel ist sicher: Es gab ihn, er hat gelebt! Davon zeugen seine Taufurkunde, Dokumente über seine Ehefrau und den Kauf von Häusern. Handschriftliches aber gibt es nicht von ihm – außer seinem mit schon zittrigen Fingern aufs Papier geworfenen Namenszug unter seinem letzten Willen. Kaum war er tot, begann der Streit, ob dieser Mann wirklich der Urheber der weltbekannten Dramen war. Schon zu Lebzeiten hatten ihn Neider einen Betrüger geschimpft, der sich mit fremden Federn schmücke. Jahrhundertelang prüften Literaten, Historiker und Sprachforscher seine Dramen und Sonette, um Klarheit zu schaffen. Ganz gelungen ist das bis heute nicht. Selbst Sigmund Freud ließ sich auf Spekulationen ein. Der Wiener Erfinder der Psychoanalyse riskierte im 20. Jahrhundert einen Blick in die Seele des toten Dichters und sagte, er habe nirgends dessen Geist in seinen Worten entdeckt. Ebenso wenig konnte aber jemand klären, wozu diese Namensmaskerade hätte gut sein können. Schließlich hätte zu einem solchen Spiel mindestens ein Zweiter gehört.

Heute gehen wir davon aus, dass dort, wo sein Name draufsteht, auch sein Genie dahintersteckt. Seine Stücke sind noch immer die meistgespielten der Welt. Kaum ein Schauspieler, der nicht wenigstens einmal in eine seiner Rollen schlüpfen, kaum ein Regisseur, der seine Figuren nicht auf die Bühne stellen will. Auch 400 Jahre nach seinem Tod erkennen wir uns in Hamlet, Othello, Julia oder Macbeth selbst, hat seine Sprache nichts von ihrem Zauber verloren.

Wer war das?

William Shakespeare –
die Welt als Bühne

Geboren vermutlich am 23.4.1564
in Stratford-upon-Avon
Gestorben am 23.4.1616 ebenda

Gerade mal zwanzig Jahre alt und schon Frau und drei Kinder – war das der Grund, warum William Shakespeare im Jahr 1585 so sang- und klanglos aus Stratford-upon-Avon verschwand? Oder floh er vor Sir Thomas Lucy? Der lebenslustige William soll dem Landherrn Hasen und Rehe gestohlen haben. Einmal wurde er ausgepeitscht deswegen. Doch er wilderte weiter, erlegte sogar einen Hirschen. Verdrückte er sich deshalb bei Nacht und Nebel vor „lousy Lucy", dem „lausigen Lucy"? Vielleicht aber fühlte sich William einfach zum fahrenden Volk hingezogen. Und davon gab es in der Stadt genug, darunter viele Theaterleute, die in den Hinterhöfen der Gasthäuser ihre Stücke aufführten. Eine dieser Truppen soll just in der Zeit, in der Shakespeare verschwand, einen ihrer Schauspieler verloren haben. Folgte er vielleicht einer Einladung der Truppe, mit ihr weiterzuziehen? Wir wissen es nicht – und werden es nie erfahren. Sicher ist nur, dass William Shakespeare nach der Geburt seiner zweiten Tochter und seines ersten Sohnes (es waren Zwillinge) im Jahr 1585 Stratford-upon-Avon mit unbekanntem Ziel verließ. Erst sieben Jahre später tauchen Nachrichten aus London über ihn auf. Auch die Überlieferungen aus seinem sonstigen Leben sind spärlich. Ganz anders steht es um den literarischen Schatz, den William Shakespeare nach 52 Lebensjahren hinterließ: Dieser machte ihn zum bedeutendsten Dramatiker der Weltgeschichte.

Shakespeare-Forscher nennen die Zeit zwischen 1585 und 1592 „lost years", „verlorene Jahre", weil niemand weiß, wo er sich aufhielt, wie er lebte und was er trieb.

Geboren wurde William Shakespeare als drittes von acht Kindern und erster Sohn des Gerbers, Handschuhmachers und -händlers John Shakespeare und dessen Frau Mary Arden in Stratford-upon-Avon. Die Mutter entstammte der Gentry, dem niederen Landadel. John Shakespeare war in der Stadt rund 160 Kilometer nordwestlich von London sehr angesehen: In deren Chronik wird er als Polizeimeister, Ratsherr und schließlich Bürgermeister erwähnt. William wurde laut Register der protestantischen Pfarrkirche am 26. April 1564 getauft. Den damaligen Gebräuchen zufolge dürfte das drei Tage nach seiner Geburt gewesen sein. Die Shakespeares besaßen ein Haus in der Henley Street. Als Bürgersohn besuchte William die Grammar-School. Dort lernten die Schüler nicht nur Rechnen, Schreiben und Lesen, sondern vor allem Latein und wurden in altrömischer Literatur und Geschichte unterwiesen. Shakespeare bediente sich später in seinen Stücken oft historischer Ereignisse und Figuren.

Gegen Ende des 16. Jahrhunderts führten undurchsichtige Geschäfte Williams Vater in den Bankrott, woraufhin er seine öffentlichen Ämter verlor. William wiederum machte mit Trinkgelagen, Raufereien und Burschenstreichen von sich reden. Der folgenreichste war die Affäre mit einer um acht Jahre älteren Frau. Die Eltern der Bäuerin Anne Hathaway bestanden darauf, dass er sie heiratete. Sechs Monate später wurde Tochter Susanna geboren. 1585 folgten die Zwillinge Judith und Hamnet. Unklar ist, wovon William seine Familie ernährte. Mal heißt es, er habe als Schreiber bei einem Anwalt Geld verdient, ein andermal, er sei Schulmeister gewesen. 1585 jedenfalls suchte er das Weite.

Erst sieben Jahre später nahmen seine Biografen in London wieder eine Spur von ihm auf. Da war er bereits erfolgreich als Schauspieler und Stückeschreiber. Er wurde sogar von einem

Konkurrenten, dem Bühnenautor Robert Greene, mit einer gehässigen Schrift geschmäht. Greene hatte in Oxford und Cambridge studiert und schimpfte, Shakespeare sei ein dahergelaufener „Allerweltskünstler" aus der Provinz. Er schreibe seine Stücke bei anderen ab und sei eine „Krähe, die sich mit unseren Federn schmückt". Greene nannte Shakespeare „shake-scene", einen „Bühnenerschütterer". Als Greene kurz darauf starb und sein Nachlass mitsamt der boshaften Worte als Buch erscheinen sollte, schämte sich der Drucker so sehr, dass er ein eigenes Vorwort schrieb, in dem er Shakespeare um Verzeihung bat. Der Mann mit der kahlen Stirn, dem Fussel-Bart und dem goldenen Ring im Ohr war in London offenbar bekannt und beliebt.

Shakespeare hatte sich der Theatertruppe „Chamberlain's Men" angeschlossen. Die war benannt nach dem Lordkämmerer des Königs. Am Ende des 16. Jahrhunderts waren Schauspieler auf Schutz und Unterstützung angesehener Leute angewiesen. Denn nicht überall waren sie gerne gesehen. Mit großem Erfolg war Shakespeares Drama um König Heinrich VI. aufgeführt worden. Es folgten weitere Stücke um historische Ereignisse bis zurück in die Antike, am Ende waren es 37 Tragödien und Komödien. Vordergründig zog Shakespeare sie häufig an Konflikten der Mächtigen auf. In Wirklichkeit sahen die Zuschauer ihre eigenen inneren Kämpfe auf der Bühne: eigene Lieben, Lust und Leid, alles, was den Menschen in seinem Innersten bewegt. Die Truppe um Londons besten Schauspieler Richard Burbadge, der Shakespeare angehörte, war so angesehen, dass Jakob I., der Königin Elisabeth auf den englischen Thron folgte, sie 1603 unter seine Fittiche nahm. Jetzt durfte sie sich „King's Men" nennen. Der König wies alle Behörden an, sie zu unterstützen. Ihr Spiel solle der „Erholung unserer lieben Untertanen und zu unserem eigenen Trost und Vergnügen" dienen.

Am Hof Elisabeths I. hatten die „Chamberlain's Men" bereits

vierzig Mal gespielt, Jakob I. lud sie zu 130 Aufführungen ein. Unter Elisabeth hatte Shakespeare allerdings Kopf und Kragen riskiert: Der Earl of Essex, einst ein Günstling der Queen, hatte ihn zu einem Stück über Hochverrat überredet. Das Drama „Richard II." steckte voller Anspielungen auf die Königin. Obendrein siegte der Verräter. Kurz nach der Aufführung wurde der Graf verhaftet und hingerichtet. Shakespeare wurde verhört, kam aber ungeschoren davon.

Das Theater machte Shakespeare reich: Zusammen mit seinem Freund Burbadge war er Teilhaber des 1599 für die „King's Men" gebauten „Globe"– und, nachdem dieses abgebrannt war, des Blackfriars-Theaters. Er wurde in den niederen Adelsstand erhoben und damit zum Gentleman mit Familienwappen. Sein Bruder kaufte in Stratford-upon-Avon Grundstücke und Häuser für ihn, darunter das größte am Ort: „New Place" glich einem kleinen Palast. Ob und wie oft er selbst die zwei Tage dauernde Reise in seine Heimatstadt auf sich nahm, wissen wir nicht. Wohl aber, dass er um seinen einzigen Sohn Hamnet trauerte, als der mit elf Jahren starb: Literaturforscher lesen die Worte „grief fills the room up of my absent child ..." seines „King John" im gleichnamigen Drama als väterliche Todesklage.

Shakespeares Komödien spiegeln das pralle Leben seiner Tage: Seinen Figuren ist nichts Menschliches fremd, er scherte sich nicht um Tabus, die er auf der Bühne mit Worten darstellte. Ob er selbst so wild lebte, wissen wir nicht. Anzunehmen ist es durchaus. Hinweise liefern Anekdoten wie diese: Einmal soll er seinen Freund Burbadge und dessen Geliebte belauscht haben, die ihn nachts im Kostüm Richard II. empfangen wollte. Die beiden machten ein Stichwort aus, das die Schlafkammer öffnen sollte. Als Burbadge erschien, war das Bett der Lady bereits besetzt – und Shakespeare rief spöttisch: William der Eroberer sei vor King Richard da gewesen.

Vermutlich 1612 kehrte Shakespeare London den Rücken. Als schwerreicher Mann kam er nach Hause, auch weil er zu Wucherzinsen Geld verlieh. Das Einzige, was er jetzt noch schrieb, war vier Jahre später sein Testament: Zur Haupterbin erklärte er die älteste Tochter Susanna, die zweite, Judith, bekam 300 Pfund, da Shakespeare ihren Mann nicht mochte. Den Armen des Ortes vermachte er zehn Pfund. Ehefrau Anne aber musste sich mit dem „zweitbesten Bett" zufriedengeben … William Shakespeare starb an seinem 52. Geburtstag, dem 23. April 1616.

Ein Mann mit tausend Seelen

Deutschlands Dichterfürst Goethe nannte Shakespeare einen „Mann mit tausend Seelen". Nicht nur seine Kollegen des „Sturm und Drang" und der Weimarer Klassik bedienten sich bei ihm – auch moderne Schriftsteller der Gegenwart tun das oft und gerne. Shakespeare gilt nach wie vor als das größte Sprach- und Theatergenie der Welt. Aus seinen Dramen wurden Opern wie Giuseppe Verdis „Falstaff" oder „Macbeth" und Musicals wie Cole Porters „Kiss me Kate" oder Leonard Bernsteins „West Side Story": Für beide stand das berühmteste Liebespaar der Welt, Romeo und Julia, Pate. Shakespeare wurde zum Kinoheld – nicht zuletzt in der Lebens- und Liebesgeschichte über ihn selbst, „Shakespeare in love", die mit dem Filmpreis „Oscar" ausgezeichnet wurde. Das Besondere an Shakespeare waren seine Sprache und die Art, wie er die ewigen Menschheitskonflikte tragisch oder komisch in Szene setzte. Seine Bühne war bunt und düster, wild und still. Es sind Spiele zwischen Menschen und Geistern. Bei ihm belohnen oder strafen nicht mehr die Götter, sondern die Menschen gewinnen oder scheitern an sich selbst.

Hilf dir selbst, dann hilft dir Gott!

„Ich habe in der Schule der Not mehr gelernt über Philosophie als auf der Akademie und mehr über Gott als von der Kanzel. Im Gefängnis lernte ich, dass Freiheit nicht aus offenen Türen besteht oder daraus, sich ungehindert vor- oder rückwärts bewegen zu können." So zog er selbst Bilanz über die schlimmsten Zeiten seines Lebens. Und weiter: „Ich habe die raue Seite der Welt gesehen ebenso wie die glatte und habe in weniger als einem halben Jahr den Unterschied zwischen einem königlichen Haus und dem Kerker von Newgate kennengelernt." Oh ja, die Schule der Not hat er häufig besucht – auf der Flucht vor Gläubigern und der Obrigkeit sowie im berüchtigsten Gefängnis von London, in Newgate. Dort teilte er die Unfreiheit mit Todeskandidaten, die auf den Gang zum Schafott warteten. So weit kam es bei ihm nicht. Wieder in Freiheit wechselte er munter die Seiten, was ihm den Vorwurf der Geldgier eintrug. Er war Händler und Fabrikant, Bankrotteur und politischer Spitzel, verdiente den Lebensunterhalt als Zeitungsschreiber und Verleger. Sein ärgster Feind war die anglikanische Kirche, deren Vertreter ihn hassten – und er sie. Dabei war er gläubig. Seine Eltern hätten ihn gern als Pfarrer gesehen. Er zog es vor, Geschäfte zu machen und politische Handlangerdienste zu leisten.

Zum Schriftsteller wurde er erst spät, dafür brachte ihm sein Erstlingswerk Weltruhm. Er schrieb den ersten „modernen" Roman der englischen Literaturgeschichte. Jeder kennt die Hauptfigur, für die ihm ein gestrandeter Seemann als Vorbild diente. Er zog aus den Abenteuern seines Helden eine Lehre, nach der er selbst lebte: Nur wenn ein Mensch sich selber hilft, wird ihm auch Gott zur Seite stehen.

Wer war das?

Daniel (De)Foe –

Robinson Crusoes „Vater"

Geboren 1660 oder 1661 in London
Gestorben am 26.4.1731 ebenda

Dieser Foe! Da stand er, den Kopf fest eingeschraubt zwischen zwei Bretter, die Hände gleichermaßen auf Höhe des Halses gezwungen auf einem Marktplatz in London am Pranger – und lachte. Statt ihn wie sonst üblich mit faulen Äpfeln und Eiern zu beschmeißen oder ihm ins Gesicht zu spucken, jubelten die Leute ihm zu. Es war aber auch zu dreist, was er sich erlaubte: Während er da oben die Strafe für eine Schmähschrift gegen die anglikanische Kirche abbüßte, wurde unten in der Menge ein von ihm verfasstes Pamphlet verkauft, eine „Hymne auf den Pranger". Er wusste, wovon er sprach – schließlich hatte er schon des Öfteren vor diesem Tag im Jahr 1703 dort oben gestanden. Seine Gegner spien Gift und Galle, als er sich wenig später mit einem „De" vor seinem Namen selber „adelte". Als Daniel Defoe schrieb er 16 Jahre später seinen weltberühmten Roman „The life and strange surprizing adventures of Robinson Crusoe" – „Die Abenteuer des Robinson Crusoe". Das Buch war ruck, zuck ausverkauft. Reich wurde damit aber nur sein Verleger: William Taylor hatte ihn mit gerade mal zehn Pfund abgespeist. Defoe konnte nicht einmal verhindern, dass seine Erzählung über einen Schiffbrüchigen in den nächsten fünf Jahren übersetzt oder abgeschrieben auch in Holland, Deutschland, Frankreich und Schweden erschien.

Er hatte seinen Robinson nicht ganz frei erfunden: Zugrunde liegen seiner Erzählung die Erlebnisse des schottischen Matrosen Alexander Selkirk. Der war 1704 tatsächlich auf einer der Juan-Fernández-Inseln vor dem südamerikanischen Chile gestrandet und hatte dort vier Jahre in der Einsamkeit überlebt. Zurück in der Heimat dankte er Gott: Diese Zeit habe ihn näher zu ihm geführt. Vielleicht war der gläubige Defoe deshalb auf ihn aufmerksam geworden. Seinen Robinson Crusoe ließ er 28 Jahre in der Wildnis ausharren. Für den Namen stand ein Toter Pate: Defoe hatte ihn auf einem Grabstein gelesen, hinter dem er sich einmal vor den Häschern des Staates versteckte.

Daniel Defoe führte selbst ein abenteuerliches Leben. Geboren wurde er 1660 oder 1661 als Sohn des Fleischers und Händlers James Foe und dessen Frau Alice in London. Die Foes waren „Dissenters", Andersgläubige, die einer protestantischen Freikirche angehörten. Diese Presbyterianer hatten sich von Englands anglikanischer Hochkirche losgesagt und schickten ihre Kinder sogar auf eigene Schulen. Daniel Foe besuchte die Akademie des Geistlichen Charles Morton. Eigentlich sollte er Pfarrer werden. Doch er interessierte sich mehr für Handel und Politik. Im Lauf seines Lebens übte er eine Vielzahl von Berufen aus – und scheiterte immer wieder: Er versuchte sich im Wein-, Tabak- und Lebensmittelgeschäft, weshalb er viel reiste. Er versah politische Spitzel- und Agentendienste, erst für die Partei der republikanischen Whigs, dann für die königstreuen Tories, um schließlich wieder auf die andere Seite zurückzukehren. Dieses „Bäumchen wechsel dich"-Spiel trug ihm den Ruf eines geldgierigen, unzuverlässigen Schreiberlings ein: Denn Journalist war er auch – und verlegte schließlich sogar seine eigene Zeitung. Als er den Robinson Crusoe schrieb, war er bereits sechzig Jahre alt.

Nicht bekannt ist, wie seine Familie lebte. 1684 hatte Daniel Defoe Mary Tuffley geheiratet. Sie wurde die Mutter seiner fünf Töchter und zwei Söhne und war mit ihren Kindern viel allein.

Schon nach dem ersten Ehejahr musste ihr Mann sich verstecken: Er hatte sich in die Rebellen-Armee von James Scott, des 1. Herzogs von Monmouth, eingereiht. Der uneheliche Sohn Karls I. kämpfte gegen Jakob II. Der hatte als Sprössling Karls II. den englischen Thron bestiegen. Scott unterlag und wurde zusammen mit Hunderten Gefolgsleuten hingerichtet. Defoe konnte nach Frankreich fliehen. England war damals Schauplatz von Aufständen und Machtkämpfen zwischen den Anhängern eines absolutistischen Königreichs und den Verfechtern eines stärkeren Parlamentarismus, bei denen auch die Konflikte zwischen Anglikanern, den „Dissenters", und Katholiken eine Rolle spielten. Der Herzog von Monmouth setzte sich, wie Defoe, für Toleranz zwischen den verschiedenen Glaubensrichtungen ein.

Als die Monmouth-Anhänger begnadigt wurden, kehrte Defoe nach England zurück. Er schrieb politische Streitschriften im Sinne der Whigs, der Republikaner. Als James II. abgedankt hatte, wechselte Defoe die Seite zu den monarchistischer gesinnten Tories und wurde zum Anhänger des neuen Königs, des Oraniers William III. Der war zwar Katholik, räumte aber auch Andersgläubigen Freiheiten und Rechte ein. Sein Geld verdiente Defoe zeitweise als Zolleintreiber. Dann betrieb er in Tilbury in der Grafschaft Essex eine Ziegelfabrik. Doch die machte 1703 pleite. Defoe saß auf einem Schuldenberg von 17 000 Pfund und verdrückte sich – auch vor der anglikanischen Kirche: Denn über die hatte er eine bitterböse Satire geschrieben und veröffentlicht. Als man ihn fand, wurde er in Newgate eingesperrt und dreimal an den Pranger gestellt. Einer dieser Auftritte am Schandmal war der eingangs erwähnte.

Schließlich half ihm ein einflussreicher Tory aus der Klemme, Robert Harley. Der hatte gemerkt, dass sich mit Propaganda gut Politik machen ließ, und gewann Defoe erst für Spitzeldienste auf der anderen Seite, dann dafür, für die Tories zu schreiben. Das tat der nicht immer mit offenem Visier: Defoe verfasste Flugblätter, Artikel und Pamphlete unter wechselnden Namen wie Eye Witness, T. Taylor oder Andrew Morton. Sein ungewöhnlichstes Pseudonym war „Helostrapolis", dem er den Titel „Sekretär des Mondbeherrschers" hinzufügte und unter dem er eine politische Satire schrieb. Dann wurde Defoe zum Verleger: Von 1704 an gab er seine eigene Zeitschrift heraus. Diese „Review" – Rundschau – erschien erst einmal, dann dreimal wöchentlich. Es war das erste Blatt dieser Art, das in jeder Ausgabe einen Leitartikel, einen politisch-moralischen Wegweiser für die Leser enthielt.

Als 1714 die Macht von den Tories erneut an die Whigs überging, wechselte Defoe wieder das Fähnchen: Mit der nun regierenden Partei vereinbarte er, seine Artikel weiterhin so zu schreiben, als ob er ein Tory wäre – zwischen den Zeilen aber Stimmung für die Whigs zu machen. Möglicherweise stieß er bei einer seiner „Recherche"-Reisen in Schottland auf das Schicksal des einstigen Schiffbrüchigen Alexander Selkirk.

1719 erschienen „Die Abenteuer des Robinson Crusoe" – und Defoe war schlagartig berühmt. Es folgten weitere Romane auch mit weiblichen Hauptfiguren. Die bekannteste ist Moll Flanders. Die wird als Kind einer zum Tode verurteilten Frau hinter den Gittern von Newgate geboren, ihre Mutter dann aber nicht hingerichtet, sondern nach Virginia verschifft. Aus dem verlassenen Kind wird eine Diebin und Hure. Die erwachsene Moll Flanders findet letztendlich doch auf den Weg zur Tugend und in die Gesellschaft.

In seinem „Journal eines Pestjahres" schilderte Defoe eindrucksvoll die schrecklichen Zustände in London im Jahr der Pest, 1665. Er selbst war damals noch ein Kind. Vermutlich hat er die schriftlichen Erinnerungen eines Onkels als Vorlage benutzt. Der „Schwarze Tod", dem Zigtausende zum Opfer fielen, beschäftigte ihn sehr. Vor allem die Frage, ob es einen Schutz gäbe vor dieser tödlichen Seuche. Schon in seiner „Review" hatte er sich mit dem Thema häufig auseinandergesetzt.

Im Lauf seines Lebens schrieb Defoe über 2 000 Essays und Zeitungsberichte sowie mehr als 200 Bücher, darunter ein dreibändiger Reiseführer durch England, meistens aber Schelmenromane, deren Helden Gauner, Abenteurer, Soldaten oder Piraten sind und deren Geschichten in aller Herren Länder spielen. In vielen spiegelt sich Defoes Anliegen der Toleranz gegenüber andersdenkenden oder -gläubigen Menschen wider, ein Thema, das ihn als „Dissenter" sein Leben lang umtrieb. Daniel Defoe starb mit über siebzig Jahren am 26. April 1731 in einem Haus in der Ropemaker's Alley in London.

Das Handwerk des (Über-)Lebens

Der gestrandete, auf sich selbst zurückgeworfene Mensch ist einer der spannendsten Stoffe der Literatur. Schon Homer beschäftigte sich damit in seiner „Odyssee". Daniel Defoe verpackte mit seinem „Robinson Crusoe" ein solches Schicksal erstmals in einen realistischen Roman: Bei der Lektüre fühlt sich der Leser mitgenommen auf die einsame Insel. Robinson lernt dort mit dem wenigen Werkzeug, das er vom Schiff retten konnte, in der Wildnis zu überleben und sich die Natur nutzbar zu machen. Sein Verstand hilft ihm, sich die fremde Welt zu erschließen. Anleiten lässt er sich dabei von der Bibel. Defoe war ein Schriftsteller des damals beginnenden Rationalismus: Die Denker dieser Epoche beschäftigten sich mit der Frage, wie der Mensch den Konflikt zwischen Kultur und Natur, Zivilisation und Wildnis lösen kann.

Die letzte Flucht

Der Morgen graut schon, als das Gefährt sich dem Pariser Stadttor nähert. Die Wachen treten vor. Der Kutscher bringt die Pferde zum Stehen. „Öffnet die Tür!" Den Bewaffneten zischt ein „Pssst!" entgegen. Drinnen legt ein Mann einen Zeigefinger an die Lippen. Mit dem anderen deutet er auf den Sitz gegenüber. Einer der Uniformierten beugt sich vor. Er sieht einen schlafenden alten Mann, der dort, die Nachtmütze tief ins Gesicht gezogen, in einen Hausrock gekleidet, in der Ecke lehnt. Dem Wachmann huscht ein spöttisches Grinsen übers Gesicht: Wer geht denn so auf Reisen?! Der andere Passagier scheint ein Abt zu sein – und beide wirken alles andere als verdächtig. Der Beamte tritt zurück und gibt dem Mann auf dem Bock ein Zeichen. Die Wagentür schließt sich. Ein Peitschenknall – und weiter geht's. Puh, geschafft! Der Abt atmet auf. Das war die letzte Hürde auf ihrer abenteuerlichen Fahrt in die Champagne.

Was für eine Nacht! Erst stirbt der Alte. Dann schnell den Chirurgen gerufen. Der öffnet Kopf und Körper des Toten, entnimmt Herz und Gehirn und legt sie in Gefäße. Die anderen Organe werden in der Latrine versenkt, der Körper wieder zugenäht und balsamiert, der Hausrock drüber, die Nachtmütze über den Kopf gezogen – und der „Schlafende" in die Kutsche transportiert. So, los, schnell raus aus der Stadt! Jetzt musste der Gefährte des Toten nur noch die Mönche in Scellières überreden, den Alten zu begraben und ihm die Messe zu lesen. In Paris wäre die Leiche auf dem Schindanger gelandet, denn die Geistlichkeit hätte ihr eine Bestattung verwehrt. Später sollen die Gebeine des Mannes doch noch am Ufer der Seine verscharrt worden sein. Sein Hirn ging verloren, das Herz wird bis heute in einem Schrein verehrt.

Wer war das?

François Marie Voltaire –

der Spötter von Paris

Geboren am 21.11.1694 in Paris
Gestorben am 30.5.1778 ebenda

Nein, seine Glaubensbrüder in der Benediktinerabtei Scellières bei Troyes ließen den Abbé Mignot nicht im Stich – und schon gar nicht Frankreichs meist verehrten und verdammten Schriftsteller, François Marie Voltaire. Gleich nach der Ankunft der Kutsche zimmerten die Mönche am 31. Mai 1778 einen Sarg und hoben eine Grube auf dem Gottesacker neben der Kirche aus. Darin bestatteten sie den von der Geistlichkeit in Paris verfemten Voltaire. Die nächtliche Entführung der mit Schlafrock und Mütze getarnten Leiche hatte verhindert, dass sich die schlimmste Befürchtung des nun Verschiedenen erfüllte: Seine sterblichen Überreste könnten auf dem Schindanger landen, dort, wo die Abdecker das verendete Vieh verscharrten. Doch auch der Friedhof der Benediktinerabtei Scellières blieb nicht seine letzte Ruhestätte. 13 Jahre nach seinem Tod holten die Sieger der Französischen Revolution Voltaires Gebeine zurück nach Paris. Dort bekamen sie einen Ehrenplatz im Panthéon, der zur Ruhmeshalle umfunktionierten Kirche Sainte Geneviève – und das ausgerechnet neben Jean-Jacques Rousseau. Zu Lebzeiten hatten sich die beiden Denker stets angegiftet. Angeblich sind sie sich später noch nähergekommen: Es heißt, Royalisten hätten 1814 beider Überreste geraubt und sie irgendwo an der Seine verscharrt.

Geboren wurde Voltaire am 21. November 1694 in Paris als

François Marie Arouet. Er war das dritte Kind und der zweite Sohn des Notars François Arouet und dessen Frau Marie. Sein Lebenslicht flackerte anfangs so schwach, dass alle mit seinem baldigen Verlöschen rechneten. Es kam anders: François Marie kränkelte zwar sein Leben lang, wurde aber über 83 Jahre alt.

Sein Vater beriet als königlicher Rat Fürsten und Herzöge. Seine Mutter, die Voltaire schon früh verlor, war eine geborene Daumart de Mauléon. Er setzte später das Gerücht in die Welt, nicht Arouet sei sein Vater, sondern sein Pate, der Abbé de Chateauneuf, oder Monsieur de Rochebrune, ein Pariser Edelmann, denn er wollte unbedingt von Adel sein. Als 24-Jähriger bastelte er sich mit einem Anagramm einen aristokratisch klingenden Namen: Er schüttelte die Buchstaben seines echten – Arouet l. J. (Arouet le Jeune, zu Deutsch: „der Jüngere") – so durcheinander, dass dabei „Voltaire" entstand. Das „u" nahm er als „v", das „j" als „i". Dem Ganzen stellte er frech ein „de" voran.

Als Kind ging François Marie im Jesuitenkolleg Louis le Grand zur Schule. Nur widerwillig trat er mit 17 auf Geheiß des Vaters ein Jura-Studium an. Er saß lieber in Salons und Cafés. Sein Pate, der Abbé Chateauneuf, der als Weltgeistlicher nicht den klösterlichen Pflichten unterlag, hatte ihn in die nach einem Stadtteil benannte „Tempel-Runde" eingeführt. Dieser Kreis von Adeligen und Schriftstellern vergnügte sich gern, kritisierte aber auch die Missstände im Staat des absolutistischen „Sonnenkönigs": Ludwig XIV. hatte den Adel zu buckelnden Hofdienern degradiert, ließ missliebige Schriften zensieren und Kritiker verhaften.

Der junge Arouet wurde zum begnadeten Spötter. Er amüsierte sein Publikum mit spitzzüngigen Versen über lebenslustige Frauen, gehörnte Ehemänner und mit ätzender Kritik an den Mächtigen. Das missfiel seinem Vater und er schickte den Sohn als Pagen des französischen Gesandten ins holländische Den Haag. Dort verdrehte der nun 19-Jährige der jungen Olympe

In Voltaires Jugend herrschte in Frankreich der „Sonnenkönig" Ludwig XIV. Der führte ein verschwenderisches Leben, während im Volk Hunger und Not regierten.

Dunoyer, genannt „Pipette", den Kopf und überredete sie, mit ihm nach Paris zu fliehen. Als Pipettes Mutter das entdeckte, wurde François Marie eingesperrt und nach Frankreich zurückgeschickt. Abgemagert und krank vor Liebeskummer kam er dort an. Zur Strafe musste er nun Anwaltsgehilfe werden.

1715 starb Ludwig XIV. Sein Erbe war noch ein Kind. Deshalb übernahm der tolerantere Herzog Philippe von Orléans die Regierungsgeschäfte. Seine vielen Affären machten ihn zum Tagesgespräch. Schließlich hieß es sogar in einem Spottgedicht, er habe die eigene Tochter geschwängert. Arouet wurde als Verfasser angeschwärzt und der Regent verbannte ihn aus Paris. Der Dichter fand eine Bleibe im Schloss des Herzogs von Sully. Von dort aus schickte er Philippe schmeichelnde Verse, in denen er ihn als „Liebling der Götter" und „Stütze des Volkes" pries. Nach acht Monaten durfte er zurück nach Paris, landete dort aber wenig später im Staatsgefängnis, der Bastille. Arouet hatte in einem Café über den Herzog als „Flegel" und dessen Tochter als „Hure" gelästert. Immerhin durfte Arouet statt einer Zelle ein eigenes Zimmer beziehen, Besuch empfangen und Bücher lesen. Nur Papier, Feder und Tinte verweigerte man ihm. So beschrieb er mit Bleistift den Rand seiner Bücher – unter anderem mit den ersten Teilen der „Henriade", der Geschichte des toleranten Herrschers Heinrich IV.

Nach elf Monaten war er wieder frei. Jetzt schrieb er für Journale, dichtete und träumte von einer Karriere als Hofpoet. Bald wurde an der Comédie Française sein Drama „Ödipus" aufgeführt, zu dessen Premiere der Herzog mit seiner Tochter erschien. Dem gefiel, wie sich Arouet darin über den Orakelglauben der griechischen Priester lustig machte. Dessen Spott war auf die französische Kirche zu übertragen, deren Scheinheiligkeit auch der Herzog hasste. Der „Ödipus" wurde 25 Mal aufgeführt – und Philippe gewährte Arouet einen Ehrensold von jährlich 1 200 Livres und lud ihn zu sich ein. Arouet bedankte sich artig, bat aber in Erinnerung an die Bastille: „Eure Hoheit mögen sich künftig nicht mehr um meine Logis bekümmern!" Von da an nannte sich Arouet „de Voltaire". Das Erscheinen der „Henriade" in Paris verhinderte die Zensur, weshalb der Dichter sie in Rouen drucken und heimlich in die Hauptstadt bringen ließ. Solcher Tricks bediente er sich öfter. Viele Schriften ließ Voltaire unter anderem Namen erscheinen.

1723 starb der Herzog, Ludwig XV. bestieg den Thron. 1725 wurden bei seiner Hochzeit mit der Tochter des polnischen Monarchen drei Stücke Voltaires aufgeführt – und der zum Hofdichter erhoben. Wenig später bekam er Ärger mit dem Aristokraten Chevalier de Rohan, der sich über seinen Namen lustig machte. Als Voltaire konterte: „Ich schleppe keinen großen Namen hinter mir her. Aber ich mache dem, den ich trage, Ehre", ließ ihn de Rohan verprügeln. Voltaire forderte den Adeligen daraufhin zum Duell – was wegen des Standesunterschieds ein Ding der Unmöglichkeit war. De Rohan lehnte ab – und Voltaire beschimpfte ihn als feige. De Rohans Familie nannte ihn eine Gefahr für ihren Sohn und brachte den Dichter zum zweiten Mal in die Bastille. Der bat darum, nach England ausreisen zu dürfen, was die Behörden gern erlaubten.

1726 bis 1729 waren für Voltaire paradiesische Jahre: Im englischen Königreich hatten nicht nur Aristokraten, Kirchenmänner und Grundbesitzer, sondern auch das einfache Volk Rechte. In Frankreich konnten Bauern und Bürger davon noch nicht einmal träumen. Der Engländer Isaac Newton hatte gerade nachgewiesen, dass die materielle Welt nicht vom undurchschaubaren Willen eines allmächtigen Gottes abhing, sondern nach mathematischen Gesetzen funktionierte.

Und sein Landsmann, der Philosoph John Locke, hatte den gesunden Menschenverstand zum Fundament des Staates und

Voltaire war ein großer Bewunderer Isaac Newtons, lernte ihn aber nie persönlich kennen. Er erwies ihm bei dessen Beerdigung 1727 die letzte Ehre.

Leben, Freiheit und Besitz zu natürlichen Rechten erklärt. Voltaire staunte, wie frei in England alle Menschen über Religion und Politik debattierten. Er selbst war bald gern gesehener Gast beim Premierminister und bei Hof. Dem protestantischen König Georg II. gefiel vor allem sein Spott über die katholische Kirche in der „Henriade". Er ließ sie ins Englische übersetzen – Voltaire verdiente 150 000 Livres daran.

Im Winter 1828/29 kehrte er als reicher Mann nach Paris zurück – und wurde dort noch viel reicher: Er hatte einen Rechenfehler in einer Staatslotterie entdeckt und herausgefunden, dass, wer alle Lose kaufte, eine Million Livres gewinnen konnte. Das tat er nun gemeinsam mit Freunden – und sahnte selbst die Hälfte ab. Als der Finanzminister nicht zahlen wollte, verklagte ihn Voltaire mit Erfolg. Es war nicht sein letztes finanzielles Schelmenstück: Der Dichter spekulierte sein Leben lang, mit Getreide, Aktien und auch verbotenen Geschäften. Geizig war er aber nicht: Die Einnahmen aus seinen Theaterstücken überließ er oft den Darstellern, weil die elendig bezahlt und wie Gesindel behandelt wurden. Als die gefeierte Schauspielerin Adrienne Lecouvreur starb, wurde ihr Leichnam ohne Gottes Segen auf dem Schindanger verscharrt. Voltaire beschimpfte die Verantwortlichen als „grausame Männer, die derjenigen das Begräbnis verweigerten, der man in Griechenland Altäre errichtet hätte".

1736 floh Voltaire vorübergehend vor der Kirche nach Holland. Er hatte in seiner Schrift „Weltmann" Adam und Eva als „nackt, schwarz und schmutzig" bezeichnet – er aber liebe Luxus und Sauberkeit.

1734 erschienen Voltaires „Philosophische Briefe", in denen er die liberalen Zustände in England mit dem unfreien Leben in Frankreich verglich und dem verlogenen Klerus den Spiegel vorhielt. So schrieb er: „Wenn die Engländer erfahren, dass in Frankreich junge, durch die Ausschweifungen bekannte Leute durch Weiberintrigen zu Prälatenämtern kommen, öffentlich die Liebe praktizieren … und sich trotzdem Nachfolger der Apostel nennen – dann danken sie Gott, dass sie Protestanten sind."

Zwar beschimpfte er im nächsten Satz die Protestanten als „elende Ketzer, wert, bei allen Teufeln zu schmoren". Dennoch hatte er es sich mit der katholischen Kirche verscherzt.

Als er auch gegen Folter und Todesstrafe eintrat, wurde er zum Staatsfeind erklärt. Um nicht erneut in der Bastille zu landen, setzte sich Voltaire ab – zu seiner Geliebten, der Marquise du Chatelet, in deren Schloss Cirey. Emilie war erst 29 Jahre und elf jünger als er. Sie hatte einen Gatten, dem sie zwei Kinder geboren hatte, was diesem genügte.

Voltaire blieb die nächsten 15 Jahre bei ihr. Er stattete das Schloss mit Rokoko-Möbeln, Samttapeten, Gemälden, feinstem Porzellan und Tafelsilber aus und die Bibliothek mit Tausenden von Büchern. 1736 begann Voltaire eine Korrespondenz mit dem Kronprinz von Preußen. Als der als „Philosophen-König" Friedrich II. 1740 den Thron bestieg, lud er Voltaire nach Potsdam ein. Doch der wollte lieber bei Emilie bleiben. In seiner Heimat provozierte er erneut die Geistlichkeit: Er hatte ein Drama über „Mahomed", den Propheten des Islam geschrieben. In Paris wurde es verboten, weil die Kirche es für ein Schmähstück auf Jesus hielt. Daraufhin widmete es der Dichter dem Papst – und Benedikt XIV. war entzückt. Er erteilte Voltaire dafür den apostolischen Segen.

Bei Hof liebten ihn inzwischen nicht nur die Damen: Der König ernannte ihn zum Edelmann und Kammerherrn. Endlich konnte Voltaire sein „de" zu Recht tragen. 1746 wurde er Mitglied der Académie Française.

Mit Emilie verband ihn nur noch eine Seelen-Liebe. Der

Emilie du Chatelet war eine gebildete, intelligente Frau. Sie übersetzte Isaac Newtons mathematische Werke ins Französische.

Voltaire besucht Friedrich II. um 1750 auf Schloss Sanssouci (Gouache von Georg Schöbel, um 1900).

Leidenschaft frönte sie mit einem jungen Mann, der sie schwängerte. Im September 1749 kam das Kind auf die Welt, doch die Mutter starb. In seiner Trauer reiste Voltaire nun doch nach Preußen. Er wurde Mitglied der königlichen Tafelrunde auf Schloss Sanssouci. Friedrichs Freundschaft verscherzte er sich aber bald, weil er windige Geschäfte mit Brillanten und verbotenen Wertpapieren machte und eine böse Satire auf Friedrichs Freund, den Präsidenten der Preußischen Akademie der Wissenschaften schrieb. Friedrich II. ließ das Werk verbrennen und nahm Voltaire den Kammerherrenschlüssel ab. Ende 1752 verließ der Franzose Sanssouci, Friedrich ließ ihn bis nach Frankfurt verfolgen – unter dem Vorwand, er habe ein vom König geschriebenes Buch geklaut. Voltaire wurde unter Hausarrest gestellt. Als der Dichter endlich weiterfahren durfte, wurde er in Mainz, Mannheim und Schwetzingen von den rheinischen Fürsten aus Protest gegen den König der Preußen mit rauschenden Festen empfangen.

Voltaires Nichte Marie-Louise, mit der er schon länger ein Verhältnis hatte, warnte ihn nun vor der Rückkehr nach Paris. Dort waren Abschriften seines deftigen Stückes „La Pucelle" über die Nationalheilige und Jungfrau von Orléans aufgetaucht. Außerdem gab es Kritik an Voltaires „Weltgeschichte". Also zog der Dichter weiter nach Genf. Dort erwarb er vier Häuser: das Anwesen „Les Delices", eines in Lausanne und schließlich Tournay und Schloss Ferney auf französischem Boden, aber nahe der Grenze. „Ein Philosoph muss gegen die Hunde, die ihn verfolgen, mehrere Schlupflöcher haben", erklärte er.

Ferney blühte unter Voltaire auf: Bei seiner Ankunft lebten dort nur ein paar Hundert bettelarme Leute. Er pflanzte Orangenbäume, züchtete Tulpen, zog Zwiebeln, Karotten und vieles mehr. Nach wenigen Jahren wies die Gegend über tausend Bewohner auf, die ihn liebten, weil er sich um sie sorgte. Er streckte den Bauern Geld zum Kauf von Vieh und Geräten vor. Er gab ihnen Arbeit in einer Manufaktur für Seidenstrümpfe und ließ sie Uhren bauen. Wenn Voltaires Kutsche das Schloss verließ, kamen die Menschen gelaufen und winkten ihm zu. Er selbst arbeitete fast rund um die Uhr, schrieb in den nächsten Jahren zig Romane, sein „Philosophisches Wörterbuch" und Traktate. Er lieferte Artikel für die erste große Enzyklopädie, in der die Schriftsteller d'Alembert und Denis Diderot das damals vorhandene Wissen zusammentrugen. Er lieferte sich bissige Wortwechsel mit seinem Landsmann Jean-Jacques Rousseau, der die Zivilisation für die Ursache allen Übels hielt. Er korrespondierte mit den Gelehrten seiner Zeit und der russischen Zarin Katharina. Und Voltaire wurde zum Anwalt der Opfer der Justiz: Er deckte auf, dass der hugenottische Protestant Jean Calas zu Unrecht wegen Mordes verurteilt und hingerichtet worden war. Die Richter hatten behauptet, er habe seinen Sohn erwürgt, um dessen Übertritt zur katholischen Kirche zu verhindern. Dabei hatte sich der junge Mann erhängt. In einem ähnlichen Fall half Voltaire einer Hugenottenfamilie.

Doch der alte Mann hatte Sehnsucht nach Paris. 1777 schrieb er Freunden, ob er nach 27 Jahren wohl doch noch eine Reise in die Heimatstadt wagen solle. Das Ehepaar de Villette hatte ihm wiederholt Quartier angeboten. Anfang 1778 sollte Voltaires Tragödie „Irène" in der Comédie Française aufgeführt werden. Am 5. Februar 1778 bestieg der nun 83-Jährige seine Kutsche. Fünf Tage später war er in Paris. Er wurde gefeiert von Freunden und belagert von Besuchern: Allein an einem Tag wurden 300 Menschen bei den de Villettes gezählt. Zwischendrin ließ sich Voltaire durch die Straßen seiner Jugend kutschieren. Die Anstrengung wurde bald zu viel: Nach zwei Wochen hustete der alte Mann Blut und prophezeite, er sei bald tot. Von Freunden ließ er sich zur Beichte überreden, da-

Voltaires Herz liegt, in eine Kapsel gefasst, in der Französischen National-bibliothek in Paris. Sein Hirn, das der Chirurg nach seinem Tod präparierte, ging verloren.

mit er nicht, wie seine Schauspieler-Freundin viele Jahre zuvor, auf dem Schindanger lande. Als der Priester kam, gab ihm Voltaire ein Papier, auf dem stand: „Ich sterbe in Anbetung Gottes, in Liebe zu meinen Freunden, ohne Hass gegen meine Feinde und in Ablehnung des Aberglaubens." Die Kommunion verweigerte er allerdings mit dem Hinweis auf seinen Husten: Der Priester könne doch nicht wollen, dass sich das Blut Gottes mit dem seinen vermische …

Zwei Wochen danach stand Voltaire wieder vom Sterbebett auf – und besuchte eine Aufführung der „Irène": Tausende Menschen säumten jubelnd den Weg zum Theater. Auf der Bühne hatten die Schauspieler eine Büste von ihm aufgestellt, die sie mit Lorbeer bekränzten. Anfang Mai verließen Voltaire erneut die Kräfte. Am 30. Mai 1778, kurz vor elf Uhr in der Nacht, verabschiedete sich der Spötter von Paris von dieser Welt. Seine letzten Worte waren angeblich: „Adieu, ich sterbe …"

Schlagt mich tot – du sollst reden!

„Ihre Meinung ist mir zwar widerlich, aber ich werde mich dafür totschlagen lassen, dass Sie sie sagen dürfen." Keiner formulierte so treffend wie Voltaire, was Toleranz heißt: das Recht eines jeden auf die eigene Meinung und den eigenen Glauben – und den Respekt jedes anderen davor. Voltaire war einer der ersten und wichtigsten Denker der Aufklärung. In dieser Epoche wurden die Menschenrechte formuliert: unter anderem das Recht auf Freiheit, Gleichheit und Eigentum. Darum muss auch heute noch immer wieder neu gerungen werden.

Freiheit für die Kinder!

Wozu den Kopf eines Kindes vollstopfen mit Geschichte oder Geografie? Wozu es zwingen, Lesen, Schreiben und Rechnen zu lernen, wenn es doch viel lieber spielen und die Natur erkunden will? Was soll so ein kleiner Mensch anfangen mit vielen Büchern? Die schaden ihm nur. Zum Lernen ist später noch Zeit! Es genügt, wenn er irgendwann nach dem zwölften Lebensjahr „Die Abenteuer des Robinson Crusoe" liest. Denn aus dieser Geschichte eines Gestrandeten wird er alles erfahren, was ein Mensch braucht, um in der Natur zu überleben. Unser Denker forderte, die Kinder von Zwängen und der Herrschaft der Erwachsenen zu erlösen. Damit fing er schon bei den ganz Kleinen an: Er hielt nichts davon, die Bewegungsfreiheit von Säuglingen durch Windeln einzuschränken. Und er legte sie, was zu seiner Zeit in höheren Kreisen undenkbar war, der eigenen Mutter an die Brust. Richtige Erziehung hieß für ihn, an die Stelle eines „Du musst!" ein „Ja, du darfst!" zu setzen.

Was sich wie eine Anleitung zu einem Aufwachsen ohne Zwang, ja fast wie ein Aufruf zur Anarchie im Kinderzimmer anhört, folgte dennoch strengen Gesetzen. Sein Gebot für die richtige Erziehung eines heranwachsenden Menschen hieß: „Es gibt keine vollkommenere Unterwerfung als die, der man den Schein der Freiheit zugesteht." Ein Kind dürfe „zweifellos tun, was es will, aber es darf nur das wollen, von dem Ihr wünscht, dass es es will!" Der dieses schrieb, hat selbst einen traurigen Start ins Leben gehabt: Gleich nach der Geburt starb seine Mutter, später verlor er das Elternhaus. Schon als Zwölfjähriger musste er arbeiten und lief schließlich davon. Er war sein Leben lang auf der Flucht. Auch wegen seiner Ansichten über Erziehung. Seine eigenen Kinder gab er gleich nach deren Geburt ins Findelhaus. Er hat sie nie wieder gesehen.

Wer war das?

Jean-Jacques Rousseau

und die Erziehung zum Glück

Geboren am 28.6.1712 in Genf
Gestorben am 2.7.1778 in Ermenonville
bei Paris

Was sollte er jetzt machen? Starr vor Schreck stand der Junge an diesem Märzabend des Jahres 1728 vor dem geschlossenen Stadttor von Genf. Er wusste: Waren die wuchtigen Holztüren erst einmal zu, gab es keinen Weg, kein Schlupfloch mehr, um hinter die Stadtmauern zu kommen. Schon zweimal war Jean-Jacques Rousseau das passiert und er hatte im Freien übernachten müssen. Dass er dabei in seinem dünnen Wams erbärmlich fror, war nicht das Schlimmste gewesen. Ärger hatte geschmerzt, wie ihn der Meister am nächsten Morgen begrüßte: Monsieur Ducommun hatte ihn grün und blau geschlagen. Schon beim Gedanken an die Prügel, die ihm nun erneut drohten, taten ihm die Glieder weh. Nein, dem würde er sich nie wieder aussetzen! Schluss mit der Angst, Schluss mit den Tränen! Wie erwartet, suchten am nächsten Morgen die anderen Lehrbuben nach ihm. Jean-Jacques ließ sich von ihnen aus seinem Quartier seine wenigen Habseligkeiten bringen. Mit geschnürtem Bündel marschierte der 15-Jährige an diesem 14. März 1728 fort von Genf in Richtung Süden. Diese Wanderschaft sollte 14 Jahre dauern und ihn nach Savoyen, Frankreich, Italien, in Städte wie Annecy, Chambéry, Turin, Paris, Montpellier und Neuchâtel führen.

Zur Ruhe kam Rousseau nie: Später musste er vor Kirche und

Obrigkeit fliehen. Ärger brachte ihm vor allem seine Ansicht ein, der Mensch sei von Natur aus gut und erst Kultur, Wissen und Gesellschaft machten ihn böse. Das war eine Absage an die Erbsünde der Bibel. Und wenn dem so wäre, bräuchte der Mensch ja den Opfertod Jesu nicht, nicht die Erlösung durch Gott, ja, und auch nicht die Kirche … Jean-Jacques Rousseau war ein Kind der Aufklärung. In dieser Epoche entdeckten die Menschen ihre Rechte. Sie setzten ihren Verstand gegen den Glauben an eine vermeintlich von Gott gegebene hierarchische Ordnung. Das brachte die Herrschaft derer da oben über die da unten in Gefahr. Auch in seiner Heimatstadt Genf war solches Denken zu spüren, andererseits war sie aber von der Sittenstrenge und Prüderie der calvinistischen Religion geprägt.

Am 28. Juni 1712 war Rousseau dort als zweiter Sohn des Uhrmachers Isaac Rousseau und dessen Frau Suzanne Bernard zur Welt gekommen. Seine Mutter starb kurz nach der Geburt, was sich Jean-Jacques nie verzieh. Fünfzig Jahre später schrieb er, schwermütig geworden, in seinen „Bekenntnissen", den „Confessions": „Ich kostete meine Mutter das Leben und meine Geburt war mein erstes Unglück." Eine Schwester des Vaters versorgte Jean-Jacques und seinen Bruder. Der, François, wurde zum kriminellen Taugenichts und verschwand eines Tages auf Nimmerwiedersehen. 1718 zog Isaac Rousseau mit dem sechsjährigen Jean-Jacques aus der vornehmen Genfer Oberstadt um nach Saint Gervais. In diesem Viertel rechts der Rhône lebten einfache Leute. Der Uhrmacher war ein gebildeter Mann. Abends lehrte er seinen Sohn die Bibel und die Werke der antiken Schriftsteller. Jean-Jacques versank in dieser Bücherwelt. In seiner Fantasie war er selbst ein griechischer Held oder Retter Roms. Im Rückblick nannte er diese frühe Bildung eine „gefährliche Methode", die „wunderliche Vorstellungen" vom Leben in ihm weckte. Er habe „nichts verstanden, aber alles gefühlt". Tagsüber sammelte er dagegen handfeste Erfahrungen in der Welt der Gassenjungen. Wehe, ein Bursche aus der Oberstadt verirrte sich in ihr Viertel! Der wurde dann gejagt und, wenn sie ihn erwischten, verprügelt.

Auch sein Vater war gegen die Privilegien der Patrizier eingestellt. Eines Tages legte er sich mit einem Jagdbesitzer an. Rousseau zog den Degen und verletzte seinen Gegner. Der Uhrmacher floh vor der Polizei nach Nyon. Ein Onkel nahm Jean-Jacques zu sich, schickte ihn dann aber zusammen mit dem eigenen Sohn Abraham in die Obhut des Dorfpfarrers von Bossey. Dort musste Jean-Jacques „Latein und all das Zeug, das man als sogenannte Erziehung hinzufügt" lernen. Auf dem Land fühlte er sich wohl und entdeckte die Liebe zur Natur. Die Zeit in Bossey prägte ihn fürs Leben. Auch weil dem nun Zehnjährigen dort etwas Verwirrendes widerfuhr: Eines Tages bestrafte ihn Gabrielle, die Schwester des Pfarrers und Erzieherin der Buben, wegen Ungehorsams mit einer Tracht Prügel. Schläge und Ohrfeigen war Jean-Jacques von Vater und Onkel durchaus gewohnt. Doch diesmal war alles anders: Erschrocken stellte er fest, dass ihm der Schmerz gefiel. Das empfand er als verwerflich. Vielleicht ahnte er, dass seine Kindheit zu Ende ging.

1724 vermittelte der Pastor die beiden Jungen ins Haus eines Obersten nach Genf. Abraham wollte Architektur studieren, Jean-Jacques sollte bei einem Gerichtsschreiber die Fertigkeit des Geldeintreibens lernen. Der Meister meinte aber, er sei zu dumm dafür, und entließ ihn wieder. So landete Jean-Jacques bei Monsieur Ducommun, dem Graveur, wegen dem er dann als 15-Jähriger Genf verließ.

Nach ein paar Tagen fand er völlig ausgehungert Unterschlupf bei einem Pfarrer. Der Gottesmann fühlte sich berufen, Protestanten zum Katholizismus zu bekehren, und verwies ihn nach Annecy. Dort führte die 29-jährige Françoise Louise-Eléonore de Warens ein Haus für Konvertiten. Rousseau fand in ihr eine Ersatzmutter und nannte sie zärtlich „Maman". Zu ihr kehrte er auch später immer wieder zurück und sie wurde seine erste Geliebte. Anfangs war auch dies für ihn ein verdammenswertes Gefühl. Vorerst aber schickte „Maman" den Jungen weiter nach Turin in ein Priester-Hospiz, wo er die katholische Taufe erhielt.

1754 wandte sich Rousseau wieder ab vom Katholizismus und kehrte zum calvinistischen Glauben zurück.

Rousseau blieb in der Stadt. Erst verdiente er Geld als Graveur bei einer Ladenbesitzerin und schrieb ihr glühende Liebesbriefe. Dann kam ihr Mann von einer längeren Reise zurück und Rousseau wurde des Hauses verwiesen. Er fand Anstellung als Lakai bei der Gräfin Madame de Vercellis. Deren Familie mochte ihn. Als die alte Dame starb, wurde er an den Comte de Gouvon vermittelt, dem er als Sekretär und Vorleser diente. Der Graf brachte ihm die italienische Sprache bei. In Turin entdeckte Rousseau seine Liebe zur Musik. Später, als er bereits ein berühmter Schriftsteller war, schuf er sich in Frankreich Feinde, weil er der Musik der Italiener vor der der Franzosen den Vorzug gab. De Gouvon wollte, dass sein junger Vorleser etwas Vernünftiges lernte, doch der eilte im Frühjahr 1729 zu „Maman" zurück. Die steckte ihn nun ins örtliche Priesterseminar. Die Studien dort schmeckten Rousseau gar nicht. Er lernte lieber für sich allein und vertiefte sich in die Literatur, darunter die Schriften des französischen Denkers Voltaire.

Rousseau war Autodidakt: Das meiste, was er lernte, brachte er sich selber bei.

Rousseau wurde Chorsänger in der Kathedrale und lernte im Haus von Madame de Warens Cembalo spielen. Schließlich begleitete er einen Musiklehrer nach Lyon, blieb aber in Lausanne hängen, wo er sich selbst als musikalischer Erzieher ausgab. Nach einer missglückten Aufführung liefen ihm jedoch die Schüler davon. Er versuchte sein Glück in Neuchâtel, wurde dann aber vom Bischof von Annecy als Hauslehrer an eine Pariser Familie empfohlen. Den zweiwöchigen Fußmarsch dorthin verkürzte sich Jean-Jacques mit ersten schriftstellerischen Versuchen über die Natur. Auch in Paris hielt es ihn nicht lange. Es zog ihn zurück zu Madame, die mittlerweile in Chambéry lebte. Sie verschaffte ihm eine Stelle im Katasteramt und wies den nun 20-Jährigen in die Liebe ein.

In diesen Jahren führte Rousseau ein erfülltes Leben: Er stand seiner Herzensdame als Verwalter ihres Anwesens zur Seite, beschäftigte sich mit Kompositionslehre und Musiktheorie, organisierte Konzerte im Haus von Madame Warens, die ihn wiederum in gesellschaftliche und literarische Kreise einführte. Doch dieses Glück endete nach sechs Jahren: Als Jean-Jacques 1738 nach einem Aufenthalt in Montpellier nach Chambéry zurückkam, hatte ein anderer seinen Platz in „Mamans" Bett eingenommen. Zwei Jahre lang pflegte man eine ménage á trois, dann flüchtete sich Rousseau als Hauslehrer nach Lyon. Dort verfasste er ein erstes Traktat über Erziehung. 1742 zog er erneut nach Paris – im Gepäck etwas Geld, ein paar Empfehlungsschreiben und eine von ihm erfundene Notenschrift, in der er die üblichen Symbole durch Zahlen und Satzzeichen ersetzte. Die legte er der Akademie der Wissenschaften vor. Dort wurde sein System zwar abgelehnt, er erhielt aber ein anerkennendes Schreiben. Mit diesem Zertifikat stellte er seine Erfindung in Zeitungsartikeln vor und gebildete Kreise wurden auf ihn aufmerksam. So auch der Schriftsteller Denis Diderot, der zum Verfasser der berühmten ersten Enzyklopädie wurde und ihn als Autor hinzuholte. Die Gattin eines reichen Bankiers, Madame Dupin, die einen der begehrtesten und vornehmsten Salons in Paris unterhielt, bat ihn um Hilfe bei der Erziehung ihres Sohnes. Wieder trübten zärtliche Briefe Rousseaus an die Hausherrin das Verhältnis zu ihrer Familie. Nebenbei schrieb Rousseau an seiner ersten Oper, „Les muses galantes".

1744 ging er erneut auf Wanderschaft – diesmal nach Venedig. Eine Freundin von Madame Dupin hatte ihn dem französischen Botschafter dort als Sekretär empfohlen. Rousseau träumte bereits von einer Karriere als Beamter oder Diplomat. Doch auch die Zusammenarbeit mit dem französischen Repräsentanten in der Lagunenstadt ging nicht lange gut. Nach einem Streit landete er erneut in Paris. Dort widmete sich Rousseau nun umso intensiver der Musik: Er bearbeitete seine „Galanten Musen" und ein Werk von Rameau und Voltaire. Seine eigene Oper kam zwar zur Aufführung, doch der Erfolg blieb ihr versagt. Obwohl Rousseau verschuldet war, dachte der mittlerweile 32-Jährige darüber nach, dass es ganz schön wäre, eine Frau zu haben. Bei seinem inzwischen verheirateten Freund Diderot sah er, wie glücklich der als Ehemann war. Rousseau war oft bei ihm eingeladen, um sich satt zu essen. Er selbst wohnte in einer Pension.

Dort fiel sein Auge auf die 23-Jährige Wäscherin Thérèse Levasseur. Über das, was ihm im Kopf herumging, konnte sich Rousseau mit der ungebildeten jungen Frau nicht unterhalten. Aber sie himmelte ihn an, vor allem, weil er in vornehmen Kreisen verkehrte. Aus einem Techtelmechtel wurde bald mehr. Sie blieb bei ihm bis ans Ende seines Lebens, geheiratet hat er Thérèse aber erst nach 22 Jahren. Und das just in der Zeit, in der er an seinen „Bekenntnissen" schrieb. Darin stellte er fest, dass ihm „Näherinnen und Zimmermädchen" nichts bedeuteten. „Ich brauchte Demoiselles." Sie träten graziöser auf und ihre schönere Haut und die zarteren Hände reizten ihn. Ob Thérèse davon wusste? Sie jedenfalls pflegte, umhegte und liebte ihn. Sie ertrug sogar das Schlimmste, was einer Frau widerfahren kann: Rousseau nahm ihr die gemeinsamen fünf Kinder weg und steckte sie gleich nach der Geburt ins Findelhaus. Als er alt war, schämte er sich dafür. Vergeblich versuchte er, Thérèse zuliebe wenigstens das zuletzt Geborene wiederzufinden. Vermutlich war es schon tot.

Inzwischen gehörte Rousseau zu den „Enzyklopädisten" um Diderot. Er schrieb für das Wissenslexikon die Beiträge über Musik. 1749 wurde Diderot allerdings wegen religionsfeindlicher Schriften eingesperrt. Rousseau war entsetzt – und besuchte ihn. Auf dem Weg dorthin fiel ihm eine Zeitschrift in die Hände, in der die Akademie von Dijon einen philosophischen Wettbewerb ausschrieb. Die Frage lautete: „Hat der Wiederaufstieg der Wissenschaften und Künste zur Läuterung der Sitten beigetragen?" Rousseaus Antwort darauf machte ihn mit einem Schlag in ganz Europa berühmt – sie lautete „Nein!" Mehr noch: Er behauptete sogar genau das Gegenteil, weil sich in den feinen Salons der Gebildeten und der der Kunst ergebenen Leute auch Luxus und Dekadenz verbreiteten. Rousseau drehte die Frage um und legte in geschliffener Sprache und brillanter Überzeugungskunst dar, dass Dekadenz und Luxus Mutter und Vater von Wissenschaft und Kultur seien: „Die Künste und Wissenschaften verdanken ihre Entstehung unseren Lastern." Zum Beweis verwies er auf den Niedergang Athens, in dem Kunst und Wissen blühten. Sparta dagegen habe keine Gelehrten, dafür aber Helden hervorgebracht. Und er ging noch weiter: Rousseau behauptete, der Mensch sei von Natur aus gut und erst Fortschritt und Bildung machten ihn böse. Das war skandalös! Wegen seiner eleganten Argumentation bekam Rousseau dennoch den ersten Preis der Akademie.

Rousseaus Absage an Kunst und Wissenschaft zugunsten der Tugend wurde verkürzt auf die Parole „Zurück zur Natur". Diese Worte hat er selbst aber so nie gesagt.

Und das, obwohl er sich gegen die Gedanken der Aufklärung und die Enzyklopädisten stellte. Später legte er mit der Schrift „Über den Ursprung der Ungleichheit unter den Menschen" und seinem Briefroman über die Erziehung des fiktiven Kindes „Émile" nach: In der ersten legte er dar, der Urzustand des Menschen sei der eines „edlen Wilden". Gott habe die Menschen in glücklicher Unwissenheit in die Welt gestellt. In diesem Zustand habe das Gewissen ihnen gesagt, was gut ist und was böse. Erst mit der Idee des Eigentums sei das Unglück auf die Erde gekommen. „Der Erste, der ein Stück Land einzäunte und sagte: Das gehört mir!, war der Gründer des Staates und der Ungleichheit." Von da an hätten die Menschen vergessen, „dass die Früchte allen, die Erde aber niemandem gehört". Im „Émile" führte er aus, dass und wie ein Kind der Natur entsprechend erzogen werden müsse, um zu dieser Ursprünglichkeit zurückzufinden, nämlich ohne Zwang. Seine Gedanken über den Staat führte er fort mit dem Werk „contrat social", seiner Idee für einen Gesellschaftsvertrag: Danach sollte jeder Einzelne seine Rechte dem „volonté genérale", dem gemeinschaftlichen Willen unterwerfen. Dann würde jeder Mensch die gleichen Rechte bekommen. Gefeiert wurde in diesen Jahren sein Roman „Julie oder die neue Héloise" über die zum Scheitern verurteilte Liebe eines Bürgerlichen zu einer Dame des Adels.

Nicht nur seine ungewöhnliche Philosophie hatte Rousseau zum einsamen Mann gemacht. Er wurde zunehmend wunderlich und fühlte sich ständig verfolgt.

Fast alle Freunde wandten sich von ihm ab. Schließlich wurde sein „Émile" öffentlich verbrannt und gegen ihn ein Haftbefehl ausgesprochen. Rousseau floh erst in die Schweiz, dann nach England. Er folgte einer Einladung des Philosophen David Hume, war aber auch mit dem binnen Kurzem über Kreuz. 1770 wurde ihm die Rückkehr nach Paris erlaubt und er bezog mit Thérèse eine armselige Wohnung. Hier vollendete er mit den „Bekenntnissen" seine Lebensbeichte, in der er ganz offen seine Qualen und erotischen Fantasien beschrieb. Acht Jahre später fand er im Schloss Ermenonville des Marquis de Girardin eine neue Bleibe. Dieser verehrte den Dichter und hatte seinen Park nach den Beschreibungen in Rousseaus Roman „Héloise"

Im Alter wurde Rousseau wunderlich – auch in seinem Äußeren: Er kleidete sich in ein langes Gewand á la Armenier und hatte stets eine Pelzkappe auf dem Kopf.

71

umgestaltet. Am 2. Juli 1778 erlitt Jean-Jacques Rousseau dort einen Schlaganfall und starb. Der Marquis begrub den Philosophen auf einer mit Pappeln bewachsenen Insel im See des Parks. 1794 wurden Rousseaus Überreste nach Paris überführt und dort in die Ruhmeshalle Panthéon gebracht.

Kopf oder Bauch? Kopf und Bauch!

Jean-Jacques Rousseau setzte dem kühlen Verstand der Aufklärung Natur und Gefühle entgegen und wurde auch durch seine „Héloise" zum Wegbereiter der Romantik in der Literatur. Mit seinem Landsmann Voltaire lieferte er sich bissige Wortgefechte. Der kommentierte Rousseaus Gedanken vom Menschen als „edlen Wilden" so: „Noch nie ist auf so gelungene Weise versucht worden, uns alle dumm zu machen. Beim Lesen Ihres Werkes möchte man am liebsten auf allen vieren gehen." Das aber habe er sich leider vor über sechzig Jahren abgewöhnt … Rousseau konterte: „Ich hasse Sie!" Von den Anhängern der Französischen Revolution dagegen wurde er gefeiert – hatte er sich doch in seinem „contrat social" zu den gleichen Werten bekannt, für die das Volk 1789 auf die Barrikaden ging: gleiche Rechte für alle Menschen. Unser Verständnis von Volkssouveränität fußt auf seiner Idee vom „volonté genérale", dem gemeinschaftlichen Willen, dem sich der Einzelne unterwerfen soll. Sie wurde allerdings auch missbraucht zur totalen Unterdrückung der Freiheit des Einzelnen. Sozialistische Diktaturen beriefen sich auf sie.

Die wandelnde Uhr

Jeden Tag, sommers wie winters, spazierte pünktlich zur gleichen Stunde ein 1,57 Meter kleiner schmächtiger Mann die Lindenallee in Königsberg entlang. Exakt achtmal ging dieser stets gut gekleidete Herr mit dem spanischen Stöckchen in der Hand die Straße auf und ab, immer darauf bedacht, dass ihm kein Bekannter begegnete oder ihn irgendwer ansprach. Denn dann, so befürchtete der Spaziergänger mit dem eingefallenen Brustkorb und den leicht verschobenen Schultern, könnte ihm die Luft ausgehen oder er ins Schwitzen geraten. Dann nämlich, wenn er, um nicht unhöflich zu erscheinen, seine Schrittgeschwindigkeit einem vielleicht schnelleren Begleiter anpassen müsste. Nur einen duldete er an seiner Seite: seinen Diener. Der hastete, wenn Regen drohte, hinter ihm her, um möglichst gleich beim ersten Tropfen den Schirm über seinem Herrn aufzuspannen. Schließlich sollte der sich nicht verkühlen.

Die Königsberger schmunzelten manchmal über dieses seltsame Paar. Nach der Pünktlichkeit des prominenten Pedanten konnten sie ihre Uhr stellen. Nur einmal wartete die Lindenallee vergeblich auf ihn: An diesem Tag war ihm in seiner Studierstube eine Schrift des in Frankreich lebenden Denkers Jean-Jacques Rousseau in die Hände gefallen. In dem Werk mit dem Titel „Émile" ging es um die der Natur und Ursprünglichkeit eines Kindes angemessene Erziehung. Die Ausführungen des Kollegen fesselten ihn so sehr, dass er darüber sogar seine tägliche Promenade vergaß. Er legte das Buch erst wieder aus der Hand, nachdem er es ausgelesen hatte. Seine eigenen Erkenntnisse machten ihn zu einem der berühmtesten Philosophen und bereiteten nicht nur seinen gelehrten Zeitgenossen Kopfzerbrechen. Auch heute stehen wir ehrfürchtig vor seinem gewaltigen Gedankengebirge.

Wer war das?

Immanuel Kant
und die Ehrfurcht vor den Sternen

Geboren am 22.4.1724 in Königsberg/
heute Kaliningrad
Gestorben am 12.2.1804 ebenda

So geregelt wie der Spaziergang war Immanuel Kants gesamter Tagesablauf: Pünktlich um viertel vor fünf in der Früh weckte ihn sein Diener Martin Lampe mit dem Ruf „Es ist Zeit!". Nach dem Frühstück – immer zwei Tassen Tee und eine Pfeife – bereitete sich der Gelehrte auf den zweistündigen Unterricht für seine Studenten vor. Um sieben Uhr versammelten sich bis zu einhundert junge Menschen im Hörsaal im Erdgeschoss seines Hauses zwischen Prinzessinstraße und Schlossgraben von Königsberg. Danach, um neun Uhr, zog er sich zum Nachdenken in seine Studierstube im ersten Stock des Hauses zurück. Dort blickte ihm Jean-Jacques Rousseau über die Schulter: Kant hatte an der Wand ein Porträt des Schriftstellers und Denkers aufgehängt. Es war das Geschenk eines Freundes und das einzige Bild, das sein spartanisch eingerichtetes Haus schmückte. Exakt um 15 Minuten vor eins rief Kant seiner Köchin „Es ist dreiviertel!" zu und erwartete nebenan einen gedeckten Tisch. Nach dem Mittagsmahl vertiefte er sich in Bücher, um dann, pünktlich um vier Uhr nachmittags (einige Quellen nennen sieben Uhr abends) die Lindenallee auf und ab zu gehen. Danach widmete sich Kant erneut der Lektüre oder traf sich mit Freunden. Schlag zehn Uhr abends lag der Professor im Bett. Eine Anekdote erzählt, Immanuel Kant habe die

Fenster seiner Schlafstube stets, auch tagsüber, geschlossen gehalten. Angeblich, weil einmal nach ausgiebigem Lüften seine Kissen voller Wanzen waren. Die Invasion der lästigen Tierchen ging wohl eher auf die mangelnde Reinlichkeit seines Dieners Martin Lampe zurück. Der wurde mit zunehmendem Alter so nachlässig, dass sich Kant nach über vierzig Jahren schweren Herzens von ihm trennte. Wie vielen Genies wurden dem Philosophen zahlreiche Schrullen angedichtet. Dabei war der große Denker alles andere als ein verknöcherter Stubengelehrter.

Als Kind hatte Kant die harte Seite des Daseins kennengelernt. Die Familie galt als arm. Immanuel war das vierte von elf Geschwistern, von denen sechs früh starben. Geboren wurde er am 22. April 1724 im ostpreußischen Königsberg. Sein Vater Georg Cant war Riemenschneider, die Mutter Anna Regina eine bildungsbeflissene Frau.

Ihr und einem befreundeten Pfarrer verdankte Immanuel, dass ihn 1732 das Friedrichsgymnasium als Schüler aufnahm. Der Unterricht begann dort jeden Morgen mit einer Andacht und jede Stunde mit Beten, was dem Zögling allerdings nicht schmeckte: Später erinnerte er sich „mit Schrecken und Bangigkeit" an diese acht Jahre während „Jugendsklaverei". Das Erlernen der lateinischen Sprache und die Lektüre ihrer Autoren gefielen ihm dagegen so gut, dass er sich eine Zeit lang „Kantius" nannte. 1740, im Jahr der Krönung Friedrichs des Großen, begann der nun 16-Jährige das Studium der Philosophie, Mathematik und Naturwissenschaften. Seine Mutter hatte einen Pfarrer aus ihm machen wollen, doch Anna Regina Cant war seit zwei Jahren tot und die frömmelnde Erziehung am Fridericianum hatte ihrem Sohn die Freude an der Theologie ausgetrieben.

Der Student teilte sich ein Zimmer mit einem Kollegen und verdiente sich den Unterhalt mit Privatstunden selbst. Besser füllte seinen Beutel das Billardspielen: Das konnte er allerdings

Die Cants schrieben sich ursprünglich mit „C". Zum „K" wechselte der Gelehrte später, um zu verhindern, dass er „Zant" ausgesprochen wurde.

bald so gut, dass sich kaum noch wer mit ihm messen wollte. Der junge Mann war ein begeisterter Zecher und fand oft nur mit Mühe den Weg zurück in das „Loch in der Magistergasse". So sprach er von seiner Studentenbude.

Als Immanuel 1746 das Studium abschloss, starb sein Vater. Kants Traum war eine Professur in Königsberg. Doch die ließ lange auf sich warten. Die nächsten neun Jahre verdiente er seine Brötchen als Hauslehrer wohlhabender Familien in und um Königsberg. Der Aufenthalt als Erzieher in gehobenen Kreisen brachte ihm gute Manieren und Zugang zur feinen Gesellschaft ein. Vor allem die Damen lagen dem stets elegant gekleideten charmanten Plauderer mit den blauen Augen zu Füßen – während er selbst von Frauen wenig und vom Heiraten schon gleich gar nichts hielt. Seine Definition der Gemeinschaft von Mann und Frau war diese: „Die Ehe ist der wechselseitige Gebrauch, den ein Mensch von eines anderen Geschlechtsorganen und Vermögen macht." Nur eine Frau verehrte er tief: Gräfin Karoline Charlotte Amalie Kayserlingk. Er unterrichtete ihre Zöglinge. Sie war Mitglied der Königlichen Akademie der Künste in Berlin und führte in Königsberg ein angesehenes Haus. Auch sie schätzte ihn: Lud die Gräfin zu Tisch, durfte Kant zu ihrer Rechten sitzen.

Mit 31 Jahren gab Kant seine Hauslehrer-Tätigkeit auf, um mit einer Doktorarbeit „Über das Feuer" zu promovieren. Mit seiner Schrift „Die Grundprinzipien der metaphysischen Erkenntnis" und einer weiteren Abhandlung in lateinischer Sprache erschrieb er sich im selben Jahr die Zulassung als Privatdozent. Die Augen für die Metaphysik, die Lehre über die Dinge, die mit dem Verstand nicht zu erfassen sind, habe ihm, so sagte er, seine Mutter geöffnet: Sie habe ihm als Kind den Sternenhimmel gezeigt und erklärt. Seitdem erfüllten zwei Dinge „mein Gemüt mit immer neuer und zunehmender Bewunderung und

Kant verließ seine Heimatstadt nie weiter als hundert Kilometer, kannte sich aber auf der ganzen Welt aus: Er las mit Begeisterung Reisebeschreibungen.

Ehrfurcht, je öfter und anhaltender sich das Nachdenken damit beschäftigt: der bestirnte Himmel über mir und das moralische Gesetz in mir."

Die Studenten liebten Kants kurzweilige Vorträge über Mathematik, Naturwissenschaften, Geografie und auch Pyrotechnik, über Theologie, Pädagogik und Philosophie. Er las ihnen nicht vorgefasste Erkenntnisse und Ansichten vor, sondern ermunterte sie zum eigenständigen Denken. Mit diesem „Denk selber nach!" zündete er später sein berühmtes philosophisches Feuerwerk. Doch das lag noch in weiter Ferne. Das Stundengeld der Studenten reichte aber hinten und vorne nicht zum Leben. Endlich, als mittlerweile 41-Jähriger, bekam er 1765 seine erste, zwar schlecht bezahlte, aber wenigstens feste Stelle: Kant wurde Unterbibliothekar an der Königlichen Schlossbücherei – und hoffte noch immer auf akademische Ehren in Königsberg. Deshalb sagte er 1769 den Ruf an die Universitäten von Erlangen und Jena ab. Ein Jahr später, nach 15 Jahren des Wartens, erhielt er endlich die Professur am Lehrstuhl für Logik und Metaphysik in Königsberg. 1780 wurde er in den akademischen Senat aufgenommen und sechs Jahre später zum Rektor der Universität ernannt, 1788 sogar ein zweites Mal. Da war er längst ein wohlhabender Mann: 1783 hatte sich Kant das Haus in der Prinzessinstraße gekauft. Wobei ihm dort anfangs etwas gewaltig missfiel: Dass jeden Abend von dem nahe gelegenen Gefängnis das laute Absingen kirchlicher Lieder durch die Häftlinge seine Ruhe störte. Er beschwerte sich über diese „Heuchelei".

Inzwischen war Immanuel Kant weit über Königsberg hinaus berühmt: 1781 hatte er seine „Kritik der reinen Vernunft" veröffentlicht, danach ein Werk über die „Metaphysik" und die „Metaphysik der Sitten" geschrieben. Es folgten die „Kritik der praktischen Vernunft" und 1790 die der „Urteilskraft". In diesen Werken hatte er neues gedankliches Handwerkszeug an die großen Menschheitsfragen nach Sein, Wissen und Sinn angelegt. Dabei zog er den Schluss, dass es Dinge gibt, die der Mensch nicht erfassen kann, dass er darüber aber nicht verzweifeln müsse. Die Welt sei die Welt, aber jeder Mensch sehe sie mit anderen Augen. Diese sinnliche Wahrnehmung und Erfahrung müsse der aufgeklärte Mensch mit dem Verstand ergründen und überprüfen. Denn dieser Verstand sei das dem Menschen angemessene Handwerkszeug, um sich die Welt zu erschließen. Erst diese Arbeit mache den Mensch zu dem, was er sei – zum Menschen.

Mit vier grundlegenden Fragen gab Kant den Weg dazu vor: Zu klären „Was kann ich wissen?" sei Aufgabe der Metaphysik, also der Wissenschaft der außerhalb der mit den Sinnen erfassbaren Welt. „Was soll ich tun?" sei Frage der Ethik, der Sittenlehre. Für „Was darf ich hoffen?" gab er die Zuständigkeit der Religion. All dies führe zu der Frage „Was ist der Mensch?". Sie wies er der philosophischen Anthropologie zu. Deren Aufgabe sei es herauszufinden, welche Rolle die Natur dem Menschen gibt und was der Mensch daraus und aus sich machen kann. Zur Grundlage der Sittenlehre wurde Kants berühmter „kategorischer Imperativ": „Handle so, dass die Maxime deines Willens jederzeit als Prinzip einer allgemeinen Gesetzgebung gelten könnte." Salopp formuliert besagt dies so viel wie: „Was du nicht willst, das man dir tu, das füg auch keinem anderen zu!"

Trotz seines geistigen Höhenflugs stand Kant mit beiden Beinen fest auf der Erde. Wenn er nicht arbeitete, umgab er sich statt mit Professoren lieber mit bodenständigen Leuten. Sein bester Freund war der englische Kaufmann Joseph Green, dem er seine „Kritik der reinen Vernunft" zum Gegenlesen gab. Bat Kant zu Tisch, dann kamen Honoratioren wie der Kriminalrat Jensch, der Bankdirektor Ruffmann, der Kaufmann Jacobi oder Regierungs- und Stadträte wie die Herren Vigilantius oder

Der Mensch ist ein krummes Holz, aus dem nichts ganz Gerades gezimmert werden kann, sagte Kant einmal und meinte damit, dass er nie absolutes Wissen erreichen kann, aber danach streben solle.

Buch. Diese Einladungen bei Kant waren höchst begehrt, auch wenn seine Tischgesellschaften genauso streng geregelt waren wie sein Tagesablauf – es mussten mindestens drei, durften aber nicht mehr als neun Gäste sein. Für die Unterhaltungen schrieb er drei Stufen vor: „Erstens: Erzählen. Zweitens: Räsonieren. Drittens: Scherzen." Dabei waren alle Themen erlaubt – nur Philosophieren war verboten. Besonderen Wert legte Kant auf Punkt drei, weil das Lachen, „wenn es laut und gutmütig ist, die Natur durch Bewegung des Zwerchfells und der Eingeweide ganz eigentlich für den Magen zur Verdauung, als zum körperlichen Wohlbefinden bestimmt hat".

Häufig ließ Kant sein Leibgericht auftischen: Kabeljau, dicke Erbsen, Teltower Rübchen, Göttinger Wurst, Kaviar und für jeden Gast eine halbe Flasche Wein. Und er gab buchstäblich seinen eigenen Senf dazu: Die Gewürzpaste rührte der Philosoph stets eigenhändig an, was ihm den Spitznamen „Senfstöpsler" einbrachte. Kant legte viel Wert auf gutes Essen. Königsbergs Bürgermeister Theodor Hippel fragte ihn deshalb im Scherz, ob und wann seine geneigten Leser nach seinen anderen „Kritiken" mit einer „Kritik der Kochkunst" rechnen dürften …

Die schrieb er nicht – stattdessen zog er sich als 70-Jähriger mit seiner Schrift „Religion innerhalb der Grenzen der bloßen Vernunft" die Kritik der Obrigkeit zu: Nach dem Tod Friedrichs des Großen war in Preußen wieder Frömmelei angesagt – und Königsbergs berühmtestem Sohn wurden „bei fortgesetzter Renitenz" „unangenehme Verfügungen" angedroht. Drei Jahre später gab er seine Lehrtätigkeit freiwillig auf. Nicht, weil er resignierte, sondern weil seine Kraft und die Schärfe seines Geistes nachließen. Einige seiner Schüler besuchten ihn weiterhin – und waren erschüttert, wie seine Auffassungsgabe und sein Erinnerungsvermögen nachließen. Einer weinte fast nach einem solchen Besuch: „Mein Kant kannte mich nicht mehr." Schritt für

Schritt versagte ihm sein Körper die Dienste: Erst wurde Kant blind, dann schmeckte ihm das Essen nicht mehr, schließlich konnte er gar keine Nahrung mehr zu sich nehmen. Am 12. Februar 1804, vormittags um elf Uhr, machte Immanuel Kant für immer die Augen zu. In Königsberg herrschte bitterer Frost, was das Ausheben eines Grabes erschwerte. Deshalb wurde seine Bestattung auf das Ende des Monats verschoben. Die Behörden genehmigten die lange Wartezeit: Kants Körper war völlig ausgetrocknet und damit schon so gut wie mumifiziert.

„Denk selber nach!"

Vermutlich hat die eiserne Disziplin, mit der Kant sein Leben lebte, den Aufbau seines gigantischen Gedankengebäudes überhaupt erst möglich gemacht. Noch heute scheitert so mancher daran, ihm auf den Gipfel seines Geistes zu folgen. Über Kant lässt sich leicht irrewerden. Mit dem Satz „Sapere aude!" – „Wage, dich deines *eigenen* Verstandes zu bedienen!" oder kurz gesagt: „Denk selber nach!" – hat er die Vernunft in den Mittelpunkt des Denkens gerückt und damit die Menschen ermutigt, sich ihrer selbst bewusst und im wahrsten Sinn des Wortes aufgeklärt zu werden. Deshalb gilt Kant als wichtigster Denker der Epoche der Aufklärung. Er selbst definierte sie so: „Aufklärung ist der Ausgang des Menschen aus seiner selbst verschuldeten Unmündigkeit. Unmündigkeit ist das Unvermögen, sich seines Verstandes ohne Leitung eines anderen zu bedienen." Der Mensch sei, so Kant, von Natur aus träge und faul. Der aufgeklärte Mensch aber müsse sein Schicksal selbst in die Hand nehmen. Dieser Satz beflügelte die politische Aufbruchstimmung des beginnenden 19. Jahrhunderts – und hat bis heute nichts von seiner Gültigkeit verloren.

Von Höhen und Tiefen

Hatten den jungen Mann alle guten Geister verlassen? Oder fühlte er, der davon träumte, über Helden zu schreiben, sich selbst zum Helden berufen? Er wusste nur zu gut, dass er nicht schwindelfrei war und ihm, sobald er aus großer Höhe nach unten blickte, Hören und Sehen vergingen und es ihm die Füße unter dem Leib wegzog. Trotzdem, nein, gerade deshalb stieg der 21-Jährige die 332 Stufen des Straßburger Münsters hoch. Oben ruhte er sich ein Viertelstündchen aus, holte tief Luft – und wagte sich dann Schritt für Schritt auf die schmale Aussichtsplattform des Turmes. Mit zitternden Knien fiel sein Blick 142 Meter in die Tiefe. Der Schwindel aber blieb aus – er hatte ihn besiegt! Auch andere Schwächen kurierte er mit ähnlicher Härte, so zum Beispiel seine düsteren Fantasien im Dunkeln oder beim Gedanken an Tote. Die vertrieb er, indem er sich zu nächtlichen Streifzügen auf Friedhöfen zwang oder Ärzten über die Schulter sah, wenn sie Leichen sezierten. Das half. Später entdeckte er in einem Totenschädel einen bis dahin unbekannten menschlichen Knochen.

Herausforderungen scheute er nie – und schon gar nicht die seiner Gefühle. Er brach zahlreiche Herzen und litt danach oft selbst wie ein Hund. Von der Gefahr, darüber den guten Ruf zu verlieren oder sich zum Gespött der Leute zu machen, ließ er sich nicht schrecken. Als 73-Jähriger hat er sich noch einmal in ein 19-jähriges Mädchen verliebt. Wie so oft legte er sein ganzes Herz in bezaubernde Lyrik. In seinen Werken inszenierte er die Höhen und Tiefen des Lebens und der Welt. Ein tragischer Liebesroman machte ihn schon als jungen Mann berühmt, sein gewaltigstes Drama, an dem er sein Leben lang schrieb, als Dichter unsterblich. Aus den über 12 000 Versen spricht seine ganze Genialität.

Wer war das?

Johann Wolfgang von Goethe –

Dichter und Genie

Geboren am 28.8.1749 in Frankfurt am Main
Gestorben am 22.3.1832 in Weimar

Nein, was andere von ihm dachten, darum scherte sich Johann Wolfgang von Goethe nie: weder in Herzensdingen noch in sonstigen Sachen. Als er 1771 seine Dissertation vorlegte, wurde seine wissenschaftliche Arbeit zwar anerkannt, der angestrebte Titel eines Doktors der Rechte aber blieb ihm versagt. Der Druck des Werkes „De legislatoribus" wurde sogar verboten, weil die Allmacht der Kirche darin nicht die Rolle spielte, die ihr nach Ansicht der protestantischen Universität von Straßburg gebührte. Dafür war der junge Goethe in Professoren-Kreisen Tagesgespräch. Der Student, so hieß es abfällig, habe „in seinem Obergebäude einen Sparren zu wenig oder zu viel". Oh heiliger Akademiker-Dünkel! Was sollten sich die Sparren in deren eigenen Oberstübchen noch aus Ehrfurcht vor Goethe verbiegen! Wenig später applaudierte ihm ein begeistertes Publikum für sein erstes Drama, den „Götz von Berlichingen". Dabei hatte er sich darin deftiger Sprache bedient. (Im Alter war ihm das berühmte Zitat mit dem A… allerdings peinlich.) Nur drei Jahre später lagen ihm die Leser wegen seines ersten Romans über die „Leiden des jungen Werther" zu Füßen. Einige von Liebeskummer geplagte junge Männer folgten dem tragischen Helden sogar in den selbst gewählten Tod. Andere kleideten sich wie „Werther" in gelbe Weste und Hose, blauen Frack und Stulpenstiefel.

Mit dem Briefroman um die unglückliche Liebe eines jungen Mannes zu einer verheirateten Frau hatte sich Goethe eigenen Kummer von der Seele geschrieben – und damit einen Freund und Kollegen verprellt: Dessen Braut Charlotte Buff war Vorbild für die weibliche Hauptfigur – und selbst etwas beleidigt, weil Goethe der „Lotte" im „Werther" die braunen Augen seiner neuen Liebe verlieh. Ihr Verlobter, der Wetzlarer Legationssekretär Johann Christian Kestner, hatte dem Vorbild für den „Werther", Karl Wilhelm Jerusalem, die Pistole geliehen, mit der dieser sich dann die tödliche Kugel gab. Als Goethe Wetzlar verließ, schickte Kestner ihm ein „Er tut, was ihm einfällt, ohne sich darum zu bekümmern, ob es anderen gefällt! Aller Zwang ist ihm verhasst!" hinterher. Ja, genau so war Goethe. Drückte ihn die Seele zu sehr, befreite er sich durch Schreiben – oder floh. Materielle Not litt er nie: Erst lebte er bequem vom Vermögen des Vaters, dann sicherte ihm die Gunst des Herzogs Karl August von Sachsen-Weimar ein gutes Salär. Und schließlich verdiente er an seinen Werken. Was braucht so jemand Konventionen?

Geboren wurde Johann Wolfgang als Sohn des Kaiserlichen Rates Johann Caspar Goethe und dessen Frau, der Patriziertochter Elisabeth Textor am 28. August 1749 in Frankfurt am Main. Er war eins von sechs Geschwistern, von denen ihm nur die heiß geliebte Schwester Cornelia blieb. Bis zum neunten Lebensjahr besuchte er eine öffentliche Schule, lernte Latein, Griechisch, Englisch, Französisch, vom Vater Italienisch und sogar Hebräisch. Goethe war ein artiger Junge. In seinen Lebenserinnerungen „Dichtung und Wahrheit" hat er sich einer einzigen Prügelei gerühmt: Zwar ließen die Mitschüler ihre Peitschen auf ihm tanzen, doch am Ende besiegte er sie. Und kündigte großspurig an, er werde jedem, der ihn künftig beleidige, „die Augen auskratzen, die Ohren abreißen" oder ihn „erdrosseln". Daraufhin ließ ihn der Vater von Hauslehrern erziehen.

„Die Leiden des jungen Werther" des erst 25-jährigen Goethe war der erste moderne deutsche Roman.

In Goethes Kindheit lagen Österreich und Frankreich, Russland und Schweden in wechselnden Koalitionen mit Preußen im Siebenjährigen Krieg. In Frankfurt und auch im Hirschgraben bei den Goethes quartierten sich französische Soldaten ein. Mit den Truppen kamen Schauspieler in die Stadt. Johann Wolfgang kannte bis dahin nur Puppentheater. Die gebildete Mutter steckte ihn nun mit ihrer Begeisterung für die belebte Bühne an. Den 16-Jährigen schickte der Vater dann zum Jurastudium nach Leipzig. Dort markierte Goethe den Stenz, ihm wurde eine gewisse Arroganz nachgesagt. Gern kehrte er zu Wein und Bier in „Auerbachs Keller" ein. Böse Zungen behaupteten, Goethe habe auch Umgang mit „gewissen" Mädchen gepflegt. Wenn das überhaupt stimmte, so war es sicher nur halb so wild: Denn in die Freuden der körperlichen Liebe weihte ihn, seinen Werken nach zu schließen, erst zwanzig Jahre später in Rom eine Italienerin ein, die er „Faustina" nannte. Liebeleien gab es in Leipzig aber durchaus. Vor allem Käthchen Rotschopf, deren Mutter einen Mittagstisch für Studenten unterhielt, schrieb er zärtliche Verse. Auch Friederike Oser, die Tochter seines Zeichenlehrers, sah er gern. Neben dem Zeichnen lernte Goethe Radieren und Kupferstechen. Im dritten Studienjahr packte ihn eine tiefe Krise und er reiste nach einem Blutsturz an seinem 19. Geburtstag nach Frankfurt zurück. Sein Zustand war so miserabel, dass er, der so gar nicht religiös war, sich in pietistische Schriften und Gedanken über das Sterben vertiefte.

Nach zwei Jahren setzte er sein Studium in Straßburg fort und interessierte sich zusätzlich für Chemie und Medizin. Das mächtige mittelalterliche Münster weckte seine Begeisterung für Geometrie und Architektur. Und er machte eine Bekanntschaft, die er noch im Alter eine der wichtigsten seines Lebens hieß: Er freundete sich mit dem Theologen, Philosophen und Schriftsteller Johann Gottfried Herder an. Der brachte ihm die

Werke von Shakespeare, Homer und Ossian nahe und machte ihn auf die Volksdichtung aufmerksam, der Herder den Namen „Volkslieder" gab. Der große Gelehrte galt als schwieriger Mann. Auch Goethe wurde von ihm einmal als „spatzenmäßig" beschimpft. Doch Herder rechnete ihm hoch an, dass er ihn nach einer Augenoperation täglich besuchte. Herder lehrte Goethe, seiner gefühligen Poesie Handfestes hinzuzufügen, was sich dann im „Götz von Berlichingen" niederschlug. Mit Herder diskutierte Goethe über die historische Figur des Dr. Faustus, aus der später „sein" Faust erwuchs.

Noch eine andere Begegnung aus der Straßburger Zeit hinterließ Spuren bei Goethe. Während einer Landpartie war er in Sesenheim beim dortigen Pfarrer Johann Jacob Brion eingekehrt. Er verliebte sich in dessen 19-jährige Tochter Friederike – und die sich in ihn. Bald war Goethe häufig und gern gesehener Gast der Familie, die ihn schon für den künftigen Schwiegersohn hielt. Doch als Goethe im Sommer 1771 sein Studium beendete, machte er sich heimlich, still und leise davon. Friederike bekam von ihm nur einen Abschiedsbrief. Es war nicht das letzte Mal, dass Goethe (s)ein Mädchen sitzen ließ, ein Thema, das er immer wieder auch dichterisch verarbeitete.

Von der Liebe zu Friederike erzählen Goethes „Sesenheimer Lieder".

Mit der Zulassung als Anwalt kehrte er nach Frankfurt zurück. In den nächsten vier Jahren riskierte der junge Jurist bei der Verteidigung von Bauern, Händlern und Handwerkern oft eine so freche Lippe, dass ihn das Gericht dafür rügte. Er begann mit den Arbeiten am „Urfaust" und vollendete die Geschichte des Ritters „Götz von Berlichingen". In Frankfurt inspirierten ihn Prozess und Hinrichtung der Kindsmörderin Susanna Margaretha Brandt zur Figur seines Faust'schen „Gretchen": Ein Durchreisender hatte Susanna verführt, geschwängert und dann im Stich gelassen. Aus Verzweiflung tötete die junge Mutter ihr Kind. Seine eigene, unglückliche Liebe zu

Mit dem „Werther" wurde Goethe zum führenden Dichter der von Natur und Gefühlen beherrschten literarischen Epoche des Sturm und Drang – und läutete zugleich ihre Totenglocke: Schließlich zerbricht der Held an seinen Gefühlen.

Charlotte Buff während eines Praktikums in Wetzlar verarbeitete Goethe zu seinem ersten Roman, „Die Leiden des jungen Werther". Der machte ihn nach Erscheinen im Jahr 1774 über Nacht berühmt. Dann fand sein „Götz" viel Applaus auf der Berliner Bühne, während Goethe unermüdlich an immer neuen Gedichten und Hymnen schrieb. 1775 verliebte er sich in Lili Schönmann. Doch schon bald nach der Verlobung bekam er bei der Aussicht auf „häusliche Glückseligkeit" kalte Füße und reiste in die Schweiz. Nach der Rückkehr löste er die Verlobung, vergaß Lili aber nie – noch im Alter sprach er gern von dieser seiner jungen Liebe. Eine Einladung vom acht Jahre jüngeren Herzog Karl August nach Weimar half dem inzwischen bekannten Dichter über die unglückliche Geschichte hinweg. Karl Augusts Mutter war die kunstsinnige Herzogin Anna Amalia. Als Gast kam Goethe 1776 in Sachsen an. Es wurde ihm für den Rest seines Lebens zur Heimat.

Nach seiner Ankunft begann für Goethe erst mal eine wilde Zeit: Er, der Herzog und Dichterfreunde wie Jacob Michael Reinhold Lenz und Friedrich Maximilian Klinger tobten sich bei Feiern und Fahrten, Ausritten und Jagden rund um Weimar aus. „Wir waren oft sehr nahe am Halsbrechen", erinnerte sich der alte Goethe fröhlich. Dem jungen Regenten Karl August wurde der 26-Jährige zum wichtigsten Vertrauten und Berater – und von ihm als „Geheimer Legationsrat" in staatliche Dienste gestellt. Drei Jahre später wurde Goethe zum Geheimen Rat und 1782 zum Kammerpräsidenten befördert, ein Amt, das dem eines Regierungschefs glich, und obendrein geadelt. Als Wohnsitz hatte ihm der Herzog ein Gartenhäuschen an der Ilm geschenkt und Gemächer am Weimarer Frauenplan zur Verfügung gestellt. Goethe leitete die Weimarer Kriegs- und Wegebaukommission, begleitete Karl August 1792 beim Feldzug nach Frankreich und war beteiligt an der Belagerung von Mainz.

In Ilmenau ließ er einen stillgelegten Bergbau wiederbeleben. Eigentlich war er gut ausgelastet, was ihn aber nicht vom Schreiben abhielt. Mit seinen Gedichten, Epen und Dramen (er saß stets an mehreren gleichzeitig), die allein bis 1790 acht Bände füllten, begründete Goethe die sogenannte „Weimarer Klassik". 1791 wurde er Leiter des Weimarer Hoftheaters. Obendrein betrieb der geniale Mann naturwissenschaftliche Studien, beschäftigte sich mit Gesteinskunde – Mineralogie – und hielt Vorträge über Anatomie, also den Körperbau des Menschen. Er entdeckte den Zwischenkieferknochen beim Menschen, den die Wissenschaft bis dahin für eine Besonderheit der Tiere hielt, und stellte daraufhin Überlegungen über Entwicklungsgeschichte und Verwandtschaft von Menschen und Tieren an. In der Botanik versuchte er sich an einer „Metamorphose der Pflanzen", wobei er der Idee einer Urpflanze nachging, nach der er dann auf Sizilien suchte. 1786 hatte er sich nämlich – wieder einmal – davongemacht: Zwei Jahre dauerte seine „Italienische Reise", die er in einem Tagebuch beschrieb.

Und wieder war es die Flucht vor einer Krise – und einer Frau, die er liebte und die für ihn unerreichbar war: Charlotte von Stein. Sie war Hofdame der Herzogin Anna Amalia, sieben Jahre älter als er, verheiratet mit dem Stallmeister des Herzogs Josias von Stein und Mutter von sieben Kindern. Zehn Jahre waren er und Charlotte sich innig zugetan. Sie beherrschte sein Denken, war seine wichtigste Gesprächspartnerin, Goethes „Madonna" und „Engel", der er schrieb: „Ich liege zu deinen Füßen, ich küsse deine Hände" – und die ihn dennoch immer wieder in die Schranken wies. Im Herbst 1786 hielt Goethe das nicht mehr aus. Von einem Kuraufenthalt in Karlsbad kehrte er nicht nach Weimar zurück, sondern reiste über Venedig nach Rom und später weiter nach Neapel und Sizilien. Beim Herzog hatte er um unbefristeten Urlaub nachgesucht, Charlotte aber überhaupt nicht von seinen Plänen informiert. In Rom quartierte sich Goethe unter falschem Namen bei deutschen Künstlern ein. Er nahm Zeichenunterricht und wurde selbst von Johann Heinrich Wilhelm Tischbein in dem berühmten Bild „Goethe in der Campagna" porträtiert. Die italienische Reise nannte Goethe später seine „Wiedergeburt". Er wandelte auf den Spuren der Antike, suchte nach den Stätten Homers – und machte sich Notizen über ein Drama zur Nausikaa-Szene aus der Odyssee, die auf Sizilien spielte: Die Verse Homers erzählen eine der anrührendsten Liebesgeschichten der Weltliteratur über die unerwiderte und unziemliche Zuneigung einer jungen Königstochter zum gestrandeten, alternden Odysseus. Die unschuldige Liebe junger Mädchen war eins von Goethes Lebensthemen, „seine" Nausikaa aber hat er nie zu Ende geführt. Goethes Landschaftszeichnungen lassen ahnen, wonach er in Italien suchte: nach „Arkadien", dem Paradies, in dem der Mensch endlich in Einklang steht mit sich und der Natur.

1788 kam er zurück nach Weimar. Die Flucht nach Italien verzieh Charlotte ihm nie – und noch weniger, dass bei ihm seine neue Liebe, die erst 23-jährige, einfache, ungebildete Christiane Vulpius einzog. Sie wurde seine einzige wirkliche

Heinrich Wilhelm Tischbein malte Goethe 1787 als Reisenden, der, einen weißen Mantel um sich drapiert, auf einem umgestürzten Obelisken weniger sitzt als liegt. Im Hintergrund grüßen Ruinen aus der Landschaft Kampaniens.

Lebensgefährtin, wenn vorerst auch nicht seine Frau, obwohl sie fünf Kinder bekamen. Es überlebte nur der 1789 geborene August. Das höfische Weimar war empört – was den Geheimen Rat nicht störte. Er konterte schroff: „Ich bin verheiratet, nur nicht durch Zeremonie!" Diese „Ehe" hielt Goethe nicht davon ab, sein Herz auch anderen Frauen zu schenken, was Christiane tapfer ertrug. Er reiste weiterhin gern und viel, kam aber jedes Mal mit Freuden zurück in die Wohnung am Frauenplan. 1806, als französische Truppen nach dem Sieg über die Preußen in Jena Weimar besetzten und plünderten, verteidigte Christiane erfolgreich ihr Zuhause. Am 14. Oktober 1806 ließ Goethe sich dann doch noch mit ihr trauen – und trauerte aufrichtig, als die so viel Jüngere zehn Jahre später die Welt verließ.

1805 hatte Goethe den Verlust seines engen Freundes und literarischen Gefährten Friedrich Schiller verkraften müssen. Schiller war neben Goethe der zweite Stern am Weimarer Dichterhimmel. Erst mochten sich die beiden Herren gar nicht, auch weil sie in vielen Dingen anderer Ansichten waren. Goethe etwa hielt, anders als Schiller und die meisten seiner Kollegen, nichts von der Französischen Revolution. (Wobei Schiller dann über die folgende Gewalt erschrak und seine Meinung korrigierte.) Goethe meinte, Geschichte müsse sich wie die Natur langsam entwickeln und nicht abrupt. Auch war er eher ein Augenmensch, Schiller ein Mann der Ideen. Schließlich aber arbeiteten beide zehn Jahre eng und fruchtbar zusammen. Der jüngere Schiller hielt den Älteren unermüdlich dazu an, endlich seinen „Faust" fertigzustellen, dessen erster Teil dann 1808 erschien.

Sich dem Zeitgeist nicht zu beugen, war bei Goethe Methode. So auch, als er sich 1810 mit seiner Farbenlehre gegen die Entdeckung Isaac Newtons stellte, dass weißes Licht aus den gebündelten Spektralfarben besteht. 1809 hatte Goethe mit den „Wahlverwandtschaften" die zwischenmenschlichen Beziehun-

Goethes „Faust", Erster Teil, war zwar 1808 fertig, wurde aber erst 21 Jahre später in Braunschweig uraufgeführt.

gen dargestellt – wie die „Wahlverwandtschaften" in der Chemie, in der es einem dritten Element gelingt, zwei eng verwandte andere zu trennen, was in dem Roman um ein Dreiecksverhältnis tragisch endet. Eine letzte „Nausikaa" fand der 73-Jährige in der 19-jährigen Ulrike Leventzow. Er überlegte sogar, sie zu heiraten, und widmete ihr seine „Marienbader Elegien".

Fast alles über sein Leben verriet Goethe in seinen vierteiligen Erinnerungen „Dichtung und Wahrheit", an deren letztem Buch er bis 1831 schrieb. Im gleichen Jahr vollendete er Teil zwei seines „Faust", der ein Jahr nach seinem Tod erschien. Johann Wolfgang von Goethe starb am 22. März 1832 im 83. Lebensjahr. Er wurde in der Weimarer Fürstengruft bestattet.

Was die Welt im Innersten zusammenhält ...

Goethes Werk ist unsterblich. Nicht nur sein „Faust" wird noch immer und jedes Mal neu auf die Bühnen der Welt gestellt. Dieses großartige Drama ist und bleibt aktuell, egal wohin sich die Welt entwickelt und was die Menschen bewegt. Sein „Faust" sucht Antwort auf die ewigen Fragen. Irgendwas von Goethe kennt jeder – selbst der, der noch nie eines seiner Werke in Händen hielt: Schon mal nach „Pudels Kern" gesucht? Gescherzt: „Hier steh ich nun, ich armer Tor, und bin so klug als wie zuvor"? oder „Die Botschaft hör ich wohl, allein mir fehlt der Glaube"? Alles Faust. Unzählige Lebensweisheiten, Gedanken, Aphorismen, ernste, zarte, witzige, weise, schnoddrige oder scharfe vermeintliche Alltagssprüche stammen aus Goethes Feder. Er hat in jeder Richtung danach gesucht, was die Welt im Innersten zusammenhält: als Dichter und Denker, als Forscher und Naturwissenschaftler, als Praktiker und Poet. Das macht ihn so genial.

Dramatische Düfte

Was stank denn da so entsetzlich? Dem Besucher wurde übel, er stürzte zum Fenster und riss es auf. Wo kam dieser Geruch bloß her? Etwa aus dem Schreibtisch des Freundes, auf den er hier wartete? Es gehörte sich nicht, deshalb zögerte er kurz, riss dann aber doch die Schublade auf – und traute seinen Augen kaum: Sie war bis zum Rand gefüllt mit verfaulenden Äpfeln. Just da ging die Tür auf und die Frau des Freundes stand neben ihm. Statt sich zu empören, stammelte sie eine Entschuldigung: Ihr Mann könne ohne diesen „Duft" nicht dichten. Ohne dieses Aroma bringe er kein Wort zu Papier. Den Vorfall hat der berühmte Besucher erst nach dem Tod des ihm ebenbürtigen Freundes seinem Schreiber in die Feder diktiert. Sein Bruder in Geist und Genie war zwar dafür bekannt, dass er von Ordnung und Sauberkeit nicht allzu viel hielt: Als junger Mann hatte er in Schwaden von Tabaksrauch, den beißenden Odeur abgestandenen Weines in der Nase im wilden Durcheinander seiner Bude gehaust. Doch jetzt war er ein angesehener Weimarer Bürger, bedeutender Geschichtsprofessor und Dramatiker, hatte Kinder und eine Frau, die seinen Haushalt in Ordnung hielt!

Später wurde spekuliert, mit dem faulenden Obst habe er sich den „Duft" der Kindheit zurückgeholt oder sich berauscht. Sein Vater züchtete Äpfel. Er selbst war dem Elternhaus auf Befehl des Herzogs entrissen worden, um auf dessen militärischer „Pflanzschule" einen Akademiker und gehorsamen Untertan aus ihm zu machen. Vor dem Herzog floh er und landete schließlich in Weimar, wo sich die Schubladen-Episode zutrug. In einem seiner großen Dramen spielt ein Apfel eine entscheidende Rolle. Es geht dabei um Leben und Tod – und um die Freiheit, die sein Lebensthema war.

Wer war das?

Friedrich von Schiller –
berauscht von der Freiheit

Geboren am 10.11.1759 in Marbach am Neckar
Gestorben am 9.5.1805 in Weimar

Da saß dieser junge Mann am Bettrand und schnaubte, bebte, stampfte wütend mit dem Fuß auf. Dem Kranken wurde angst und bange, der werdende Mediziner „möchte in Wahnsinn und Tobsucht verfallen". Statt – wie ihm geheißen – die Genesung der Kranken zu überwachen, wurde Friedrich Schiller mitten im Dienst vom Dichten überfallen. Dann war der künftige Regimentsarzt der Stuttgarter Militärakademie kaum ansprechbar. Manchmal, wenn sein Mitbewohner in die gemeinsame heimische Bude kam, lief Schiller mit wehenden Haaren und offenem Hemd auf und ab und hielt Selbstgespräche. Das Fenster hatte er geschlossen, selbst am helllichten Tag. Das Chaos in der kahlen Stube, wo die Kleider an den nackten Wänden hingen, sich in der Ecke Kartoffeln auftürmten, leere Weinflaschen herumlagen und es nach kaltem Rauch stank, war beleuchtet von einer Kerze, deren Flamme in der Unruhe flackerte, die Schiller verbreitete. Manchmal zitterte und zuckte der ganze Kerl, gepeitscht von seinen Gefühlen, manchmal wälzte er sich auf dem Boden, wenn er nicht zuvor erschöpft zusammenbrach. Wenn Schiller dichtete, war er im Rausch wie sonst oft von Wein und Tabak. Dann freilich mimte er den Draufgänger, war berüchtigt für seine „Sprünge mit Soldatenweibern". Die Freunde nannten den Rotschopf „Feuerkopf", auch weil es in ihm brodelte und kochte. Seit seinem 14. Lebensjahr hatten sich Wut und Hass in ihm aufgestaut, die sich in wilden Gelagen, dann in Gedichten und Dramen entluden. „Gebt Gedankenfreiheit!" – dieser Satz des Marquis Posa im 1783 von Schiller fertiggestellten „Don Carlos" war Schillers Aufschrei gegen die Unterdrückung der Menschen am Ende des Absolutismus. Sein Publikum feierte seine Botschaft.

Das zeigten die Szenen, die sich bei der Uraufführung seines ersten Dramas „Die Räuber" am Abend des 13. Januar 1782 in Mannheim vor der Bühne abspielten. „Das Theater glich einem Irrenhaus. Rollende Augen, geballte Fäuste, heisere Aufschreie im Zuschauerraum. Fremde Menschen fielen einander schluchzend in die Arme, Frauen wankten, einer Ohnmacht nahe, zur Tür", schrieb einer, der dabei war. Über Nacht wurde der 23-Jährige berühmt – und wenig später in Stuttgart von seinem Landesherrn für zwei Wochen eingesperrt.

Nicht wegen des Stückes, sondern weil er zweimal von Württemberg unerlaubt ins kurpfälzische „Ausland" gereist war. Obendrein verbot ihm Herzog Carl Eugen das Schreiben. Das war zu viel – Schiller floh.

Eigentlich stammte Friedrich aus einer braven Bürgerfamilie. Geboren wurde er am 10. November 1759 im schwäbischen Marbach am Neckar. Er war das zweite von sechs Kindern des Wundarztes, Hauptmanns und späteren Intendanten der herzoglichen Hofgärtnerei Johan Kaspar Schiller und dessen Frau, der Gastwirtstochter Elisabeth Dorothea. Als er fünf Jahre alt war, zog die Familie nach Lorch bei Schwäbisch Gmünd, wo Fritz die Dorfschule besuchte. Dort weckte der Pfarrer Philipp Ulrich Moser in ihm den Wunsch, später selbst geistlicher Seelsorger zu werden. Zwei Jahre später siedelten die Schillers in die Residenzstadt Ludwigsburg um. Zu Fritzens Verhängnis wurde dort Herzog Carl Eugen auf den Lateinschüler aufmerksam – und steckte den frisch konfirmierten 13-Jährigen in seine Carlsakademie. In diese militärische „Pflanzschule" wanderten

Einige Theater nahmen Schillers „Räuber" schnell wieder vom Spielplan, weil in den Städten Jugendliche nach deren Vorbild in Banden durch die Straßen zogen.

Die Stuttgarter „Solitude" war Jagdschloss, Sommerresidenz und Sitz der Militärakademie von Herzog Carl Eugen. Schillers Vater legte dort eine Baumschule an.

begabte Kinder auch gegen den Willen ihrer Eltern, damit aus ihnen Akademiker und gehorsame Untertanen würden. Von da an war's aus mit dem Traum von der Theologie. Friedrich musste Jura studieren. Wie glücklich war er, als er 1775 nach dem Umzug der Schule auf die Stuttgarter „Solitude" wenigstens ins medizinische Fach wechseln durfte!

Die Schüler wurden hart gedrillt. Fünfzig Knaben schliefen in einem Saal. Jeder ihrer Schritte wurde überwacht, selbst selten erlaubte Spaziergänge mit den Eltern. Ferien gab es nie. Über sieben Jahre lang hatte Schiller keinen einzigen freien Tag. Mehrfach wurde er wegen mangelnder Reinlichkeit erst gerügt, dann bestraft. Seine roten Haare musste er weiß pudern. Nur die Sommersprossen des großen, schlaksigen Kerls ließen sich nicht vertuschen. Heimlich las Schiller die Werke Lessings, Shakespeares Dramen und Goethes Roman „Die Leiden des jungen Werther" – und beschloss, selbst Dichter zu werden. Nach dem Studium wurde der 1 Meter 80 große Arzt in eine Uniform gesteckt und sah aus „wie ein Storch", wie seine Freunde spotteten. Er musste Dienst tun im berüchtigten Grenadierregiment „General Augé". Diese Truppe bestand aus ausgedienten, häufig invaliden Soldaten, die sich oft in zerlumpten Kleidern als Bettler in der Stadt herumtrieben. Schiller fluchte – und suchte Ablenkung beim Zechen, bei Kartenspielen und Frauen – und er schrieb. Seine „Laura"-Liebesgedichte erzählen, was er mit seiner Zimmerwirtin, der acht Jahre älteren Hauptmannswitwe Luise Dorothea Vischer erlebte: „Wollustfunken" und „selige Augenblicke" von „in einander zuckenden Naturen". Nicht weniger wild, wenn auch mit anderem Thema ging es in seinem ersten Drama „Die Räuber" zu, die er anonym und auf eigene Kosten drucken ließ und sich damit hoch verschuldete.

Als er die zwei Wochen im Kerker saß, kam Schiller die Idee, ein Sittendrama zu schreiben, um Machtmissbrauch, Intrigen und Heuchelei der Mächtigen auf die Bühne zu stellen. Daraus wurde die Geschichte der „Luise Millerin", später umbenannt in „Kabale und Liebe", in der sich eine Bürgerstochter und ein Adelsspross lieben. Von dessen Vater wird das Mädchen als Hure beschimpft, Landeskinder werden verschachert und Intrigen inszeniert. Am Ende finden die beiden Verliebten den Tod. Jeder wusste zu Schillers Zeit, dass die absolutistischen Fürsten sich Mätressen hielten, Mädchen aus dem Volk verführten und dann in die Gosse stießen. Für die Kriege in den Kolonialgebieten wurden Soldaten verkauft. Schiller beschrieb das. Ahnte Carl Eugen, was sich im Kopf des Regimentsarztes zusammenbraute?

Der jedenfalls nutzte am Abend des 22. September 1782 die Aufregung, die wegen eines im Schloss bevorstehenden Balles in der Stadt herrschte: Zusammen mit seinem Freund Andreas Streicher, der zum Musikstudium bei Emmanuel Bach nach Hamburg wollte, passierten sie in einer Kutsche, getarnt als „Dr. Ritter" und „Dr. Wolf", zwei Koffer und ein Klavier als Gepäck, die Wachen am Esslinger Tor. Endlich frei! Am übernächsten Morgen erreichten sie Mannheim. Schiller hoffte nach dem Erfolg der „Räuber" auf einen Vorschuss vom Intendanten des dortigen Hoftheaters Heribert von Dalberg für sein fast fertiggestelltes Drama „Fiesko". Vergeblich: Er erntete Schweigen, als er vor Schauspielern einige Verse rezitierte. Die Zuhörer ertrugen seinen schwäbischen Dialekt nicht.

Was nun? Es hieß, der Herzog habe Häscher auf Schiller angesetzt. Die beiden jungen Leute zogen weiter nach Frankfurt. Als Dalberg Schiller anbot, er solle den „Fiesko" überarbeiten, kehrten sie wenig später über Worms wieder zurück. Im eine Stunde von Mannheim entfernten Oggersheim teilten sich Schiller und Streicher ein Zimmer und das einzige Bett. Und Schiller schrieb: Neben den Korrekturen am „Fiesko" arbeitete er an der „Luise Millerin". Sie lebten von dem Geld, das Streicher von seiner Mutter fürs Musikstudium bekommen hatte. Wieder wurde der „Fiesko" zum Fiasko – und wieder hieß es, ein Offizier Carl Eugens sei hinter ihm her. Schiller bat die Mutter eines ehemaligen Mitschülers um Hilfe. Die, Henriette von Wolzogen, schätzte ihn und bot ihm Unterschlupf in ihrem Gutshaus im thüringischen Bauerbach. Dort verliebte er sich in die Tochter des Hauses, doch Frau von Wolzogen hatte mit ihrer Charlotte anderes vor. Dalberg hatte inzwischen erfahren, dass Schiller ein Sittendrama schrieb, und bot dem 23-Jährigen an, für ein Jahr als Hofdichter nach Mannheim zurückzukommen. Für 300 Taler sollte er drei Stücke schreiben. Das war besser als gar nichts. Schiller sagte zu. Mannheim wurde in diesem heißen Sommer von einer Seuche heimgesucht. Die Hitze war unerträglich, das Wasser in Gräben und Brunnen faulte – und Schiller steckte sich an. „Ich lebe erbärmlich genug, um das Fieber vom Hals zu schütteln. Wassersuppe heute, Wassersuppe morgen. Fieberrinde esse ich wie Brot.", beklagte er das „kalte Fieber", das ihn bis in den November schüttelte, aber nicht vom Arbeiten abhielt. Einmal besuchte ihn besorgt der Verleger Christian Friedrich Schwan, der seine Dramen drucken wollte. Statt brav im Bett liegend, fand er ihn im Zimmer auf und ab hetzend, krakeelend und wild mit den Armen um sich schlagend vor. Wieder bei sich, erklärte der Dichter, er habe soeben den Mohren gepackt, der „Fiesko" ermorden wollte …

Im Januar war die überarbeitete Fassung fertig und wurde in Mannheim aufgeführt. Doch der erhoffte Erfolg blieb aus. Mehr Applaus brachten die „Kabale und Liebe", auch wenn es Proteste gegen die derbe Sprache in dem Drama gab. Der Dichter wurde nun aufgenommen in die „Kurfürstliche Deutsche Gesellschaft". Zum Antritt hielt er eine leidenschaftliche Rede über „Die Schaubühne als moralische Anstalt" und erklärte, das

Theater bringe den Zuschauer dazu, sich als das zu empfinden, was er sei – ein Mensch.

Das Leben des Menschen Schiller wurde zu dieser Zeit von einer Frau versüßt, die eigentlich in Weimar zu Hause war: Charlotte von Kalb. Sie war ein Jahr jünger als er und verheiratet. Was störte die beiden das? Später sollten ihm ihre Beziehungen noch zugutekommen, ihr die zu ihm weniger. Sie blieb nicht die letzte Charlotte in seinem Leben. Trotz des Bühnenerfolgs von „Kabale und Liebe" wurde Schillers Vertrag nicht verlängert und er stand wieder vor dem Nichts. Immerhin gewann er einen Leipziger Verleger für seine Zeitschrift „Rheinische Thalia", die er dem sächsischen Herzog Karl August widmete. Der bedankte sich bei dem hoch geschätzten Dichter mit dem Ehrentitel eines Weimarer Rates. In Sachsen hatte Schiller noch andere Gönner: Der Dresdner Konsistorialrat Gottfried Körner lud ihn ein, ein Jahr lang auf seine Kosten bei ihm zu leben, um unbeschwert zu dichten. Schiller fasste sein Glück kaum – und schrieb im Überschwang die berühmte „Ode an die Freude". Erst bezog er im Herbst 1784 Körners Weinberghäuschen an der Elbe, dann eine Wohnung in Dresden. Er schrieb Erzählungen, stellte den „Don Carlos" fertig und betrieb historische Studien. 1788 reiste er nach Hamburg, um Kontakte zum dortigen Theater zu knüpfen, blieb aber in Weimar hängen. Dort führte ihn Charlotte von Kalb in die feine Gesellschaft ein, die ihn aufnahm, obwohl er sich schändlicherweise offen mit ihr auf den Straßen zeigte. Schiller lernte die Kreise kennen, in denen sich sonst der große Goethe aufhielt. Der war zu dieser Zeit in Italien. Gut zu sprechen waren die beiden aufeinander nicht: Goethe hatte sich „angewidert" über „Die Räuber" geäußert und über Schiller gesagt: „Ich hasse ihn." Schiller wiederum ließ seiner Abneigung freien Lauf, indem er sagte, der Geheime Rat komme ihm vor „wie eine stolze Prüde, der man ein Kind machen muss, um sie zu demütigen". Als Goethe von seiner Reise zurück war, verschaffte er Schiller eine Stelle als Geschichtsprofessor in Jena, um ihn in Weimar vom Hals zu haben. Als Schiller seine Antrittsvorlesung hielt, war die ganze Stadt auf den Beinen. 500 statt der erwarteten achtzig Studenten wollten hören, was er zu der Frage sagte: „Was heißt und zu welchem Ende studiert man Universalgeschichte?"

Schiller ging nun auf die dreißig zu. In diesem Alter, hatte er Freunden eröffnet, wolle er verheiratet sein. Leider fehlte es ihm an Geld – er bekam nur die Vorlesungsgebühren seiner Studenten. Das änderte sich erst ab Januar 1790 durch eine kleine herzogliche Jahrespension. Allerdings hatte er für die Ehe eine Kandidatin zu viel. Die eine war Charlotte von Lengefeld, die andere ihre drei Jahre ältere Schwester Caroline. Die jungen Damen hatte er bei einem Sommeraufenthalt bei ihrer Familie in Rudolstadt kennengelernt und beiden anschließend feurige Liebesbriefe geschrieben. Schließlich entschied er sich für Charlotte. Im Februar 1790 wurden die beiden getraut. Charlotte von Kalb verzieh ihm das nie.

Charlotte von Lengefeld entsprach Schillers Frauenbild in seiner Ballade „Die Glocke", in der die Frau züchtig im Hause waltet.

Ein Jahr später warf den Dichter eine schwere Lungen- und Rippenfellentzündung aufs Krankenbett. Ihn schüttelten Krämpfe und Atemnot. Im fernen Kopenhagen wurde gar vermeldet, er sei tot – und eine Trauerfeier für ihn arrangiert.

Nach Aufklärung dieses Irrtums schenkten ihm der dänische Staat und ein Herzog für die nächsten drei Jahre jeweils 1 000 Taler. Schiller konnte davon eine Kur in Karlsbad bezahlen, von der er nach Hause schrieb: „Der Geist ist heiter." Im Oktober 1792 verbeugten sich die Franzosen vor dem Dichter der „Räuber": Die Nationalversammlung verlieh ihm drei Jahre nach der Revolution das Bürgerrecht. Eine Ehre, die dem inzwischen gereiften Mann gar nicht recht schmeckte – Freiheit ja, aber nicht zum Preis der Gewalt. Als König Ludwig XVI.

hingerichtet wurde, beschimpfte er die Franzosen als „elende Schinderknechte".

Inzwischen hatte er eine „Geschichte des 30-jährigen Krieges" geschrieben, Vorlesungen über Ästhetik gehalten und sich in die Kant'sche Philosophie vertieft. 1793 reiste Schiller – nun auch Vater des ersten von vier Kindern – nach Stuttgart, wo ihn die einst so verhasste Carlsschule begeistert empfing. Carl Eugen war tot – und die Akademie stolz auf ihren berühmtesten Sohn. Im Juli 1794 schließlich begegnete er bei einer Tagung der „Naturforschenden Gesellschaft" in Jena dem großen Goethe persönlich. Es war der Beginn der wichtigsten Freundschaft in Schillers Leben – und für die deutsche Literaturgeschichte. Die beiden kamen über Goethes Idee einer Urpflanze ins Gespräch, schrieben sich danach Briefe, und schließlich lud Goethe den zehn Jahre Jüngeren nach Weimar ein. Sie lasen sich aus ihren Werken vor, tauschten Ideen aus, und Schiller trieb das lebende Denkmal an, sein Drama „Faust" fertig zu schreiben. Dann kam Goethe nach Jena. Schiller veröffentlichte Schriften von ihm in seiner Zeitschrift „Horen". Einen Spaß machten sich die beiden mit ihren „Xenien", was „Gastgeschenke" heißt. Dort spießten sie mit beißendem Spott in Versen schlechte Autoren, Kritiker, Geistliche und Schwätzer auf. Für die feine Gesellschaft war dieses „Geschenk" ein Sudelbuch. 1797 lieferten sich Schiller und Goethe einen Dichter-Wettstreit mit Balladen. Ein Jahr später schrieb Schiller seinen „Wallenstein", mit dem Goethe das umgebaute Weimarer Hoftheater wieder eröffnete. Nach dem Erfolg holte er den Freund als Dramaturgen. 1799 zogen die Schillers nach Weimar um.

In den nächsten Jahren arbeitete Schiller wie wild. Dabei quälten ihn Bauchschmerzen und Koliken. Er schrieb nächtelang an „Maria Stuart", der „Jungfrau von Orleans" und seinem populärsten Stück über den Freiheitskampf der Schweizer, „Wil-

Als Schiller den „Wilhelm Tell" schrieb, hingen überall in seinem Zimmer Karten und Bilder von der Schweiz. Schließlich war er dort nie gewesen.

helm Tell". Im November 1802 wurde Schiller geadelt und schrieb sich nun „von". Er hatte sich geschworen, er müsse wenigstens fünfzig Jahre alt werden, um all seine Ideen zu Papier zu bringen. Doch die Zeit bekam er nicht: Sein kranker und seit der Jugend mit Wein und Tabak malträtierter Körper arbeitete gegen ihn. Am 1. Mai 1805 besuchte Schiller ein letztes Mal das Weimarer Theater. Als ihn sein Freund Heinrich Voß nach Ende des Stückes abholen wollte, fand der ihn mit klappernden Zähnen und Schüttelfrost in seiner Loge vor und half ihm nach Haus. Acht Tage später, am 9. Mai 1805, war Schiller tot.

Europa schillert

Nach seinem Tod wurde Schiller seziert – noch heute rätseln Ärzte, wie er überhaupt so lange überleben konnte: Das Herz war zum leeren Beutel geschrumpft, die Nieren fast zersetzt, ein Lungenflügel zerstört ... Das Einzige, was noch funktioniert hatte, war offenbar das Gehirn.

„Der kluge Mann baut vor." „Früh übt sich, was ein Meister werden will." Wie der andere Stern am Weimarer Dichterhimmel, Goethe, sind Schillers Werke eine Fundgrube geflügelter Worte (die zitierten sind aus dem „Tell"). Goethe lobte ihn: „Es ist bei Schiller jedes Wort praktisch und man kann ihn im Leben überall anwenden." Das galt und gilt auch politisch: Schiller war anfangs ein echter „Stürmer und Dränger" und beflügelte den Freiheitsdrang der Menschen im zu Ende gehenden Absolutismus. Dann entdeckte er die Freiheit des Menschen, die in ihm selbst liegt, ihm angeboren ist, das, was wir das uns innewohnende Menschenrecht nennen. Schiller war auch ein „politischer" Europäer. In seiner berühmten Jenaer Antrittsrede zeichnete er bereits das Bild einer Staatengemeinschaft Europas als das einer Familie: „Die Hausgenossen können einander anfeinden, aber hoffentlich nicht mehr zerfleischen." Beethovens Vertonung seiner „Ode an die Freude" („Freude schöner Götterfunken") ist deshalb zu Recht die europäische Hymne.

Zwischen Wahn und Wirklichkeit

Bier, Bier, Bier! Was hatten sie in dieser Stadt nur mit ihrem Gerstensaft und dem Stolz auf ihre sechzig Brauereien! Gott sei Dank hatte er bei einem Spaziergang Kunz kennengelernt. Der war wie er ein Zugereister und handelte erfreulicherweise mit Wein. Der neue Freund war damit für ihn eine prima Quelle. Dass er gern trank, davon zeugen die gezeichneten Weinpokale in seinem Tagebuch. Gut schmeckte ihm auch der Punsch aus Cognac, Arrak und Rum, den seine Frau für ihn zubereitete. Mit ihm „montierte" er sich, wie er das nannte, oft für seine nächtlichen Fantasien, in denen er sich davonstahl aus der Wirklichkeit und besonders aus der Trübsal seiner Bamberger „Lehr- und Marterjahre". Einerseits gefiel es dem Preußen gut hier unten im „Süden". Andererseits fühlte er sich verraten und verkauft: Man hatte ihn als Kapellmeister an die Schaubühne gelockt, doch der Traum von einer Karriere als Musikdirektor war rasch ausgeträumt: Schon nach Kurzem musste er Kulissen schieben und schließlich, als das Theater Pleite machte, sich Geld mit Musikunterricht für Töchter betuchter Bürger verdienen. In eine seiner Schülerinnen verliebte er sich. Die Gefühle für das um zwanzig Jahre jüngere Mädchen stürzten ihn in noch größere, nämlich seelische Nöte, vor allem als sie sich für einen anderen, einen „verdammten Esel von Kaumann" entschied. Dieses Elend schrieb er sich in einer fantastischen Geschichte vom Leib, denen viele andere folgten. In ihnen wimmelt es von Geistern und Kobolden, ließ er Hunde und Affen sprechen, verwob die Lebensgeschichte eines Kapellmeisters mit der eines Katers – und schöpfte dabei aus seinem zwischen Wahn und Wirklichkeit zerrissenen Ich.

Wer war das?

E.T.A. Hoffmann

und seine fantastischen Erzählungen

Geboren am 24.1.1776 in Königsberg/Preußen
Gestorben am 25.6.1822 in Berlin

„Das war ein teuflischer Tag!", notierte Ernst Theodor Amadeus Hoffmann am Abend des 10. August 1812 in sein Tagebuch. „Es scheint mir, dass mein ganzes musikalisches und poetisches Leben erloschen ist." Er schrieb das auf Italienisch – manchmal benutzte er auch die griechische Schrift, die seine Frau Mischa nicht lesen konnte. An diesem Augusttag hatte sich seine Schülerin Julia Marc mit dem reichen Hamburger Kaufmann Johann Gerhard Graepel verlobt. Als Hoffmann sie kennenlernte, war sie gerade mal 13. Im Lauf der nächsten zwei Jahre hatte er sich in das Mädchen verliebt. Und jetzt das! Ausgerechnet dieser „unsaubere Geist", der bei ihm „Abscheu und Ekel" auslöste, würde das Ideal seiner romantischen Träume besitzen! Wie hatte er sich mit seinen „fixen Gedanken" an Julia, mit „verderblichsten Reflexionen", in „Betrachtungen über das Selbst, dem der Untergang droht" wegen ihr gequält – und jetzt erweckte ein solch „gemeiner Kerl", dem die Wollust ins Gesicht geschrieben stand, die Frau in dem unschuldigen Kind. Wie hatte er sich verachtet, als er sich einmal zum „geistigen Ehebruch" mit ihr hatte hinreißen lassen. In seiner Not hatte er ein andermal eine Schauspielerin als „Blitzableiter" für sein Begehren benutzt. Hoffmann litt wie ein Hund – sein poetisches Feuer aber begann in den düsteren Stunden dieses Augustabends erst richtig zu lodern.

Die Qualen wegen Julia schrieb er sich in der fantastischen Geschichte „Nachricht von den neuesten Schicksalen des Hundes Berganza" von der Seele. Diese und andere Erzählungen verlegte sein Freund, der Weinhändler und Bibliothekar Friedrich Karl Kunz, zwei Jahre später unter dem Titel „Fantasiestücke in Callots Manier. Blätter aus dem Tagebuch eines reisenden Enthusiasten" als Buch. Als Zeugnis seiner Zerrissenheit machte es den Schriftsteller E.T.A. Hoffmann berühmt: Tagsüber war er ein dröger Pflichtapostel. Abends aber, benebelt von Alkohol, überschritt er die Grenzen der wirklichen Welt und wechselte in die der Geister, Gespenster und sprechenden Tiere.

(Zu-)Flucht im Wein hatte schon Ernst Theodors Vater, der Hofgerichtsadvokat Christoph Ludwig Hoffmann, gesucht, allerdings vor seiner hysterischen Frau. Louise Albertine und er ließen sich nach zwölf Jahren Ehe und zwei Jahre nach der Geburt ihres zweiten Sohnes am 24. Januar 1776 in Königsberg scheiden. Der ältere Bruder blieb beim Vater. Ernst Theodor zog mit der Mutter zu deren Familie und wurde von seinem Onkel Otto erzogen, einem verstaubten Juristen. Aus der Wohnung über ihnen drangen täglich die Schreie einer Wahnsinnigen an sein Ohr. Dort lebte die Mutter des Dichters Zacharias Werner, die ihren Sohn für den wiedergeborenen Jesus Christus hielt. Trost auf dieser „dürren Heide", wie er seine Kindheit nannte, fand Ernst Theodor in der Musik. Ein Lehrer an der Königsberger Burgschule entdeckte seine Begabung und sorgte dafür, dass der Junge Mal-, Zeichen-, Klavier-, Orgel- und Geigenstunden erhielt. Schon als 13-Jähriger schrieb Hoffmann eigene Kompositionen. In seinem Mitschüler Theodor Gottlieb Hippel fand er 1786 einen Freund, der ihm sein Leben lang treu blieb und immer wieder aus der Patsche half – was häufig vorkam.

Auf Beschluss der Familie musste der 16-Jährige nach der Schule Jura studieren. Geld verdiente er mit Musikunterricht –

und entdeckte dabei die erste Liebe: Es war die 28-jährige Wein-händlergattin Dora Hatt. Als sie ihr sechstes Kind bekam und Vergnügen auch noch bei einem anderen Mann suchte, riet Freund Hippel, Hoffmann solle Königsberg verlassen. So ging der zum zweiten Staatsexamen nach Glogau, wo er bei seinem an-deren Onkel Johann Ludwig Dörffer lebte. 1798 verlobte er sich mit dessen Tochter Minna. Als der Onkel, ein angesehener Ju-rist, nach Berlin versetzt wurde, nahm er den künftigen Schwie-gersohn mit. Hoffmann genoss das kulturelle Leben in der preu-ßischen Metropole, besuchte Theater und Konzerte. Neben der trockenen Arbeit am Kammergericht komponierte er ein erstes Singspiel, zeichnete und begann zu schreiben. 1800 bekam er für sein drittes Examen ein „Vorzüglich" und danach in Posen eine Assessoren-Stelle. Dort wurde eine seiner Kompositionen auf-geführt. Das tröstete ihn über die dröge Gerichtsarbeit hinweg. Allerdings wuchs in ihm die Angst, bei einer Heirat der Cousine im Familienmief zu ersticken. Und so ließ er 1802 seine Braut im Stich – um wenig später die Tochter des Stadtschreibers von Posen, Maria Thekla Michalina Rorer-Trczinska, zu heiraten. Dem Freund Hippel beschrieb er seine „Mischa" als ein „sehr liebes Weib". Anders hätte sie es mit ihm die nächsten zwanzig Jahre wohl kaum ausgehalten …

Den ersten Ärger gab es schon in Posen: Hoffmann hasste die Kriecherei seiner dortigen Beamtenkollegen und karikierte ei-nige von ihnen mit spitzer Feder. Diese Zeichnungen wurden bei einem Ball heimlich herumgereicht – bis einer der Dargestellten sich erkannte. Ein Eilkurier meldete den Vorfall nach Berlin. Die dortigen Behörden zogen die bereits ausgestellte Promoti-onsurkunde für Hoffmann zurück und er wurde zur Strafe nach Plock versetzt. Zwischen Verhandlungen über Hühnerdiebe und kleinliche Streitereien vor Gericht fühlte er sich hier wie „leben-dig begraben". Wenigstens hatte er mehr Zeit zum Zeichnen,

Komponieren und Dichten, „freilich alles nur schlecht", wie er notierte. Trost fand er in der „Neuen Ressource", einem Gasthaus, wo er reichlich dem „Bischof" zusprach, einem gewürzten Wein, der nachts die wildesten Fantasien in seinem Kopf sprießen ließ. Manchmal sah er die Gespenster neben sich am Schreibtisch stehen. Dann rief er nach Mischa, die vom Bett aufstand und so lange strickend neben ihm sitzen blieb, bis die Geister wieder verschwanden.

Tags trockene Paragrafen, nachts wilde Bilder des „Unheimlichen" und „Sonderbaren" – im Januar 1804 schrieb Hoffmann „Todesahnungen – Doppeltgänger" ins Tagebuch. Manchmal suchte er Ruhe an der Orgel des Norbertiner Nonnenklosters. Aber schließlich wurde er aus dem Exil erlöst und als Regierungsrat nach Warschau berufen. Die Arbeit dort war nicht weniger trostlos. Dafür fand er hier mehr Zerstreuung in der Kunst: Er lernte die Werke der romantischen Schriftsteller und Musiker kennen, brachte in der „Musikalischen Gesellschaft" als Dirigent Stücke von Haydn, Beethoven und Mozart zur Aufführung und das von ihm selbst komponierte Singspiel „Die lustigen Musikanten". Aus Verehrung zu Mozart tauschte er seinen dritten Vornamen „Wilhelm" gegen „Amadeus" aus und schrieb sich von nun an E.T.A. Hoffmann. Er komponierte eine Sinfonie, eine Messe und arbeitete an einer Oper. 1805 wurde er Vater von Cäcilie, die aber nach zwei Jahren starb.

1806 besetzten Napoleons Truppen Warschau. Für Hoffmann endete damit die wohl glücklichste Zeit seines Lebens: Weil er sich weigerte, als Regierungsrat einen Ergebenheits-Eid für die Franzosen zu unterschreiben, musste er gehen. Mischa kehrte mit dem Kind nach Posen zurück. Er versuchte, in Berlin mit dem Verkauf seiner Zeichnungen Geld zu verdienen. Musikverlagen bot er Kompositionen und Theatern seine Arbeit an – ohne Erfolg. Hoffmann erkrankte schwer. Bei einer Geliebten

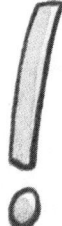

hatte er sich obendrein die Syphillis geholt, eine damals unheilbare Geschlechtskrankheit. Im Frühjahr 1808 stand es so schlimm um ihn, dass er an Hippel schrieb: „Ich arbeite mich müde und matt, setze der Gesundheit zu und erwerbe nichts! Seit fünf Tagen habe ich nichts gegessen als Brot, so war es noch nie."

Schließlich gab Hoffmann eine Annonce im „Allgemeinen Reichsanzeiger" auf, in der er eine Stelle als Musikdirektor bei einem Theater suchte und anbot, Dekorationen und Kostüme zu entwerfen. Darauf meldete sich der Direktor des Bamberger Theaters Friedrich Julius Heinrich von Soden. Er ließ Hoffmann zur Probe einen von ihm verfassten Operntext vertonen und Hoffmanns Komposition gefiel: Im September 1808 kam er als frischgebackener Kapellmeister nach Bamberg. Mit Mischa bezog er eine Wohnung im Zinkenwörth, der heutigen Schillerstraße. Doch der Traum von der Theater-Karriere war schnell vorbei. Von Soden wurde abgelöst und mit dem Nachfolger verstand sich Hoffmann ebenso wenig wie mit den Orchestermusikern. Schon die erste Aufführung ging daneben. Hoffmann versuchte, mit dem Schreiben von Zeitungsartikeln und mit Klavier- und Gesangsunterricht den Lebensunterhalt zu bestreiten. Es reichte hinten und vorne nicht. Hinzu kam der Herzschmerz um Julia. Die fünf Bamberger Jahre waren für ihn die „böseste aller Zeiten", in der sich für ihn mehr und mehr die Grenzen zwischen Wahn und Wirklichkeit verwischten.

Die Abende verbrachte Hoffmann in Weinstuben, nachts brütete er skurrile und düstere Geschichten aus. Ab und an schrieb er Beiträge für die „Allgemeine Musikalische Zeitung". So wurde der Leipziger Theaterdirektor Joseph Seconda auf ihn aufmerksam und holte Hoffmann als Musikdirektor. Doch nach nur einem Jahr zerstritten sich die beiden. Wieder stand Hoffmann vor dem Nichts. Freund Kunz brachte zwar seine Erzählungen als Buch heraus, doch leben konnte Hoffmann von den

In Bamberg war Hoffmann befreundet mit dem Leiter des dortigen „Tobhauses". Von ihm, dem Medizinaldirektor Adalbert Friedrich Marcus, ließ er sich manchmal durch dessen Irrenanstalt führen.

Erlösen nicht. Hippel überredete ihn, zurück in den Staatsdienst nach Berlin zu gehen. Sein Ruf als Jurist war gut – und so nahm ihn das Kammergericht 1814 erst auf Probe, nach zwei Jahren mit fester Stelle in den Kriminalsenat auf. Nebenbei schrieb er Erzählungen und begann seinen Roman „Die Elixiere des Teufels". Am Schauspielhaus wurde seine Oper „Undine" aufgeführt. Diese letzten Berliner Jahre waren seine erfolgreichsten und fruchtbarsten. Was in Plock die „Neue Ressource" gewesen, war dort das Weinhaus „Lutter und Wegener", wo er sich nun täglich, besser gesagt: jede Nacht, „montierte". Als Jurist war Hoffmann geachtet, wenn auch der Obrigkeit reichlich unbequem: Seit 1819 war er Mitglied einer Kommission, die hochverräterische Verbindungen untersuchte, aber auch überprüfen sollte, ob es bei der Verhaftung sogenannter „Demagogen" mit rechten Dingen zuging. Manch unbequemer Staatskritiker, so auch der Turnvater Jahn, verdankte ihm seine Freiheit.

Die Ministerialen sahen das gar nicht gern. Doch Hoffmann war nie ein Pflichtverstoß nachzuweisen – und er ließ sich auch nicht einschüchtern bei dem, was er schrieb. So kam es zur „Knarrpanti-Affäre": In einer Episode in Hoffmanns Erzählung „Meister Floh" jagt dieser Knarrpanti einen Unbescholtenen. Er wirft ihm vor, eine Dame entführt zu haben, die gar nicht verschwunden ist. Hoffmann legte dem Geheimen Rat den Satz in den Mund, dass, „sei erst der Verbrecher ausgemittelt, sich das begangene Verbrechen von selbst finde". An anderer Stelle schrieb er nicht nur wortwörtlich aus einer Gerichtsakte ab, sondern ließ seine Hauptfigur auch sagen: „Das Denken sei an sich selbst schon eine gefährliche Operation und würde bei gefährlichen Menschen eben desto gefährlicher." In beidem war unschwer Karl Albert von Kamptz zu erkennen. Der Direktor der Polizeiabteilung im Berliner Innenministerium ließ das Manuskript beschlagnahmen und sorgte für eine Anklage wegen

Nachdem sich herumgesprochen hatte, dass E.T.A. Hoffmann regelmäßig im Berliner Weinhaus „Lutter und Wegener" saß, kam mancher Besucher extra, um den inzwischen berühmten, seltsamen Schriftsteller zu sehen.

Verrats von Amtsgeheimnissen und Kritik an der Obrigkeit. Doch Hoffmann erschien nicht vor Gericht. Das Ende des Prozesses erlebte er nicht mehr: Ab Januar 1822 lag er mit einer tödlichen Knochenmarkserkrankung danieder. Seine Verteidigungsrede musste er diktieren, denn er konnte nicht einmal mehr eine Feder halten. Schließlich war er völlig gelähmt. E.T.A. Hoffmann starb am 25. Juni 1822.

Die Erben der Fantasie

Gespensterseher, Gruseldichter, Satiriker und Spinner: In Deutschland schieden sich die Geister an den Geschichten aus E.T.A. Hoffmanns wahnhafter Welt. Johann Wolfgang von Goethe nannte seine Werke „fieberhafte Träume eines kranken Gehirns". Vielleicht war Goethe auch nur beleidigt: Er hatte mit seinem „Wilhelm Meister" den ersten bedeutenden Entwicklungsroman vorgelegt. Hoffmanns „Lebensgeschichten des Katers Murr" konnte man durchaus auch als Parodie auf diese Literaturgattung lesen. Und wer wagte es in Deutschland schon, dem großen Goethe zu widersprechen? Im Ausland dagegen wurde Hoffmann sehr verehrt. Die englischen Schriftsteller Edgar Allan Poe und Oscar Wilde sahen sich als Hoffmanns Erben. Der Franzose Guy de Maupassant und die Russen Nikolai Gogol und Fjodor M. Dostojewski verbeugten sich vor ihm. Der Komponist Jacques Offenbach setzte ihm mit seiner Oper „Hoffmanns Erzählungen" ein Denkmal und Peter Tschaikowski brachte eines seiner Märchen als Ballett „Nussknacker und Mäusekönig" auf die Bühne. Hoffmann beflügelte nicht nur die Fantasie, er beschäftigte sich ernsthaft mit der Grenze zwischen Wahn und Wirklichkeit – und beeindruckte damit später den Vater der Psychoanalyse, Sigmund Freud.

Schlaflos in Paris

Seine Liebste und spätere Ehefrau benannte er einfach um, „weil mich ihr Name im Hals kratzt". Er war rasend eifersüchtig, sogar auf ihren Papagei, den er, um dem Geturtel ein Ende zu machen, kurzerhand vergiftete. Als sich seine Mathilde vor Kummer weinend auf dem Boden wälzte und schrie: „Nun bin ich ganz allein auf der Welt!", war er beleidigt – kaufte ihr dann aber wenige Tage später reuig ein neues Federvieh. Wehe, ein anderer Mann sah seinem „süßen dicken Kind" einen Augenblick zu lange auf den „herrlichen Hintern"! Dann konnte es passieren, dass er die Fäuste sprechen ließ. Auch Mathilde bezog ab und an Prügel: weil sie ihn manchmal mit ihrer Nasch-, Kaufsucht und Koketterie in den Wahnsinn trieb. Dabei war er selbst kein Kostverächter. Sein Mädchen hatte er in Paris von der Straße gepflückt. Er mühte sich vergeblich ab, ihren hübschen Kopf mit etwas Bildung zu stopfen. Dafür war sie von großer weiblicher Schläue und er ließ sich von ihr gern um den Finger wickeln. Zum Beispiel, wenn sie keine Lust zum Kochen hatte. Dann kündigte sie zum Mittagsmahl Hammelbraten an. Sie wusste ja, wie sehr er den hasste – und wurde dann wie erhofft zum Essen ausgeführt. Der Genießer spricht auch aus seinen Reiseberichten, in denen er die Leser ein Stück weit auf Deutschlands Speisekarte spazieren führt. Mit dieser seiner Heimat ging's ihm wie mit seiner Süßen: Weil er sie so liebte, war er oft wütend auf sie. Die deutschen Behörden verboten seine Bücher. Am liebsten hätten sie ihm das Schreibhandwerk ganz gelegt. Deshalb ging er nach Frankreich ins Exil – und hatte beim Denken an Deutschland schlaflose Nächte. Hundert Jahre später wurde eine seiner Visionen aufs Schrecklichste wahr: „Dort, wo man Bücher verbrennt, verbrennt man am Ende auch Menschen."

Wer war das?

Heinrich Heine –

Liebes-Leiden an Deutschland

Geboren am 13.12.1797 in Düsseldorf
Gestorben am 17.2.1856 in Paris

Manchmal warnte Heinrich Heine: „Mein Hausvesuv speit wieder Feuer!" So nannte der oft selbst so zornige Dichter seine Frau, wenn Mathildes Wut die Wände wackeln ließ. Zum Beispiel, weil er schimpfte, dass sie trotz knapper Kasse das Geld mit vollen Händen für Kleider und Hüte, Blumen, Tand oder teures Konfekt zum Fenster herauswarf. Ein andermal spottete er, sie sei ein „Schaf", weil sie zu faul oder zu dumm zum Erlernen des Deutschen war. Dann wieder rührte ihn, wie sie beim Beten in kindlicher Ehrfurcht vor dem Kruzifix kniete. Und er litt wie ein Hund, wenn sie wochenlang kein einziges Wort mit ihm sprach, weil sie ihn irgendwo mit einer anderen Frau am Arm ertappt hatte. Mathilde machte ihn rasend – vor Liebe und vor Wut. Doch ohne sie leben konnte und wollte er nicht. Er vergötterte sie so sehr, dass er, der gebürtige Jude und getaufte Protestant, sich auf ihren Wunsch hin von einem katholischen Priester zum Ehemann trauen ließ. Allerdings musste sie im Gegenzug den Vornamen wechseln: Aus Augustine Crescence wurde Mathilde, weil Heinrich keine Lust hatte, sich täglich mehrmals die Zunge zu brechen. Am Ende wählte er sein Grab auf einem katholischen Gottesacker, denn er hoffte, dass sich das „verflucht geliebte Weib" dann eines Tages auf ewig an seiner Seite niederließ. So wurde der Pariser Friedhof Montmartre Heinrich Heines letzte Ruhestätte. Eigentlich hätte er ja nach Deutschland gehört – doch dort wollte man schon den Lebenden nicht. Deshalb ging er als 34-Jähriger nach Paris ins Exil und ergoss von dort aus seinen beißenden Spott auf die deutschen Spießer.

Im Herzen blieb Heinrich Heine immer ein Deutscher. Geboren wurde er am 13. Dezember 1797 in der Düsseldorfer Bolkerstraße 10 als Harry Heine. Zum Heinrich wurde der Jude später durch die Taufe. Er war das erste von vier Kindern des Tuchhändlers Samson Heine und dessen Frau Betty. Der Vater war ein lebenslustiger Mensch, in dessen Gemüt nach den Worten des Sohnes „ständig Kirmes" herrschte. Er verlor die gute Laune noch nicht einmal, als er sein Tuchgeschäft in die Pleite führte. Mutter Betty war ernster, aber eine gütige Frau. Harry liebte sie sehr. Als er später schrieb: „Denk ich an Deutschland in der Nacht, dann bin ich um den Schlaf gebracht", meinte er damit nicht nur die Heimat, sondern auch sie.

Obwohl die Heines Juden waren, schickten sie Harry auf eine katholische Schule. Im zu dieser Zeit französisch verwalteten Düsseldorf war das kein Problem. Bei Heines war ein Offizier einquartiert, der Harry Französisch lehrte und ihn mit der Bewunderung für den großen Napoleon ansteckte. Als der französische Kaiser am 5. November 1811 durch den Düsseldorfer Hofgarten ritt, jubelte ihm der damals 14-Jährige begeistert zu. Die Eltern wünschten, dass aus Harry eine „Geldmacht" werde. Deshalb nahmen sie ihn 1813 ohne Abschluss von der Schule und schickten ihn nach Frankfurt zu einem Banker in die Lehre. Doch Harry schrieb lieber Gedichte, als Zahlen zu addieren. Nach drei Wochen war er die Lehrstelle los. Bei einem Kaufmann machte er einen zweiten Versuch, der wiederum scheiterte. Er sei für den Erwerb nicht geschaffen, meinte Harry dazu und außerdem langweile ihn die Frankfurter „Krämerseele". Dafür war er um eine andere Erfahrung reicher: dass Juden in

Düsseldorf freier waren als anderswo. In Frankfurt hatte Harry zum ersten Mal ein Getto erlebt und musste selbst in der Juden-gasse wohnen. In seiner Geburtsstadt hatten Juden sogar Bür-gerrechte (die man ihnen allerdings wenig später nahm).

Nach dem Frankfurter Fiasko erbot sich des Vaters Bruder, Harry unter die Fittiche zu nehmen: Salomon Heine besaß ein Bankhaus in Hamburg und der Vater schickte Harry zu ihm. An der Alster erfuhr Harry, dass Geld für Juden ein gutes Mittel war, um sicher zu leben. Der reiche Onkel Salomon jeden-falls war dort ein hoch angesehener Mann. (Einmal allerdings schmissen bei einem Pogrom Antisemiten auch bei ihm die Fenster ein.) Diesmal zeigte Harry mehr Interesse an seiner Cou-sine als fürs Kontor. Amalie war nicht nur schön, sondern ein millionenschweres Kind. Deshalb planten ihre Eltern für sie eine Geld-Heirat, die für Amalie später in einer glücklosen Ehe en-dete. Das Cousinchen war nicht begeistert von Harrys Liebes-werben, zumal er ihr seine Gefühle in Gedichten offenbarte, die er in einer Hamburger Zeitung abdrucken ließ. Immerhin be-saß er so viel Diskretion, dass er nicht seinen tatsächlichen Na-men darunterschrieb. Als Autor war Sy. Freudhold Riesenharff angeführt – ein Anagramm, aus dessen Buchstaben sich „Harry Heine Dusseldorff" zurechtschütteln ließ. Amalies Ablehnung schmerzte Harry lange. Jahre später schlug sich sein Liebesleid im „Buch der Lieder" nieder, einer Sammlung von 237 ro-mantischen, teils aber bereits ironischen Gedichten, die 1827 erschien.

Salomon Heine war ein geduldiger Mensch: Er half nicht nur seinem Bruder Samson aus der Patsche, als dessen Geschäft in die Binsen ging. Trotz Harrys Schlendrian stellte er auch für den Neffen ein eigenes Geschäft auf die Beine. Doch nach nur einem Jahr war die Tuchhandelsfirma „Harry Heine und Co." pleite. Und was tat der Onkel? Er bezahlte Harry ein Jura-Stu-

Das „Buch der Lieder" war in ganz Europa ein Riesenerfolg und etliche der Gedichte wurden vertont. Es gilt als Weltbestsel-ler der lyrischen Literatur – und selbst wer Heine nicht kennt, kennt sein Lied von der „Loreley".

dium. Also ging's 1819 an die Universität nach Bonn. Dort zog es Harry mehr zur Literatur statt zu den Lektionen der Rechte. Und nach zwei Semestern musste er wegen eines Duells die Stadt verlassen.

Immerhin hatte er mit der Arbeit an seiner Tragödie „Almansor" begonnen. In ihr steht der berühmte Satz: „Dort, wo man Bücher verbrennt, verbrennt man am Ende auch Menschen." Das Stück spielt in der Zeit der Maurenkriege im spanischen Grenada, das verbrannte Buch ist der Koran der Muslime. Aber auch in Deutschland standen die Zeichen auf Zensur: Auf der Wartburg hatten Studenten aus Protest gegen die Restauration, also die Rückkehr zur deutschen Vielstaaterei und Abkehr von den napoleonischen Freiheitsrechten, Bücher, Uniformen und andere Symbole der Unterdrückung verbrannt. Der Deutsche Bund, angetrieben vom österreichischen Staatskanzler Fürst von Metternich (Heine verspottete ihn als „Fürst Mitternacht") antwortete mit den Karlsbader Beschlüssen. Das war der Startschuss für Spitzeleien, Demagogenverfolgung und Bücherverbote. Hunderte von vermeintlichen Aufrührern verloren in der Folge Ämter, Lohn und Brot. Die Zensur bekam Harry bald selbst zu spüren.

Im Herbst 1820 machte er sich zu Fuß auf den Weg nach Göttingen, um sein Studium dort fortzusetzen. Und wieder setzte es nach nur wenigen Monaten ein halbjähriges Universitätsverbot. Er hatte sich im Februar 1821 erneut unerlaubterweise mit einem Kommilitonen ein Pistolenduell geliefert. Den Rausschmiss zahlte Heine den Göttingern in der für ihn typischen Weise heim: Als er 1825 seine Reisebeschreibung „Herbstreise" veröffentlichte, hieß es darin über die Stadt, sie gefalle am besten, wenn man sie „mit dem Rücken ansieht". Die Zahl der Spießer sei so groß wie „Kot am Meer" und nie werde er begreifen, „wie Gott nur so viel Lumpenpack erschaffen

In Bonn hörte Heine mit Begeisterung die Literatur-Vorlesungen von August Wilhelm Schlegel. Auf dessen Anregung übersetzte er Werke des englischen Spätromantikers Lord Byron.

konnte." In der Göttinger Zeit wurde Heine obendrein wegen „Unkeuschheit" von seiner Bonner Burschenschaft ausgeschlossen. Der wahre Grund war sein Judentum: In den Studentenverbindungen machte sich Antisemitismus breit.

Gottlob entzog Onkel Salomon Harry nicht das Studiengeld – und der zog weiter nach Berlin. Die meiste Zeit an der Universität verbrachte er bei den Vorlesungen des Philosophen Georg Friedrich Hegel. Bald war er gern gesehener Gast im Salon der Gesellschaftsdame Rahel Varnhagen, die alles um sich versammelte, was in Wissenschaft und Literatur etwas auf sich hielt. So lernte Heine den weit gereisten Universalgebildeten Alexander von Humboldt kennen, die Dichter Adelbert von Chamisso und Christian Dietrich Grabbe. 1821 brachte er selbst ein erstes Lyrik-Buch auf den Markt. Die juristischen Studienakten dagegen zierten Einträge wegen „Unfleiß", weil er Seminare schwänzte. In Berlin trat Heine dem „Verein für Cultur und Wissenschaft der Juden" bei. Der hatte sich zum Ziel gesetzt, das Judentum von den uralten Traditionen zu entrümpeln. Harry machte sich erste Notizen für sein späteres Buch „Der Rabbi von Bacharach": Darin wird – was in der Geschichte oft passiert war – einem jüdischen Rabbi der Mord an einem Kind untergeschoben. In Berlin versuchte sich Harry zudem als Journalist: Er berichtete für den heimatlichen „Rheinisch-Westfälischen Anzeiger" aus der Preußen-Metropole und schlug dabei schon den spöttischen Plauderton an, der sein Markenzeichen wurde. Die Universität etwa schilderte er als ein von außen prächtiges, innen aber „düsteres und unfreundliches" Gebäude. Aus den Räumen blickten die Studenten sehnsuchtsvoll auf das gegenüberliegende Opernhaus, während ihnen „schweinsledere Witze eines langweiligen Dozenten in den Ohren dröhnen".

1822 musste Harry die Berliner Universität wieder verlassen: Er hatte sich erneut duelliert. Nun reiste er nach Polen, an die Nord–

Heinrich Heine erfand und begründete das gesellschaftskritische, politische Feuilleton.

114

see und nach Thüringen und pilgerte 1824 nach Weimar zum von ihm damals noch hoch verehrten Goethe. Der ließ ihn wie einen dummen Jungen stehen. Kein Wunder: Harry hatte eine große Lippe riskiert und auf die Frage, woran er arbeite, frech gesagt, an einem Stück über den „Faust" – mit dessen zweitem Teil sich der Weimarer gerade quälte … Nun kehrte Harry nach Göttingen zurück, um doch noch zum Doktor der Rechte zu promovieren. Ihm war inzwischen klar, dass er als Jude nicht auf eine Juristen-Karriere hoffen konnte. Deshalb entschloss er sich zur Taufe: Im Juni 1825 machte ein protestantischer Pfarrer aus Harry Christian Johann Heinrich Heine. Einem Freund klagte Heinrich wenige Monate später: „Ich bin jetzt bei Christ und Jude verhasst. Ich bereue sehr, dass ich mich getauft habe." Immerhin wurde er im selben Jahr an der Universität promoviert – in Amt und Würden kam er aber nicht. Stattdessen reiste Heinrich nach Norderney und Hamburg, nach London, wo er den ihm wohlgesonnenen Bankier Rothschild kennenlernte, nach München und Italien. 1826 erschienen seine ersten „Reisebilder": Darin schilderte er nicht nur seine Wanderung durch den Harz und die Eindrücke von anderswo, sondern kommentierte zugleich das Zeitgeschehen in den besuchten Ländern. Durch Art und Länge des Prosa-Textes unterlief er geschickt die Zensur und schrieb frech und bissig über das deutsche Spießbürgertum. 1828 arbeitete er kurz in München bei einer Zeitschrift als Redakteur und bewarb sich vergeblich um eine Professur. In den Rheinprovinzen und Österreich waren seine „Reisebilder" inzwischen verboten: In einem Kapitel kamen nur Striche vor – dazwischen einzig die Worte „Die deutschen Zensoren" und „Dummköpfe".

1830 kam es in Frankreich zur Julirevolution, eine Nachricht, die in Heine eine Hoffnung weckte. Die Franzosen hatten Karl X. gestürzt, weil der versucht hatte, die in der Revolution von

1789 durchgesetzten Rechte wieder rückgängig zu machen. Stattdessen kam nun der „Bürgerkönig" Louis Philippe auf den Thron. Zwar schauderte es Heine vor Gewalt auf den Straßen, doch ihn lockte die freie Luft von Paris. So beschloss er, das „Land der Eichen und des Stumpfsinns" zu verlassen und nach Frankreich zu gehen. 1831 zog er um – mit einem Auftrag der Augsburger „Allgemeinen Zeitung", für sie als Korrespondent zu berichten. Auch französische Zeitschriften wollten Berichte von ihm. Bald schrieb er an Freunde, es gehe ihm so gut wie den Fischen im Meer, verbesserte aber sogleich, wer einen Fisch im Meer frage „Wie geht's?", würde als Antwort hören: „So gut wie Heine in Paris!" Noch wohler wurde dem begeisterten Flaneur, als ihm 1834 auf der Straße eine hübsche, kleine „Grisette" ins Auge fiel. „Grisettes" hießen die in graue Kittel gekleideten Arbeitermädchen, von denen manche nach dem Dienst auf die Suche nach einem reichen Gönner gingen. Die „seine" war halb so alt wie er, uneheliche Tochter einer Bäuerin und verkaufte Schuhe. Seine Freunde rümpften die Nase über seine „Eroberung" – doch Heine holte das „süße dicke Kind" zu sich. Sieben Jahre später heiratete er seine Mathilde.

1835 wurden in Deutschland die Werke der „Jungen Deutschen" verboten. Das waren Schriftsteller, die für die Freiheit schrieben. Heine gehörte zwar nicht zu ihrem Bund, das Bücherverbot aber traf auch ihn. Daraufhin zahlte ihm, der ja auf einst französischem Gebiet geboren war, die Pariser Regierung eine Exilanten-Pension. Auch Bankier Baron Rothschild unterstützte ihn. Allerdings plagte Heine die Sehnsucht nach seiner Mutter. 1843 besuchte er sie heimlich. Zurück in Paris verarbeitete er die Eindrücke dieser Reise in dem ironischen Werk „Deutschland. Ein Wintermärchen". 1847 bezog Heine deutlich politisch Position. Drei Jahre zuvor hatte das Militär einen Aufstand der schlesischen Weber gegen die menschenverachtenden Arbeitsbedingungen blutig niedergeschlagen. Elf Weber wurden getötet, über hundert gefangen genommen. Heine protestierte mit dem Gedicht „Die Weber", das mit den Worten endet: „Das Schiffchen fliegt, der Webstuhl kracht, wir weben emsig Tag und Nacht – Altdeutschland, wir weben dein Leichentuch, wir weben hinein den dreifachen Fluch, wir weben, wir weben!"

Heinrich Heine bewegten aber auch Gedanken über das eigene Leichentuch: Seit einigen Jahren schon plagte er sich mit Lähmungserscheinungen an den Gliedmaßen herum. Seit 1845 war er auf einem Auge blind und schrieb wenig später aus Sorge um Mathilde ein Testament. Und er dichtete: „In meinem Hirne rumort es und kracht, ich glaube, da wird ein Koffer gepackt, und mein Verstand reist ab – o wehe – noch früher als ich selber gehe!" Heine befürchtete, er könnte schwachsinnig werden. War er doch fest davon überzeugt, seine Krankheit sei die Folge einer Syphillis, die er sich in jungen Jahren bei einer Hure geholt haben könnte. Diese Geschlechtskrankheit mündete damals unweigerlich in die Demenz. Vermutlich hatte der Dichter „nur" eine Rückenmarkstuberkulose.

Jedenfalls verbrachte Heine seine letzten Lebensjahre in einer, wie er das nannte, „Matratzengruft": Seine Schmerzen waren so groß, dass er sie nur aushielt, wenn er sich auf mehreren übereinandergelegten weichen Matratzen bettete. Von seinem Mathildchen wurde er liebevollst gepflegt. Am Ende rieb sie zur Linderung seiner Leiden Morphium in eine mit Absicht offen gehaltene Wunde an seinem Hals. Sie erduldete sogar, dass sich ihr Gatte, der sein Leben lang hinter den Röcken her war, noch einmal verliebte: Diese Liebe, die Deutsche Elise Krinitz, nannte er „Mouche" – „Fliege". Mathilde verscheuchte sie von seinem Bett. Doch mehr als Streicheleinheiten konnte er seiner „letzten Blume" sowieso nicht mehr geben. Kurz vor seinem Tod

Karl Marx druckte Heines Gedicht von den Webern in der Zeitschrift „Vorwärts" ab.

117

dichtete Heine: „Worte! Worte! Keine Taten, niemals Fleisch, geliebte Puppe, immer Geist und keinen Braten, keine Knödel in der Suppe." Am 17. Februar 1856 starb Heinrich Heine. Wenige Tage später wurde er auf dem Friedhof Montmartre begraben.

Verflucht, versteckt, verehrt

Fürs Ausland stand Heinrich Heine schon längst als Dritter neben Goethe und Schiller auf dem deutschen Dichterolymp – da wurde er in seiner Heimat noch immer als „Nestbeschmutzer" beschimpft: Noch im vergangenen Jahrhundert stritt seine Heimatstadt zwanzig Jahre lang darüber, ob die neu gegründete Universität den Namen ihres größten Sohnes tragen sollte oder nicht. Erst seit 1988 heißt die Düsseldorfer Universität nach Heinrich Heine. 1893 hatte sich die Stadt schon einmal blamiert – und, teils aus antisemitischen, teils aus künstlerischen Gründen, ein Geschenk der Heine-Verehrerin und österreichischen Kaiserin Elisabeth abgelehnt. Das von ihr gespendete weiße Marmordenkmal wurde stattdessen als „Loreley-Brunnen" in New York aufgestellt. Die Nazis verbrannten die Bücher des hellsichtigen Dichters – das Lied von der Loreley („Ich weiß nicht, was soll es bedeuten") aber war so populär, dass sie es nicht verschwinden lassen konnten. Es durfte in den deutschen Schulbüchern bleiben – allerdings wurde sein Verfasser verschwiegen und stattdessen in die Unterzeile „Dichter unbekannt" geschrieben.

„Die schreibt wie ein Mann!"

„Mich dünkt, könnte ich dich alle Tage nur zwei Minuten sehn – o Gott, nur einen Augenblick! –, dann würde ich jetzt singen, dass die Lachse aus dem Bodensee sprängen und die Möwen sich mir auf die Schulter setzen!" Wie innig hat diese Frau geliebt – und wie übel wurde ihr mitgespielt! Die erste Liebe endete in einer Intrige, die zwei Männer gegen sie ausgeheckt hatten. Sie stellten sie damit vor ihrer Familie bloß und demütigten sie so sehr, dass sie das Alleinsein der Ehe vorzog. Erst nach Jahrzehnten wagte sie eine zweite Liebe: Ihre 17 Jahre jüngere männliche Muse verlieh ihrem literarischen Talent Flügel – binnen Kurzem schrieb sie über sechzig Gedichte. Der junge Mann sorgte für den Druck ihrer Werke, dann heiratete er eine andere. Das Geld, das die bereits über 40-Jährige für die Bücher bekam, machte sie unabhängig von der Familie. Sie ersteigerte damit ein kleines Fürstenhaus hoch überm Bodensee. Es sollte ihr Nest fürs Alter werden. Auf Dauer bezogen hat sie es nie, denn sie starb wenig später.

An ihrer Person und daran, was und wie sie schrieb, schieden sich zu ihrer Zeit die Geister. Es hieß: „Die schreibt wie ein Mann!" Sie störte es nicht, sie wusste ja, dass sie anders war als andere Frauen. Allerdings schmerzte es sie, wenn ihre Gedichte ihrer Mutter nicht gefielen. Um deren Lob und Liebe buhlte sie ihr Leben lang, auch wenn sie immer wieder gegen ihre strengen Regeln verstieß und sich dieser starken Frau erwehrte. Es ging ihr nicht darum, zu Lebzeiten als Dichterin berühmt zu werden. Einen Wunsch aber hatte sie: Sie wollte „nach hundert Jahren gelesen werden". Das hat sie geschafft. Auch eineinhalb Jahrhunderte nach ihrem Tod begleiten wir ihren Knaben ins Moor oder lesen ihre berühmte Novelle von Sühne und Schuld.

Wer war das?

Annette von Droste-Hülshoff –

das Mädchen im Moor

Geboren am 12.1.1797 in Hülshoff
Gestorben am 24.5.1848 in Meersburg

„Ich habe gehört, dass Fräulein Nette in gesellschaftlichen Kreisen Komödien spiele. Für Männer und Frauen ist meiner Überzeugung nach diese Übung gefährlich … für junge Mädchen noch weit mehr und eben für Fräulein Nette mehr noch als für andere!" Für sie, die ohnehin „gereizte Nerven und einen fantastischen Schwung des Geistes" habe, sei das Theaterspielen „gewiss schädlich!" So ermahnte ein Freund der Familie von Droste zu Hülshoff die Mutter der damals 13-jährigen Annette. Die hatte bei einem Auftritt auf der Bühne des Hohenholter Damenstifts so großes Aufsehen erregt, dass ganz Münster davon sprach. Kurz zuvor hatten die Eltern schon die Anfrage eines Verlegers abgewehrt, der Gedichte ihrer Tochter in seinem poetischen Tagebuch abdrucken wollte. Schließlich hatte die Freifrau Therese von Droste ihre beiden Töchter stets gelehrt, dass es sich für eine Frau nicht schicke, in der Öffentlichkeit zu stehen. Mädchen hätten sich still und bescheiden zu benehmen. Annette fiel das manchmal schwer. Nicht weil sie eitel, sondern einfach ein unbekümmertes Kind war. Ihr Platz war am Graben des Wasserschlosses, sie besuchte die Bauern drum herum und ließ sich gern alte Geschichten erzählen. Bei den literarischen Abenden auf Hülshoff benahm sie sich manches Mal daneben, saß nicht aufrecht und unbeweglich auf einem Stuhl, sondern lümmelte mit untergezogenen Beinen auf einem Sessel herum. Die Welten von Shakespeare oder Cervantes, die Abenteuer von Jonathan Swift, Heldensagen der Antike oder Gedanken von Voltaire ließen sie alles um sich herum vergessen.

Annette war von Anfang an ein Sorgenkind: Als sie am 12. Januar 1797 geboren wurde, war das zwei Monate zu früh. Mühsam und liebevoll päppelte ihre Amme Catharina Plettendorf das kleine auf den Namen Anna Elisabeth Franzisca Adolphine Wilhelmine Louise Maria getaufte Mädchen auf. Nette war ihr Leben lang oft krank – und jede Krise warf sie nieder. Sie war nach Maria Anna, genannt Jenny, die zweite Tochter des Freiherrn Clemens August und der Freiin Therese von Droste und bekam noch zwei Brüder, Werner und Ferdinand. Werner wurde 1826 nach dem Tod des Vaters Schlossherr auf Hülshoff. Damals musste Annette mit Jenny und der Mutter auf deren Witwensitz Rüschhaus ziehen. Drei Jahre später erschütterte sie der Tod des jüngsten Bruders Ferdinand. Wie so oft entzündeten sich ihre Augen, plagten sie Kopfschmerz und Fieberschübe. Häufig war sie auch schweren Gemüts: Das streng katholisch erzogene Mädchen lebte ewig in Angst, durch ihre Zweifel an Gott und Glauben schuldig zu werden. Davon zeugte später ihre Gedichtsammlung „Das geistliche Jahr". Die hatte sie als Geschenk für die Großmutter geschrieben – und es traf sie schwer, als die Mutter die ersten Blätter nach der Lektüre kommentarlos im Bücherschrank verschwinden ließ. Erst zwanzig Jahre später nahm sich Annette das Thema noch mal vor.

Überhaupt war die strenge Mutter die Frau, die die Schriftstellerin prägte. Als Annette ihren ersten Gedichtband veröffentlichen wollte, war sie bereits über vierzig Jahre alt – und holte zuvor die Erlaubnis Thereses von Droste ein. Briefe unterschrieb sie da noch immer mit „Deine gehorsame Tochter". Dabei war Therese von Droste selbst eine außergewöhnliche

Frau: Einerseits legte sie größten Wert auf Unterordnung und Etikette, die den Damen vorschrieb, zu schweigen und sich zu fügen. Andererseits war sie voller Temperament, weit gebildeter als für Frauen damals üblich – und sogar ihrem Mann nicht nur an Intelligenz überlegen. Sie führte auf Hülshoff das Regiment und der gutmütige Freiherr Clemens August beugte sich gern. Als ehemaliger Militär war er gehorchen gewohnt. Seine Frau sorgte dafür, dass die Töchter den gleichen Unterricht wie die Söhne erhielten – und dass der bei Annette bereits mit fünf Jahren anfing. Therese von Droste weckte und förderte deren Lust aufs Lesen. Allerdings sperrte sie alle Bücher weg, die sie für „unziemlich" hielt, so etwa die Schriften des aufrührerischen Friedrich Schiller – dessen Bücher sich Annette heimlich holte. Vom Vater hatte Annette die Liebe zur Natur geerbt. Wie realistisch sie später in ihren Gedichten Pflanzen, Tiere, Stimmungen und Atmosphäre am Wasser und im Wald, in Nebel und Moor beschrieb, machte Annette von Droste-Hülshoff schließlich berühmt.

Das erste Gedicht diktierte sie der Mutter, als sie sieben Jahre alt war. Von da an schrieb sie auf Bitten der Familie kindlich-gefühlige Lyrik, für die ein Onkel sie als „zweite Sappho" neckte (Sappho war eine berühmte Dichterin der griechischen Antike). Ihre Lust am Erzählen wuchs, als sie mit acht Jahren auf den „Bökendorfer Märchenkreis" stieß. Bökendorf war der Heimatort ihrer Mutter. Die nahm Annette oft mit auf das Gut ihrer Brüder August und Werner von Haxthausen. Dort traf sich der „Märchenkreis" zum Sagenhören und Geschichtenerzählen, darunter auch Wilhelm Grimm, für den Annette bald selbst fleißig bei den Bauern im Münsterland Märchen zusammentrug.

In Bökendorf stieß sie als Elfjährige auch auf den Stoff für ihre berühmteste Novelle „Die Judenbuche": 1783 hatte dort ein Knecht des Großvaters einen Juden getötet und war nach

Wilhelm und Jakob Grimm sammelten Märchen. Noch heute kennt sie jedes Kind als Gebrüder Grimm.

Afrika geflohen. Als er 25 Jahre später nach Bökendorf zurückkam, holte ihn die alte Schuld wieder ein und er richtete sich
selbst.

Vor allem aber wurde Bökendorf zum Schauplatz ihrer „Ju-
gendkatastrophe", das tragischste Ereignis in ihrer Biografie.
1818 hatte die 21-Jährige bei einem Sommeraufenthalt den
Göttinger Jura-Studenten Heinrich Straube kennengelernt.
Wilhelm Grimm beschrieb ihn zwar als „kleinen grundhässli-
chen Kerl", schätzte aber seine Versuche als Dichter. Die beiden
jungen Leute kamen sich manchmal hinter der Taxushecke näher, als sich das gehörte.

Als Annette zwei Jahre später wieder zu Gast bei den Haxthau-
sens war, logierte dort ein Studienfreund Straubes. August von
Arnswaldt verwirrte sie – und er gab ihr das Gefühl, dass er sich
in ihrer Nähe wohlfühlte. Wieder quälte Annette eine Schuld:
weil sie offensichtlich zwei Männer liebte. Konnte und durfte
das sein? Sie schüttete August ihr Herz aus und ahnte nicht, dass
der nur mit ihr spielte. Denn kaum war von Arnswaldt abge-
reist, bekam die Ahnungslose einen Brief von beiden, aus dem
sie erfuhr, man habe sie auf die Probe gestellt – und kündige
ihr hiermit die Freundschaft. Obendrein weihten die jungen
Herren Annettes Familie ein. Annette war wie vom Donner
gerührt – und schämte sich. Verstört reiste sie ab und ließ sich
in Bökendorf 18 Jahre lang nicht mehr blicken.

Das Dichten wollte der gedemütigten jungen Frau jetzt nicht
mehr glücken. Stattdessen widmete sie sich der Musik, spielte
Klavier, versuchte zu komponieren und Opern zu schreiben.

Sie zog sich in ihr Hülshoffer Schneckenhaus zurück. Erst
1825 wagte sie sich wieder zu Verwandten nach Bonn und
Köln. Dort freundete sie sich mit der „Rheingräfin" an: So
wurde die reiche Bankiersgattin und Gesellschaftsdame Sibylle
Mertens-Schaaffhausen genannt, in deren Salon sich Künstler,

In dem Gedicht „Die Taxus-wand" schrieb sich Annette ihre jugendliche Liebestragödie von der Seele.

Drostes mu-sikalische Versuche sind kaum bekannt. Unter anderem schrieb sie die Oper „Der blaue Cherub". 1845 sollte sie ein Libretto für Robert Schu-mann schreiben. Das lehnte sie aber ab.

Forscher und Gelehrte trafen. Zu diesem Kreis gehörten auch Adele Schopenhauer, die Schwester des Philosophen Arthur Schopenhauer, und die Schwiegertochter Johann Wolfgang von Goethes, Ottilie. Der gestrengen Mutter missfiel Annettes Umgang mit solch „modernen" Frauenzimmern, doch die Tochter scherte sich nicht darum.

Zurück in Westfalen, begann sie wieder zu schreiben und setzte sich über die „Judenbuche". Im Sommer 1829 warf sie der Tod des Bruders aufs Krankenbett. Wieder nahm sich die Amme aus der Kinderzeit, Catharina Plettendorf, ihrer an, die nun auch im Rüschhaus wohnte. (Später pflegte Annette ihre Ziehmutter bis zu deren Tod.) 1831 verlor die Droste mit Catharina Schücking eine enge Vertraute. Die hatte mit ihrem kleinen Sohn oft Schloss Hülshoff besucht. Für Levin Schücking, einen nun bereits 27-jährigen jungen Mann, hegte Annette bald halb mütterliche, halb frauliche Gefühle. Den Winter 1835/36 verbrachte sie bei ihrer inzwischen als Gräfin Lassberg verheirateten Schwester Jenny auf Schloss Eppishausen im schweizerischen Thurgau, langweilte sich fernab ihrer Dichterfreunde aber schier zu Tode. Zurückgekehrt drängten die sie, humoristische Texte und Theaterstücke zu schreiben. Erst wollte sie nicht: „Nichts kläglicher als Humor in engen Schuhen!" Der Humor stehe nur wenigen und am seltensten der weiblichen Feder zu, schon wegen der gesellschaftlichen Beschränkungen, der sie als Frau unterliege. Andererseits reizte es sie: „Heute eine Schnurre und morgen wieder ein geistliches Lied – das wäre was Schönes!" Allerdings ziehe man solche Stimmungen sich nicht an und aus wie Kleider. Immerhin legte sie 1840 mit der Komödie „Perdu! Oder Dichter, Verleger und Blaustrümpfe" ihr erstes und einziges vollendetes Theaterstück vor, in dem sie sich über ihren dichtenden Bekanntenkreis lustig machte. Nur ihren Freund Levin Schücking schonte sie. Ihn nahm sie ernst – und unterstützte ihn bei dessen eigener Arbeit an Romanen. Für den von ihm herausgegebenen Sammelband über „Das malerische und romantische Westfalen" lieferte sie ihm Balladen. Sie selbst begann, mit ihrer Erzählung „Bei uns zu Lande auf dem Lande" ihrer Heimat, den Eltern, besonders aber der Mutter ein schriftliches Denkmal zu setzen. Sie beschrieb Therese von Droste darin als eine „tüchtige Hausregentin" und „anerkennende Freundin des Mannes", an der sich „alle Frauen, die Hosen tragen, wohl spiegeln möchten". Sie verberge nämlich nicht ihre intellektuelle „Obergewalt", sondern ehre den Herrn von Herzen, indem sie „jede klarere Seite seines Verstandes mit dem Scharfsinn der Liebe aufzufassen" verstehe. Die Zügel halte sie deshalb so fest, „weil der Herr eben zu gut sei, um mit der schlimmen Welt auszukommen".

Im September reiste Annette von Droste-Hülshoff an den Bodensee. Ihr Schwager Graf Lassberg hatte dort das Schloss Meersburg gekauft. Levin Schücking begleitete sie. Er hatte die Aufgabe übernommen, die Lassberg'sche Bibliothek zu ordnen. Die nächsten sechs Monate waren Annettes produktivste Zeit. Binnen eines halben Jahres schrieb Annette sechzig Gedichte – darunter die berühmte Ballade „Der Knabe im Moor", die Schücking zu einem ganzen Band zusammenfasste. 1842 erschien im „Morgenblatt für gebildete Leser" ihre „Judenbuche". Mit beidem wurde Annette von Droste weit über den Münsteraner und rheinischen Literaturkreis hinaus bekannt. Im Sommer reiste sie zurück ins Rüschhaus und die Beziehung zu Schücking wurde merklich kühler. Schließlich stellte er ihr Louise von Gall als seine Verlobte vor, die er im Oktober 1843 heiraten wollte. Annette suchte Trost am Bodensee, es wurde eine Zeit der Krankheit und Trauer. Freude machte ihr nur, das Fürstenhäusle samt dazugehörigem umliegenden Weinberg hoch über der Meersburg ersteigert zu haben. Einer Freundin

Das Lebens- und Sittengemälde des Adels im Münsterland des 19. Jahrhunderts „Bei uns zu Lande auf dem Lande" erschien wie die meisten Werke der Droste erst nach ihrem Tod.

125

schrieb sie: „Sie werden sehen, ich mache ein kleines Paradies aus dem Nestchen … und alle sagen, ich hätte wohlfeil gekauft!" Erst aber kehrte sie im Herbst 1844 noch einmal ins Rüschhaus zurück. Dort lag ihre geliebte Amme darnieder und starb im Februar drauf. Im Herbst 1846 reiste die Droste, obwohl selbst schwer krank, ein letztes Mal an den Bodensee. Sie war aber zu schwach, um endlich ins geliebte Fürstenhäusle zu ziehen, und musste auf Schloss Meersburg bleiben. Dort schloss sie, erst 51 Jahre alt, am 24. Mai 1848 für immer die Augen.

Der Blick über Grenzen

Die ersten Gedichte Annette von Droste-Hülshoffs erschienen noch unter „von D". Später war es ihr egal, dass es für eine Frau ihres Standes als unschicklich galt, mit vollem Namen an die Öffentlichkeit zu gehen. Als Galionsfigur für die allerersten Anfänge einer Frauenbewegung taugte sie aber nicht: Zwar erkannte sie deutlich die Grenzen, in denen sie lebte, stellte sie aber nicht infrage. Sie sprach auch nie deutlich aus, dass hinter dem Düsteren, Mystischen, das aus ihren Balladen spricht und die Begrenztheit des Lebens ausdrückt, möglicherweise etwas Beängstigendes lauert. Sie war religiös, fühlte sich im Glauben aber durchaus nicht immer vertrauensvoll aufgehoben. Ihr Stil spiegelte die ganze Spannung wider, in der sie lebte: Ihre tiefen, weiblichen Gefühle kleidete sie in eine männliche Sprache. Ihre Zeitgenossen irritierte das, erst die Nachwelt konnte sich dafür begeistern. Im 20. Jahrhundert wurde sie wegen ihres einzigartigen Stils erhoben zur „berühmtesten deutschen Dichterin", ihr Porträt zierte Briefmarken und den 20-D-Mark-Schein, „Der Knabe im Moor" kennt jeder – und Krimiregisseure bedienten sich gern der düsteren Visionen.

Kaffee! Kafe?
Oder doch lieber Café?

Ob es späte Rache dafür war, dass er mit 15 Jahren von der Schule flog? Oder ging es ihm mit der deutschen Rechtschreibung, die gerade im preußischen Berlin durch die erste „Ortographie-Konferenz" reformiert worden war, ähnlich wie uns heute? Er kümmerte sich nicht darum, was falsch oder richtig war. Jedenfalls brachte er in der Urfassung eines seiner Werke ein und dasselbe Wort in sechs verschiedenen Schreibweisen unter: Mal stand da für das Heißgetränk „Kaffee" mit zwei „e", dann „Kaffe" mit einem „e", und das einmal mit, einmal ohne Akzent auf dem letzten Buchstaben. An anderer Stelle verzichtete er auf ein „f" in der Mitte, um einige Zeilen später die braune Brühe „Cafe" mit „C", und dies wieder einmal mit und einmal ohne Strich auf dem „e" unterzubringen. Davon, dass mit dem „h" hinter dem „t" in Worten wie „Theil" oder „Muth" altertümliche Zöpfe abgeschnitten wurden, war er dagegen so begeistert, dass er den Dehnungsbuchstaben sofort auch aus Begriffen strich, die auf diesen Wegfall noch warten sollten – wie „That" oder „Thräne". Streng ging er mit den Lehrern ins Gericht, denen Kinder ausgeliefert waren, die keine Lateinschule besuchen konnten: Diese beleidigten Pädagogen betrachteten Unterricht als „einen Dampf, der möglichst rasch durch das Gehirn der Jugend gejagt werden müsse, um wieder zu verfliegen". Sie fühlten sich als auf „Profanschulen Verbannte" und täten so, als müssten sie „Perlen vor die Säue werfen". Ihm, dem der Schulabschluss versagt blieb, wurde späte Genugtuung zuteil: Zum 50. Geburtstag bekam er die Ehrendoktorwürde. Da gehörten seine Werke schon zur Weltliteratur. Noch heute ist er einer der berühmtesten Söhne seiner Geburtsstadt an der Limmat.

Wer war das?

Gottfried Keller –
der grüne Heinrich

Geboren am 19.7.1819 in Zürich
Gestorben am 15.7.1890 ebenda

Einem Kind den Schulbesuch zu verwehren, das kam Gottfried Keller genauso grausam vor wie die Todesstrafe. Denn einen heranwachsenden Menschen von der Erziehung auszuschließen, heiße nichts anderes, als seine innere Entwicklung und damit „sein geistiges Leben köpfen". Der Mann hatte – mangels Frau – selbst keine Kinder. Aber er hatte am eigenen Leib erfahren, was es hieß, von der Schule ausgeschlossen zu werden. Als 15-Jähriger war er zusammen mit anderen Schülern durch Zürich bis zum Haus eines unbeliebten Lehrers marschiert, um diesen abzustrafen. Das war ein Juchhe! Unten auf den Straßen grölten die Jungen, oben flogen die Fenster auf, und die Leute streckten neugierig ihre Köpfe raus, um zu sehen, was da los war. Insgeheim hegte Gottfried ja Sympathie für den Lehrer. Manchmal tat der ihm sogar leid, wenn er hilflos vor seiner Klasse stand und sich nicht durchsetzen konnte. Das spornte die Bande natürlich erst recht an, ihn zu triezen. Aber einen solchen Spaß, wie das heute zu werden versprach, konnte Gottfried sich nicht entgehen lassen! Endlich kam die johlende Meute vor dem Haus des Pädagogen an. Die Buben stürzten die Stiege hoch und klingelten Sturm an der Wohnungstür des bedauernswerten Mannes. Er, der „grüne Heinrich", wie die anderen Gottfried wegen seiner meist grünen Joppen nannten, bewachte den Hauseingang. Er wollte jeden zurücktreiben, der – plötzlich erschrocken über die eigene Courage – versuchen sollte, sich davonzumachen. Dann aber wurde den Nachbarn der Tumult zu groß und sie riefen die Polizei. Eh sich's Gottfried versah, war die Horde an ihm vorbeigestürmt und hatte das Weite gesucht. Nur zwei Kollegen kriegten die Kurve nicht schnell genug. Alle drei wurden sie festgenommen und abgeführt. Auf der Wache wurde Gottfried als Letzter verhört – und musste entsetzt feststellen, dass er als Hauptschuldiger galt! Die anderen hatten, um die eigene Haut zu retten, behauptet, er sei der Anstifter und Rädelsführer bei dem Aufstand gewesen. Zwar mussten sie in den Kerker, er aber flog ganz von der Schule. Damit war sein Traum von Bildung ausgeträumt.

Bitter war das auch für Elisabeth Keller, seine Mutter. Dabei hatte sie es so schon schwer genug: Sie stand mit ihren beiden Kindern alleine da. Gottfrieds Vater, der Drechsler Hans-Rudolf Keller, war zehn Jahre zuvor an einer Lungentuberkulose gestorben. Danach hatte sein Meister die Keller'sche Werkstatt weitergeführt und die Witwe diesen Hans Heinrich Wild schließlich geheiratet. Bald aber gab es im Haus „Zum goldenen Winkel" am Züricher Rindermarkt nur noch Zank und Streit. Nach langwierigen Gerichtsverhandlungen wurde die Ehe geschieden. Das war kurz vor Gottfrieds Schuldesaster. Privatlehrer konnte Elisabeth Keller sich für ihn nicht leisten.

Was nun? Den Sommer verbrachte der Junge erst mal auf dem Land in Glattfelden. Das war das Heimatdorf seiner Eltern. Sie hatten sich erst nach der Heirat in Zürich niedergelassen, weil es in der Stadt mehr Arbeit für einen Drechsler gab. Dort kam Gottfried am 19. Juli 1819 auf die Welt. Von seinen fünf Geschwistern überlebte nur die zwei Jahre jüngere Regula. Mit sechs kam Gottfried auf die Armenschule im Brunnenturm, dann, 1831, aufs Landesknabeninstitut an der Stüsslihofstatt. 1833 durfte er auf die kantonale Industrieschule wechseln. Das war eine fortschrittliche Anstalt mit modernen Lehrern, denen besonders die Bildung der Kinder einfacher Leute am Herzen lag. Gottfried war ein eifriger Schüler, der gern und viel las. In Glattfelden suchte er nach dem Rausschmiss den Rat seines Vormunds und Onkels, des Arztes Heinrich Scheuchzer. In dessen Bibliothek fiel ihm ein Buch über Landschaftsmalerei in die Hände. Das interessierte ihn – und der Onkel meinte, vielleicht wäre ja Kunstmaler für ihn der richtige Beruf. Allerdings musste er seine Schwester Elisabeth noch von diesem brotlosen Handwerk überzeugen.

Im Herbst fing Gottfried in Zürich eine Lehre bei dem Landschaftsmaler und Lithografen, also Steindrucker, Peter Steger an. Was der machte, hatte mit Kunst aber wenig zu tun. Mehr lernte Keller im Winter 1837/38 bei dem Aquarell-Maler Rudolf Meyer. Der versorgte den jungen Mann auch mit Literatur und brachte Gottlieb auf die Idee, es selbst mit dem Schreiben zu versuchen. Der bald 20-Jährige reimte erstmals eigene Verse, skizzierte Dramen und übte das schriftliche Erzählen.

1840 reiste der werdende Landschaftsmaler nach München. Dort gab es eine Kunstakademie und außerdem traf sich in der Isar-Stadt alles, was sich zum Künstler berufen fühlte. Gottfried versuchte, mit dem Verkauf seiner Gemälde Geld zu verdienen. Ohne Erfolg. Er sparte sich jeden Groschen vom Mund ab, aß manchmal tagelang so gut wie gar nichts. Immer wieder musste die Mutter ihm Geld schicken und nahm dafür sogar Schulden auf. Ein großes Bild, das er „Heroische Landschaft" nannte, wollte er auf einer Zürcher Kunstausstellung versilbern – doch auch das ging schief: Mangels Geld hatte er es ohne Rahmen von einer Spedition in die Heimatstadt schaffen lassen. Die lieferte das Werk nicht nur vierzehn Tage zu spät ab, sondern hatte es beim Transport von oben bis unten beschmutzt. Am Ende hat Keller seine Münchner Kunstwerke an einen Trödler verscherbelt.

1842 kehrte er nach Zürich zurück. Die Lust am Malen hatte er verloren. Stattdessen spürte er jetzt in sich „einen großen Drang zum Dichten" – und dazu, sich mit Fragen der Politik und Gesellschaft auseinanderzusetzen. Schließlich herrschte eine turbulente Zeit: Überall in Europa forderten die Menschen Demokratie und Freiheit, während die Regierenden versuchten, die Bürgerrechte wieder einzuschränken. Die Industrialisierung mit ihrer Menschenschinderei in den Fabriken veränderte Leben und Arbeitswelt. Auch in Zürich wehte ein neuer Wind. Es herrschten liberalere Kräfte. Dagegen lehnten sich wiederum die alten, konservativen Mächte und Menschen auf: 1839 war das Landvolk bewaffnet in der Hauptstadt aufmarschiert, um gegen die Säkularisierung der Bildung zu protestieren – dagegen, dass Kirche und Pfaffen in den Schulen nicht mehr das Sagen hatten. Dieser Züriputsch der Bauern wurde blutig niedergeschlagen. Dennoch kamen danach erneut die Konservativen an die Macht. Wenige Jahre später wehte der politische Wind wieder aus einer anderen Richtung. Auch Gottfried Keller nahm an Aufmärschen teil. Und er war auf eine Sammlung politischer Lieder des sozialrevolutionären Dichters Georg Herwegh gestoßen. Der Deutsche war wie viele oppositionelle Denker und Akademiker aus seiner Heimat in die Schweiz geflohen. Keller fühlte sich zu diesen Dichtern des Vormärz hingezogen. (Vormärz wird die Zeit zwischen der französischen Julirevolution 1830 und der Märzrevolution von 1848 in Deutschland genannt, die zu Länderverfassungen und der ersten deutschen Nationalversammlung in Frankfurt führte.)

Keller legte seine romantischen und politischen Gedichte Julius Fröbel vor. Der war an der Industrieschule sein Erdkundelehrer gewesen und jetzt Verleger. Er druckte in Deutschland verbotene oder zensierte Literatur und vermittelte Keller an einen anderen Verlag. 1845 erschienen dessen erste Gedichte. Verschiedene Zeitungen druckten Aufsätze von ihm über Kunst und Literatur. Vom Schreiben konnte der 26-Jährige aber ebenso wenig leben wie von einem Volontariat in der Zürcher Staatskanzlei. Nach wie vor war er auf das Geld der Mutter angewiesen und wohnte bei ihr und seiner Schwester. Das war ihm doppelt unangenehm, auch, weil sein Verdienst „zu gering war, um ein Weib zu binden". „Strenge Studien" würden ihm vielleicht mehr Sicherheit geben. Die aber waren ihm ohne Schulabschluss verwehrt. Keller klagte: „Ein Herz allein gilt heute nichts mehr." Diese bittere Erkenntnis kam ihm nach zweimaligem Liebeskummer: Der ersten Angebeteten, Marie Melos, wagte er erst gar nicht, sich zu offenbaren. Der anderen, Luise Rieter, war er nicht groß genug – sein Scheitel saß gerade mal 1 Meter 50 über der Erde. Luise bedauerte gegenüber ihrer Mutter: „Er hat sehr kleine, kurze Beine, schade! Denn sein Kopf wäre nicht übel, besonders zeichnet sich die außerordentlich hohe Stirn aus."

Karl Marx griff Feuerbachs Philosophie von Gott als vom Menschen gemachte Idee auf und erklärte Religion zum „Opium des Volkes".

Hoffnung kam in anderer Hinsicht von unerwarteter Seite: Keller war zwei Politikern aufgefallen und die schlugen ihn der Regierung für ein Bildungsstipendium vor. Damit konnte Keller im Oktober 1848 zum Studium nach Heidelberg reisen. Dort erlebte er spannende Zeiten: Die Studenten im Badischen waren besonders eifrige Revolutionäre. Und er lernte Ludwig Feuerbach kennen. Die Ansichten dieses Philosophen über Menschen, Gott und Religion rüttelten ihn auf. Feuerbach hielt Gott für eine Erfindung des Menschen, die ihn nur daran hindere, sein Schicksal selbst in die Hand zu nehmen.

Auch diese Gedanken inspirierten Gottfried Keller zu seinem berühmten Roman „Der grüne Heinrich". In der am Ende 900 Seiten langen Geschichte über einen gescheiterten Kunstmaler sollte er in den nächsten Jahren sein eigenes Leben erzählen.

In der Neckarstadt schrieb Keller sich erneut mit gefühlvollen Gedichten eine unglückliche Liebe von der Seele. Diesmal hatte er sich ein Herz gefasst und der Verehrten, Johanna Knapp, seine Gefühle offenbart. Die aber gestand ihm, dass sie bereits die heimliche Geliebte des von ihm so verehrten Feuerbach war.

Auch wenn Keller sich in Heidelberg nicht, wie eigentlich vorgesehen, mit akademischen Fächern wie Geschichte oder Jura beschäftigt hatte, schoss die Regierung in Zürich noch mal Geld für ein weiteres Stipendium nach. Das führte ihn im April 1850 nach Berlin. Dort gefiel es ihm gar nicht. Er fühlte sich wie in einem „pennsylvanischen Zellengefängnis", verstand es aber, das Beste aus diesen letztlich fünf „hundsföttischen Jahren" zu machen: Wer kein „Esel" sei, finde sich hier völlig „ungestört und sich selbst überlassen". Er nutzte das zum Schreiben. Er liebäugelte mit einer Karriere als Theater-Dramatiker, hatte damit aber keinen Erfolg. Er arbeitete am „grünen Heinrich" und begann mit einer Novellensammlung über „Die Leute von Seldwyla". Dem Braunschweiger Verleger Eduard Vierweg hatte er bereits auf der Reise nach Berlin einen Vertrag über die Veröffentlichung seines Romans und von Gedichten aus den Rippen geschnitten. In der Stadt an der Spree fand er Zugang zu literarischen Salons wie dem von Fanny Lewald und Karl August Varnhagen. Aber die Welt dieser feinen Leute war nicht die seine: Er fand deren „Treiben und Gebaren so unangenehm und trivial, dass ich bald wieder wegblieb". Da nutzte selbst der Hinweis von Freunden nichts, wie wichtig solche Kontakte waren. Erst 1853, als die ersten drei Bände des „grünen Heinrich" erschienen, tauchte Keller wieder auf. Jetzt ließ er sich von einer Dame sogar in Öl porträtieren. Ein Mitglied der Berliner-Gesellschaft meinte allerdings, der urwüchsige, bärtige Schweizer mit den feurigen Augen unter der mächtigen Stirn mache unter den abgeschliffenen Menschen dieser Stadt eine eigentümliche

In der ersten Fassung von Kellers berühmtesten Roman büßt der „grüne Heinrich" für sein verfehltes Leben mit dem Tod, in der zweiten wird ihm die Arbeit zur Sühne, die sein Leben dann doch noch gelingen lässt.

Figur. Das galt auch für sein Benehmen: War jemand anderer Meinung als er, vertrat er seine Ansicht manchmal mit den Fäusten … Ihn ärgerten diese „Nordlands- und Preußenrecken", die sich einbildeten, außer ihnen habe noch kein Mensch etwas geglaubt, gesungen oder gefühlt. Apropos Gefühle: In Berlin zog es Gottfried Keller erneut zu einer bildschönen, groß gewachsenen Frau hin. Sie war die Schwägerin eines Verlegers, in dessen Haus er verkehrte. Und wieder wagte er es nicht, ihr seine Zuneigung zu gestehen. Dafür hat er Betty Tendering als Dorothea Schönfund später im letzten Band des „grünen Heinrich" verewigt, der 1855 erschien.

Die ersten drei Bände dieses Entwicklungsromans verkauften sich gut. Doch Keller wurde von seinem Verlag so dürftig bezahlt, dass es zum Leben zu wenig war und zum Sterben zu viel. Das Zürcher Stipendium war mittlerweile ausgelaufen. Der „grüne Heinrich" hatte aber auch in seiner Heimatstadt Aufsehen erregt. Als man dort erfuhr, wie schlecht es ihm ging, bot ihm die Universität eine Professur für Literatur an. Er lehnte ab, weil er meinte, dass ein Dichter nicht für die Lehre taugte. So türmten sich seine Schulden weiter auf. Und wieder musste die Mutter ihm helfen. Sie hatte 1852 sogar ihr Haus verkauft.

1855 hielt es Keller nicht länger in Berlin. In Zürich wurde er herzlich aufgenommen. Er lernte berühmte Leute kennen, wie den Komponisten Richard Wagner oder den Erbauer der Dresdner Oper, Gottfried Semper, zog sich dann aber immer mehr zurück und verfiel in Depressionen. Wochenlang schrieb er gar nichts, dann lieferte er plötzlich politische Artikel an Zeitungen. Literarisch aber fiel er in ein tiefes Loch. Jetzt musste sogar seine Schwester Regula als Verkäuferin für ihn mitverdienen. Die alte Furcht, die ihn erstmals nach der gescheiterten Schulkarriere befallen hatte, griff wieder nach ihm: ein „gemeines, untätiges und verdorbenes Subjekt" zu werden.

1861 wendete sich das Blatt: Gottfried Keller wurde überraschend zum Ersten Staatsschreiber des Kantons Zürich gewählt. Das war einer der wichtigsten Regierungsposten, und er so etwas wie ein Generalsekretär. Endlich, mit 42 Jahren, verdiente er ein gutes und vor allem regelmäßiges Salär und bezog mit Mutter und Schwester in der Kirchgasse eine Amtswohnung. Nun klappte es auch wieder mit dem Schreiben. Keller lebte in jeglicher Hinsicht auf: Er hielt bei offiziellen Anlässen launige und freche Reden und war gern gesehener Stammgast in der Zürcher Weinstube „Öpfelchammer" („Äpfelkammer"). Auch der letzte der vier Bände seiner „Leute von Seldwyla" erschien. Allerdings wurde Kellers Lebensfreude 1864 durch den Tod der Mutter getrübt. Zwei Jahre später traf ihn ein noch schwererer Schicksalsschlag. Er hatte sich im Mai verlobt. Die Braut, die Pianistin Luise Scheidegger, war aber schwermütig. Zwei Monate nach der Verlobung fielen ihr Schmähartikel in die Hände, in denen von übermäßiger Trinkfreude und ausgeprägter Rauflust ihres künftigen Ehemannes die Rede war – und sie ertränkte sich. Keller trauerte um sie in zärtlichsten Gedichten.

1869 feierte die Stadt Zürich den 50. Geburtstag ihres Staatsschreibers mit Prunk und Pomp. Von der Universität wurde Keller die Ehrendoktorwürde verliehen. Dennoch legte er 1876 sein Amt nieder. Er sagte, er habe „genug davon, Tag und Nacht Schwatzprotokolle zu schreiben, weil die Esel nicht mehr wissen, was sie gewollt haben". Inzwischen war er weit über die Schweiz hinaus bekannt und konnte von der Schriftstellerei leben. 1879 hatte er den „grünen Heinrich" vollständig umgearbeitet. Überhaupt war er produktiver denn je. 1886 erschien sein zweiter, wieder autobiografisch geprägter großer Roman, „Martin Salander". Keller pflegte außerdem einen ausgiebigen Briefwechsel mit Freunden, darunter der deutsche Dichter Theodor Storm. Ansonsten aber lebte er inzwischen sehr zurückgezogen, und von Mitte 1889 an auch allein: Im Juli war seine Schwester Regula gestorben. Er selbst überlebte sie nur noch um ein Jahr, von dem er die letzten sechs Monate das Bett hüten musste. Der 15. Juli 1890 wurde Gottfried Kellers Todestag.

Von wegen betulich ...

Gottfried Keller war wütend auf jeden, der Kinder am Lernen hindert oder Schüler nicht mit der gebührenden Achtung behandelt. Seine Forderung „Bildung für alle" ist noch immer hoch aktuell. Die Bilder, die der Schweizer vom einzelnen Menschen und von der Gesellschaft zeichnete, kommen auf den ersten Blick betulich daher, doch der Dichter setzte seine Sprache gezielt ein, um schneidend, ironisch und manchmal geradezu bösartig das Spießertum zu beschreiben. In seinen Darstellungen der „Leute von Seldwyla" könnte sich mancher moderne Kleinbürger wiedererkennen. Keller wollte mit seinen Erzählungen die Leser zum Nachdenken darüber anregen, dass das persönliche Lebensziel immer auch eine Entscheidung darüber ist, wie man es mit Staat und Gesellschaft hält. Der schrullig wirkende Schriftsteller warf in seinen Romanen die durch die Industrialisierung brisant gewordene Frage auf, ob und wie weit der Mensch es zulässt, dass allein Kapitalismus, Profit und Geld die Welt und unser Leben regieren – und war damit alles andere als schrullig, sondern sehr modern.

Von Schuld und Schurken

„Der Junge soll arbeiten!" Noch Jahre später gellte ihm der lautstarke Protest seiner Mutter in den Ohren, weil der Vater ihm die Rückkehr zur Schule erlaubte. Dabei hatte er monatelang sein täglich Brot selbst verdient, während Eltern und Geschwister im Marshalsea-Gefängnis saßen. Zwölf Stunden am Tag hatte er für einen Schundlohn in einer Schuhcreme-Fabrik Etiketten auf Blechdosen geklebt und in einem Londoner Elendsviertel in einer schäbigen Unterkunft gewohnt. Etliche seiner Kollegen in der Fabrik waren noch jünger als er mit seinen zwölf Jahren. Sie hatten noch nie eine Schule von innen gesehen und verhöhnten ihn als „Young Gentleman". Auf viele dieser Kinder warteten zu Hause hungernde Geschwister oder prügelnde Väter. Die knüpften ihnen den kärglichen Wochenlohn ab. Der Spott dieser Kameraden verstummte erst, als er anfing, ihnen während der Arbeit Geschichten zu erzählen.

Wie schämte er sich, wenn er die Eltern in der Haft besuchte! Die Demütigungen seiner Kindheit hinterließen Narben auf seiner Seele. Doch darüber sprach er nie. Er meinte später nur, aus ihm hätte „leicht ein kleiner Straßenräuber oder Vagabund werden können". Stattdessen wurde er ein Erfolgsautor. Mancherorts rissen die Leute den Händlern die Zeitungen aus den Händen, in denen seine bissigen, anrührenden, witzigen Erzählungen anfangs abgedruckt wurden. Am Ende füllten sie 15 Bücher. Darin berichtete er vom Elend der Arbeiter und Armen, von ihrem Witz und ihren Schurkereien. Die Plump- und Tumbheit der Mächtigen und Reichen karikierte er mit Worten so treffend, dass sogar die Beschriebenen Tränen lachten. Manchem blieb das Lachen allerdings im Halse stecken: Wer seine Geschichten las, kam um die Frage nicht herum, wer eigentlich die wahren Schurken waren.

Wer war das?

Charles Dickens
alias David Copperfield

Geboren am 7.2.1812 in Landport/Portsmouth
Gestorben am 9.6.1870 in Gadshill Place

„Lebt Little Nell noch? Was ist mit Nell? Ist sie tot???" Die Menschen schubsten sich fast von der Kaimauer im New Yorker Hafen. Gleich würde das Schiff aus England anlegen. Die Leute schrien ihre Fragen den Matrosen an der Reeling zu. Die wussten sicher schon, wie die herzzerreißende Geschichte um die arme kleine Nell aus dem Londoner Trödel- und Kuriositätenladen ihres Großvaters zu Ende ging. Der Frachter hatte den letzten, frisch gedruckten Teil von Charles Dickens' Erzählungen „The Old Curiosity Shop" an Bord – und die amerikanischen Leser würden endlich erfahren, was aus Nell und ihrem Opa geworden war, denen ein betrügerischer Zwerg übel mitgespielt hatte. Sie waren so verrückt danach, dass es zu Tumulten am Landungssteg kam. Wäre der berühmte britische Autor an diesem Tag im Jahr 1841 an Bord oder gar im Hafen von New York gewesen, er hätte sich vermutlich verschämt die Tränen aus den Augen gewischt und sich verdrückt, damit keiner sah, wie er vor Rührung weinte. So wie damals, im Dezember 1833, als er in London die Ausgabe des „Monthly Magazine" in Händen hielt, in der erstmals eine seiner Kurzgeschichten abgedruckt war: „Ich lief zur Westminster Hall und versteckte mich eine halbe Stunde im Inneren des Gerichtsgebäudes, weil mir die Straße vor den Augen verschwamm. Außerdem sollte keiner sehen, dass ich vor Freude und Stolz weinte", beschrieb er, wie es ihm als 21-Jährigem ergangen war.

1841 war Charles Dickens längst weltberühmt und Erfolg gewohnt. Dennoch rührte ihn immer wieder von Neuem, wie begeistert die Leute von seinen Büchern waren. Und wie sie an seinen Lippen hingen, wenn er ihnen daraus vorlas. Denn viele seiner Fans konnten selbst nicht lesen oder waren so arm, dass sie sich weder Zeitungen noch Bücher kaufen konnten. Zu denen reiste er in den letzten zwei Jahrzehnten seines Lebens: kreuz und quer durch England, Schottland, sogar in die USA, um seine Figuren zu ihnen zu bringen. In den Romanen spiegelten sich diese Menschen und ihr Leben wider ... und in einigen er und das seine, vor allem in der Erzählung vom kindlichen Helden David Copperfield.

Charles Dickens' Leben hatte am 7. Februar 1812 in Landport bei Portsmouth an Südenglands Küste begonnen. Dort wurde Charles als zweites der schließlich sechs Kinder von John und Elizabeth Dickens geboren. Die Eltern waren überglücklich, als die kleine Fanny einen Bruder bekam. Ihn erwartete ein heimeliges Backsteinhaus mit einem kleinen Gärtchen dahinter und davor. Als Charles John Huffam Dickens drei Jahre alt war, wurde sein Vater, ein Angestellter im Büro einer Werft, nach Chatham in der Nähe von London versetzt und die Familie zog dorthin. In Chatham ging Charles dann auch zur Schule und verbrachte neun unbeschwerte Kinderjahre. Damit war auf einen Schlag Schluss, als der Vater sich durch leichtsinnigen Umgang mit Geld hoffnungslos verschuldet hatte. Deshalb wurden er, seine Frau und die Kinder im Februar 1824 in eine Zelle des berüchtigten Marshalsea Prison eingesperrt. Nur Charles blieb draußen und quartierte sich in einer schäbigen Unterkunft im Elendsviertel in der Nähe des Gefängnisses ein. So konnte er die Eltern wenigstens täglich besuchen. In Warren's Blacking Factory, einer Schuhcreme-Fabrik am Hungerford Market, verdiente er sich sein Brot. Er bekam lächerliche sechs Shilling pro Woche, einen für jeden zwölfstündigen Arbeitstag. Vier Monate lang ging das so. Dann starb überraschend seine Großmutter und der Vater konnte vom Erbe die Schulden bezahlen – die Familie war wieder frei.

Wie weinte Charles, als er nächtens hörte, wie seine Mutter zu verhindern versuchte, dass er wieder zur Schule gehen durfte. Der Vater setzte sich durch und so kam der Junge auf die Wellington House Academy. Charles war überglücklich, lernte er doch gern. Spaß machte ihm vor allem das Lesen: Kaum, dass er es konnte, war er mit Don Quichotte in Spanien unterwegs gewesen, hatte sich in den Welten von Tausendundeiner Nacht verloren und mit Robinson Crusoe auf dessen einsamer Insel gelebt. Später ging er mit Begeisterung ins Theater und spielte später selbst als Laie auf der Bühne. 1827 schloss Charles die Schule ab und wurde Schreiber in einer Anwaltskanzlei. Nebenbei brachte er sich das Stenografieren, die Kurzschrift, bei. Er protokollierte Gerichtsprozesse, dann auch Parlamentssitzungen. Bald stieg er dort zum schnellsten Schnellschreiber auf und lieferte authentische Berichte an Zeitungen. Von dem Geld dafür kaufte er sich einen dunkelblauen Umhang mit samtenem Futter und stolzierte in diesem Aufzug zu den Sitzungen. Die Kollegen neckten ihn: „Hey, Charles! Du siehst aus wie ein Dandy!" Nun konnte er sich auch einen Ausweis für die Bibliothek des Britischen Museums leisten und schleppte stapelweise Bücher mit nach Haus. Er las die Werke von Shakespeare und anderen berühmten Dichtern und vertiefte sich in die englische Geschichte. Bald war der 18-Jährige auch gefragt als Reporter beim „Monthly Magazine" oder „The Evening Chronicle". Seine Beobachtungen bei Gericht ließen ihn tiefen Einblick gewinnen, wie es mit der Gerechtigkeit in seiner Heimat stand, wie es denen erging, die die Not zu Schurken gemacht hatte, und welchen Anteil häufig die Ankläger daran hatten, die sich selbst unschuldig fühlten. Dabei hatten sie die ohnehin kleinen Leute oft erst nach ganz unten gebracht – und meistens standen die Richter auf ihrer Seite. Dann nahm er kein Blatt vor den Mund und beschrieb die Willkür der Justiz.

All seine Erfahrungen, die Schinderei in der Fabrik, das Leben im armseligen und gefährlichen Londoner Hafenviertel, die Haft seiner Eltern, die Gespräche in der Anwaltskanzlei, die Gerichtsverfahren und Parlamentsdebatten flossen später in seine Erzählungen und Romane ein. Auch das Objekt seiner ersten unglücklichen Liebe kam darin vor: Maria Beadnell. Sie war die jüngste Tochter eines angesehenen Rechtsanwalts und erwiderte seine Gefühle. Doch ihre Eltern hielten Charles nicht für eine angemessene Partie. Maria musste London verlassen und auf Wunsch des Vaters zum Studium nach Paris.

Im Dezember 1833 erschien im „Monthly Magazine" Dickens' erste Kurzgeschichte. Mit zitternden Händen blätterte er die Zeitung auf – und konnte vor lauter Tränen die eigenen Worte nicht lesen. 1834 trat er in die Redaktionsmannschaft des „Morning Chronicle" ein. Für das Tagblatt lieferte er aufsehenerregende Reportagen nicht nur aus der britischen Hauptstadt, sondern auch aus Edinburgh und Westengland. Das Leserecho auf die erste Kurzgeschichte aber war so überwältigend, dass der Verleger ihn bat, jeden Monat eine zu liefern, in der er das Leben und die Leute in London mit spitzer Feder beschrieb. Die Geschichten erschienen unter dem Titel „sketches by Boz" – „Skizzen von Boz". „Boz" war eine Kurzform von „Moses" und der Spitzname, mit dem Charles' jüngster Bruder August ihn neckte. Ursprünglich sollte Dickens eigentlich die Karikaturen des berühmten Zeichners Robert Seymour betexten. Doch der selbstbewusste junge Mann drehte das Ding einfach um – und Seymour musste nun dessen wörtliche Skizzen illustrieren. Eines Tages teilte Charles dem Zeichner mit, er habe sich erlaubt, einen von Seymours Entwürfen zu verändern, denn das Original habe nicht zu seiner Story gepasst. Seymour war zutiefst in seinem Stolz verletzt – und jagte sich im Hinterhof seines Hauses mit einer Pistole eine Kugel durch den Kopf. Die Zeitung engagierte einen neuen Zeichner ...

Die „sketches" machten Charles Dickens berühmt – und wurden 1836 in zwei Buchbänden zusammengefasst. Noch im selben Jahr wurden die „Pickwick Papers" zwischen zwei feste Deckel gebunden. Auch sie waren als Fortsetzungsgeschichten in der Zeitung erschienen und hatten die Leser süchtig gemacht.

Dickens nahm sie dabei mit auf die kuriosen Reisen der etwas sonderbaren, schrulligen Mitglieder des fiktiven Männer-Clubs der „Pickwickier" nach Ipswich, Rochester, Bath und anderswo. Als Bücher wurden „Die Pickwickier" ein Riesenerfolg weit über England hinaus – und brachten Dickens mit 24 Jahren Weltruhm. Mittlerweile war er auch Ehemann geworden: Er hatte Catherine Hogarth geheiratet. Ihr Vater war der Herausgeber der Zeitung „The Evening Chronicle" – und er ja nun eine überaus gute Partie. 1837 erschien die Geschichte von „Oliver Twist", einem armen vermeintlichen Waisenkind, das, wie sich später herausstellt, Sohn einer reichen Familie ist und unverhofft seine Schwester wiederfindet. Am Ende wurden drei Bände daraus. Dickens schrieb wie im Fieber und arbeitete in den nächsten Jahren oft gleichzeitig an mehreren Werken. Er war jetzt richtig reich, konnte seinen Eltern ein Haus außerhalb Londons kaufen und sich selbst schließlich ein Landgut in Kent.

1842 war er erstmals in den USA, in die er später noch öfter reiste. Nicht nur, um sich als Autor feiern zu lassen: Er engagierte sich auch gegen die Sklaverei und hielt seine Beobachtungen dort in Erzählungen fest. In diesen Jahren verhalf er auch „Little Nell" aus dem „Curiosity Shop" ins literarische Leben. Dickens reiste mit Frau und Kindern nach Italien, Frankreich und die

Schweiz. 1846 hatte er in London die „Daily News", eine fortschrittliche Zeitung, gegründet, die über die sozialen Missstände im England der Industrialisierung mit ihrer Ausbeutung berichtete. Dickens unterstützte die kleinen Leute auch finanziell: Er beteiligte sich unter anderem an einem Projekt, das Prostituierten dabei half, weg von der Straße zurück in ein ordentliches Leben zu finden. Seine eigene Kindheits- und Lebensgeschichte schneiderte er seiner bis heute berühmtesten Figur auf den Leib – David Copperfield. Und an den Weihnachtsfesten war er mit seinen Geschichten aus dem „Christmas Carol" zu Gast in den Familien. Jedes Kind in England kannte und kennt noch heute diese Erzählungen. Charles Dickens hatte sich inzwischen einen ganz besonderen Traum erfüllt. Er hatte ein Amateur-Theater auf die Beine gestellt. 1857 stand er selbst als Darsteller bei einer Aufführung vor Queen Victoria auf der Bühne – und mit ihm eine Frau, die sein Leben noch mal gewaltig verändern sollte: Der 45-Jährige hatte sich in die Schauspielerin Ellen Ternan verliebt. 1858 trennte er sich wegen der 23 Jahre Jüngeren von Catherine, die ihm zehn Kinder geboren und 22 Jahre seines turbulenten Lebens begleitet hatte. Leicht gefallen scheint Dickens dies nicht zu sein – sein schlechtes Gewissen schrieb er sich entgegen dem dringenden Rat seiner Verleger in einem langen offenen Brief an seine Leser von der Seele, die sonst vermutlich gar nichts davon erfahren hätten.

Die deutsche Ausgabe des „Oliver Twist" von 1913 mit einer Illustration der englischen Originalausgabe in drei Bänden (1838)

Nun las Dickens öffentlich aus seinen Büchern. Erst trat er in London auf, dann reiste er monatelang durch die Provinz. Er lebte mal in London, mal in Paris. 1865 zitterten seine Leser nachträglich um sein Leben: Bei einer Rückreise aus der französischen Hauptstadt saß Dickens in einem Zug, der schwer verunglückte. Er kam mit dem Schrecken davon. Gesundheitlich ging es ihm aber schon lange nicht mehr gut: Gegen den Rat seiner Ärzte tourte er 1868 auf Lesereisen durch die USA, danach durch England, Schottland und Irland, bis ihn ein Schlaganfall zum Innehalten zwang. Im März 1870 warf ihn ein zweiter nieder. Zurück auf seinem Landgut in Kent, begann Dickens mit der Arbeit an seinem letzten Buch. Er konnte es nicht beenden. Am 9. Juni brach der Autor während des Essens in seinem Speisezimmer auf Gad's Hill zusammen. Am Abend dieses Tages war er tot.

Dauergast im Kinderzimmer

Charles Dickens war und ist noch immer der berühmteste Erzähler Englands. Er ist der Erfinder des sozialen Romans. Sein Erfolg beruhte darauf, dass er seine Charaktere, ob gute oder böse, immer mit Humor beschrieb. Nie zuvor hatte ein Autor so treffend und meist mit liebevollem Spott Menschen aus allen sozialen Schichten gezeichnet. Die Herzen der kleinen Leute eroberte er sich damit, dass er sie zu Hauptfiguren machte. Die sogenannten „besseren" Leute fing er mit seinen grotesken Übertreibungen ein. Noch heute wachsen alle englischen Kinder mit Dickens' Weihnachtsgeschichten, mit Oliver Twist und David Copperfield auf. Seine Figuren sind weltbekannt, nicht zuletzt durch zahlreiche Verfilmungen.

Die letzten Minuten …

Zwanzig Minuten schon standen die 15 Männer bei minus 22 Grad auf dem Semjonow-Platz von Sankt Petersburg. Man hatte ihnen das Kreuz gereicht, damit sie es ein letztes Mal küssen konnten. Dann mussten sie ihre Kleider ablegen und ein weißes Hemd anziehen. Die ersten drei wurden nach vorne gerufen und an die Pfähle gestellt. Er gehörte zum nächsten Trio. Er wusste, er hatte jetzt nur noch wenige Minuten zu leben, und umarmte die beiden Kameraden neben sich. Gleich würden Schüsse die eisige Luft zerschneiden. Doch – was war das? Plötzlich trat einer der Uniformierten vor. Statt das Gewehr anzulegen, erhob er die Stimme und teilte den Todeskandidaten mit, seine Majestät, Zar Nikolaus I., habe sie soeben begnadigt. Die Delinquenten dürften weiterleben. Die Männer wurden in den Kerker der Peter-Pauls-Festung zurückgebracht.

Was der Dichter, der diese Szene in einem Brief an seinen Bruder beschrieb, nicht erwähnte: Einer der fünfzehn war in seiner Todesangst durchgedreht und hatte den Verstand verloren. Die Erinnerung an das Schicksal dieses armen Teufels floss später in einen seiner berühmten Romane ein, in dem er einen Idioten beschrieb. Statt ins Grab waren in jenem Dezember 1849 er und die anderen in fünf Kilo schwere Eisenketten gelegt worden. Die wurden ihnen fest an die Beine geschmiedet. Er musste die seinen die nächsten vier Jahre lang auf Schritt und Tritt mit sich schleppen. So lange büßte er in einem sibirischen Lager bei Zwangsarbeit seine Strafe ab. Er lebte dort zwischen Mördern und anderen Schwerstverbrechern. Eine mutige Frau hatte ihm auf dem Weg in die Verbannung eine christliche Bibel zugesteckt. Dieses Wort Gottes trug er bis in den Tod bei sich. In seinen letzten Stunden bat er seine Frau, ihm daraus vorzulesen.

Wer war das?

Fjodor M. Dostojewski

und die russische Seele

Geboren am 11.11.1821 in Moskau
Gestorben am 9.2.1881 in Sankt Petersburg

Die Scheinhinrichtung in Sankt Petersburg war für Fjodor Michailowitsch Dostojewski nicht die erste Begegnung mit dem Tod. Die davor hatte ein Grauen ganz anderer Art in ihm ausgelöst: Als er 18 Jahre alt war, hatten die Leibeigenen seines Vaters auf dem Landgut bei Darowoje ihren Besitzer erschlagen und so dem jähzornigen Tyrannen die erlittenen Misshandlungen heimgezahlt.

Der Mord an seinem Vater erfüllte Fjodor mit tiefen Schuldgefühlen. Nicht, weil er ihn nicht verhindert hatte. Ganz im Gegenteil: Wie oft hatte er ihm den Tod gewünscht! Jetzt fühlte er sich als Mörder. Das jedenfalls meinte später der Seelenarzt Sigmund Freud, der sich ausgiebig mit dem großen russischen Schriftsteller auseinandergesetzt hat. Und der alte Dostojewski hatte auch über seine eigene Familie geherrscht wie ein Despot. Er war ein Geizkragen und Griesgram, der seiner Frau und den acht Kindern kaum eine Freude gönnte. Erstere, Marja Netschajewa, hielt er von jedem gesellschaftlichen Leben fern und die Söhne so knapp, dass sie dem Gespött ihrer Schulkameraden ausgesetzt waren. Der Moskauer Mediziner Dostojewski entstammte dem Landadel, hatte es in seinem Beruf aber nur bis zum Armenarzt gebracht. Als er sich auf sein Landgut bei Darowoje zurückzog, wurde er zum Trinker. Seine rund hundert Leibeigenen schikanierte er bis aufs Blut. Der alte Dostojewski erlebte nicht mehr mit, dass sich Fjodor einer oppositionellen

Gruppe anschloss, die für die Abschaffung der Leibeigenschaft in Russland kämpfte.

Fjodor Michailowitsch Dostojewski erblickte 28 Jahre vor der Scheinerschießung am 11.11.1821 im Moskauer Marijnski-Armenhospital das Licht der Welt, dort, wo sein Vater arbeitete. Er war dessen zweiter Sohn. Die acht Kinder wurden russisch-orthodox getauft und streng erzogen. Zum Christ wurde Fjodor aber erst als Sträfling im sibirischen Arbeitslager. Als Kinder hatten Fjodor und sein älterer Bruder Michail in Moskau zwei Internate besucht und Deutsch und Französisch gelernt. 1837 verloren sie die Mutter: Sie starb an Tuberkulose. Danach gab der Alte seine Anstellung im Krankenhaus auf und zog aufs Land. Fjodor wurde nach Sankt Petersburg in die Pionierschule gesteckt, sein Lieblingsbruder Michail musste nach Reval. Fjodor sollte auf eine Laufbahn als Ingenieur vorbereitet werden. Doch der 17-Jährige interessierte sich mehr für Literatur. Vor allem der rebellische deutsche Dichter Friedrich Schiller begeisterte ihn.

Dostojewskis Bruder Michail teilte dessen Liebe zu den Weimarer Klassikern: Er übersetzte Schillers „Don Carlos" und Goethes „Reineke Fuchs" ins Russische.

Nach Abschluss der Schule wurde Fjodor technischer Zeichner im russischen Kriegsministerium. Die Arbeit langweilte ihn und er kündigte noch vor Ablauf eines Jahres. Er hatte beschlossen, Schriftsteller zu werden, auch wenn damit schwer das tägliche Brot zu verdienen war.

Doch er hatte Glück: Schon sein Erstling wurde ein großer Erfolg und Dostojewski für den 1846 erschienenen Briefroman „Arme Leute" gefeiert. Stolz teilte er dem Bruder mit: „Jeder betrachtet mich wie ein Weltwunder!" Der junge Autor wurde von Fürsten hofiert, verkehrte in literarischen Kreisen und „alle Minnas, Claras, Mariannen und so weiter sind erstaunlich nett geworden, aber kosten einen Haufen Geld …" Allerdings musste er Michail auch beichten, dass ihn einige Leute bereits wegen seines unordentlichen Lebenswandels tadelten. Noch im selben Jahr legte Dostojewski seine zweite Erzählung vor. Zu seinem

„Doppelgänger" hatten ihn die grotesk-zwiespältigen Figuren E.T.A. Hoffmanns inspiriert. Auch wenn der „Doppelgänger" und die nächsten Werke hinter dem Erfolg der „Armen Leute" zurückblieben, verdiente Dostojewski gutes Geld. Das gab er aber mit so vollen Händen aus, dass er Anfang 1849 seinen Verleger anbetteln musste. Die 1 000 Rubel aus der Erbschaft des Vaters hatte er schon am Tag der Auszahlung verprasst und beim Billardspielen verloren.

Als Schriftsteller beschrieb Dostojewski vor allem die kleinen Leute und griff soziale Themen auf. Er hatte sich einem Kreis junger Intellektueller angeschlossen, die – ganz im Zeichen der Revolutionen von 1848 – gegen die Unterdrückung des Volkes rebellierten. Die Hitzköpfe ahnten nicht, dass Zar Nikolaus I. einen Spitzel in ihre Gruppe eingeschleust hatte. Als Dostojewski und zwei Kollegen den Druck verbotener Schriften planten, wurden sie gemeinsam mit 25 anderen Revolutionären im April 1849 festgenommen und in der berüchtigten Peter-Pauls-Festung eingesperrt. Am Ende des Jahres verurteilte ein Kriegsgericht 15 der Inhaftierten zum Tod.

In Omsk setzten Dostojewski schwere epileptische Anfälle zu, die ihn sein Leben lang begleiteten.

Der Gnadenerlass des Zaren schenkte Dostojewski das Leben – aber was für eines! In einem sibirischen Straflager in Omsk musste er vier Jahre lang mit rund 200 anderen Häftlingen „wie Heringe in einem Fass verpackt" in einer schäbigen Holzhütte hausen. „Auf dem Boden liegt der Schmutz zolldick", schrieb er an Michail. „Im Vorraum ist ein hölzerner Trog für die Notdurft aufgestellt. Alle Gefangenen stinken wie Schweine." Als politischer Häftling und Mann von Stand war er verhasst bei den Schwerstkriminellen: „Sie würden uns auffressen, wenn sie könnten." Dabei musste er Seite an Seite mit ihnen arbeiten, schlafen und leben. Und doch begann er, diese „verdorbenen Kreaturen" zu lieben: Es rührte ihn an, wenn die zerlumpten Gestalten, die wie er Tag und Nacht an schwere Ketten gefesselt waren, für Weihnachten Theaterstücke einstudierten, um etwas Glanz in das Elend zu bringen.

Vom Bruder ließ Fjodor sich Bücher ins Lager schicken und las die Schriften der deutschen Philosophen Kant und Hegel. Später meinte er, seine Seele, sein Herz, sein Geist und sein Glaube hätten in diesen vier Jahren tiefe Veränderungen erfahren. Er glaubte danach zwar nicht mehr, dass der Mensch an sich gut sei, wohl aber, dass tief in ihm moralische Werte steckten, die geweckt werden müssten. So wurde er in der schwersten Zeit seines Lebens zum Christ und sagte, selbst wenn es eine Wahrheit außerhalb von Christus gebe, würde er weiter an ihn glauben.

Seine Erlebnisse im Straflager in Omsk beschrieb Dostojewski später in dem Roman „Aufzeichnungen aus einem Totenhaus".

1854 wurde Fjodor aus dem Elend erlöst. Er kam als Soldat in ein Bataillon im kasachischen Semipalatinsk. Die Militärbaracken waren zwar komfortabler als die Unterkunft im Arbeitslager, doch Dostojewski litt darunter, nie allein zu sein. Das änderte sich erst, als ein Staatsanwalt, der seine Bücher schätzte, ihn in eine eigene Holzhütte umziehen ließ. In der neuen Freiheit entdeckte der nun 33-Jährige die Liebe, allerdings zu einer Frau von zweifelhaftem Ruf. Die 30-jährige Marja Dmitrijewna Isajeva war verheiratet und Mutter eines siebenjährigen Sohnes Pascha. Das hielt sie nicht davon ab, sich ungeniert mit ihren Liebhabern zu zeigen. Als ihr Mann 1855 an seiner Trunksucht starb, zog Marja einen jungen Lehrer Dostojewski vor. Als der ein Jahr später zum Offizier befördert wurde, änderte sie ihre Meinung: Diesmal gab sie seinem Heiratsantrag nach, den Liebhaber aber nicht auf. Selbst in der Nacht vor der Hochzeit im Februar 1857 soll sie ihn ins Bett geholt haben.

Von seinem schmalen Sold konnte Dostojewski nur schwer Frau und Stiefsohn ernähren, weshalb ihm sein Bruder Michail half. Der lebte mittlerweile mit seiner deutschen Frau und vier Kindern wieder in Sankt Petersburg und war stolzer Besitzer

Unter Zar Alexander II. wurde in Russland 1861 die Leibeigenschaft verboten.

einer Zigarettenfabrik. 1859 durfte Fjodor endlich nach einem Zwischenaufenthalt in Kalinin zurück nach Sankt Petersburg. Seit dem Tod Nikolaus I. 1855 und dem Amtsantritt von Alexander II. als neuem Zaren wehte dort ein freierer Wind.

Deshalb fassten die Dostojewski-Brüder den Plan, eine politisch-literarische Zeitschrift zu gründen, deren erste Ausgabe 1861 erschien. Michail Dostojewski hatte für die „Vremja" – zu Deutsch: die Zeit – sogar seine Fabrik verkauft. In dem Blatt erschienen in Fortsetzungen Fjodors „Aufzeichnungen aus einem Totenhaus" und der Roman „Erniedrigte und Beleidigte".

Mitte 1862 machte sich der Schriftsteller auf zur ersten Auslandsreise. Für zehn Wochen entfloh er damit auch seiner unglücklichen Ehe. Er kam nach Berlin, Dresden, Paris, Genf, Florenz und Mailand, lernte Venedig und Wien kennen und traf sich in London mit dem aus Russland geflohenen Journalisten Alexander Herzen. Der beschrieb den Dichter-Kollegen als „naiv, aber sehr sympathisch" und meinte, Dostojewski glaube voller Begeisterung an das russische Volk. Seine Eindrücke aus dem westlichen Europa veröffentlichte Dostojewski nach der Rückkehr in der „Vremja" und kritisierte die vermeintlichen Freiheiten als „bürgerliche Schminke".

Schon ein Jahr später brach Fjodor zu einer zweiten Reise in den Westen auf. Kurz zuvor war die endlich gewinnbringende Zeitschrift der Dostojewski-Brüder wegen eines Polen-freundlichen Artikels verboten worden. Sofort beantragte Michail Dostojewski die Erlaubnis für eine neue Zeitung, während Fjodor sich auf den Weg nach Paris machte. Der Grund dafür war eine Frau: Apollinarja Suslova, kurz Polina genannt, hatte für die „Vremja" geschrieben, hielt sich nun aber in der französischen Hauptstadt auf. Polina und Fjodor verband eine Art Hassliebe. Die temperamentvolle Frau und der melancholische Grübler waren wie Feuer und Wasser, kamen aber nicht voneinander los. In Wiesbaden machte Dostojewski Zwischenstation – und entdeckte dort eine Leidenschaft, die ihn bald beherrschen und schließlich ruinieren sollte: das Roulette. Erst gewann er im Casino 10 000 Franc, im Morgengrauen war das Geld wieder weg. Als er abends endlich neue 3 000 Franc in der Tasche hatte, reiste er mit dem Gewinn schnell weiter an die Seine. In den nächsten Monaten vagabundierte er mit Polina von Spielbank zu Spielbank nach Baden-Baden, Genf, Rom, Neapel und Turin – und kehrte im Winter 1863/64 mit leeren Taschen und schlechtem Gewissen nach Russland zurück. Seine Frau Marja war schwer krank – und im April 1864 tot. Sein Bruder hatte inzwischen die neue Zeitschrift „Epocha" auf die Beine gestellt. Doch dann geschah ein neues Unglück: Im Juni starb Michail völlig überraschend. Fjodor hatte nun neben seinem nichtsnutzigen Stiefsohn Pascha auch noch die Witwe und die vier Kinder Michails zu versorgen. Im Februar 1865 musste er die „Epocha" einstellen und hatte 15 000 Rubel Schulden.

Trotz seiner verheerenden finanziellen Lage machte Dostojewski vergeblich erst Polina, dann anderen jungen Frauen den Hof. Im Sommer reiste er erneut nach Paris. Um das Geld dafür zusammenzubekommen, hatte er sich einem halsabschneiderischen Verleger ausgeliefert: Er verkaufte ihm die Rechte für seine bisher erschienenen Bücher und den nächsten Roman und verpflichtete sich, bis zum November des folgenden Jahres ein neues Werk fertigzustellen. Sollte er diese Abmachung nicht erfüllen, würde er die Rechte an all seinen Büchern verlieren und keinen einzigen Rubel mehr daran verdienen. Wieder bestimmten die Standorte der Casinos Dostojewskis Reisetour. Bald pumpte er jeden an, der sich zu einem Kredit überreden ließ, selbst den Priester einer russisch-orthodoxen Kirche. 1866 kehrte Dostojewski nach Sankt Petersburg zurück – und vollendete den Roman „Schuld und Sühne". Den Sommer verbrachte er auf dem Land. Im Oktober hatte er noch keine Zeile des im November abzuliefernden neuen Werkes geschrieben. Ein Freund machte Fjodor mit einer jungen Stenografin bekannt, der der Schriftsteller in nur einem Monat seinen Roman „Der Spieler" diktierte. In ihm beschrieb er seine Sucht – und die Liebe zu Polina. Die 20-jährige Anna Grigorjewna hatte den 45-jährigen Romancier nicht nur vor dem Ruin gerettet – sondern sich auch in ihn verliebt, und er sich in sie. Im Dezember schrieb er ihr: „Du bist meine Hoffnung, mein Glück und mein Segen!" Am 15. Februar 1867 heirateten sie.

Inzwischen aber hatten einige Gläubiger Klage gegen ihn eingereicht, sodass Dostojewski Schuldhaft drohte. Anna und er flohen aus Russland. Es folgte ein vierjähriges, elendiges Spielerleben: Das Paar weilte mal in Dresden, mal in Berlin, wohnte in Bad Homburg oder Baden-Baden, stieg ab in Genf und Florenz. Dostojewski spielte – und verlor. Anna versetzte Schmuck und Kleider und wenn mal Geld vom Verleger kam, versuchte sie, es so lange wie möglich zu strecken. Immer wieder aber teilte sie ihm kleine Summen zu, mit denen er seine Spielsucht stillen konnte. Manchmal mussten sie hungern. Im März 1868 wurde in Genf ihre Tochter Sonja geboren. Sie starb nach zwei Monaten.

In den armseligen Auslandsjahren entstand ein weiterer großer Roman, „Der Idiot". Im September 1869 wurde – mittlerweile in Dresden – die zweite Tochter, Ljubov, geboren. Und Dostojewski plagte das Heimweh: „Ich brauche Russland für meine Arbeit, für mein Leben", schrieb er einem Freund. Europa sei für ihn schlimmer als die sibirische Verbannung. Anfang 1871 machte sich das Ehepaar auf den Weg nach Sankt Petersburg. Von Dresden aus reiste Dostojewski noch einmal nach Wiesbaden, um sich an den Roulettetisch zu setzen. Anna versprach er: „Dies war tatsächlich das letzte Mal. Das Spielen war eine Kette für mich, aber jetzt werde ich an meine Arbeit denken und nicht mehr wie bisher endlose Nächte vom Spielen träumen." Diesmal hielt er sein Wort.

Kurz nach der Ankunft in Sankt Petersburg im Juli 1871 wurde Dostojewskis Sohn Fejda geboren. Zwar warteten noch immer erdrückende Schulden, aber nun nahm Anna die Dinge in die Hand. Kein Verlag wollte die Romane „Der Idiot" und inzwischen auch „Die Dämonen" drucken. Also sorgte Anna dafür, dass sie erst in Zeitschriften erschienen, dann gab sie selbst die Bücher heraus. Ihr Mann schrieb für die Zeitung „Grashdanin" („Der Bürger") unter dem Titel „Tagebuch eines Schriftstellers" Kolumnen und Kommentare und verdiente damit 250 Rubel im Monat. Allerdings überwarf er sich nach 15 Monaten mit dem reaktionären Herausgeber. 1875 bekamen die Dostojewskis einen zweiten Sohn, der aber mit drei Jahren starb.

Fjodor hatte mittlerweile in Staraja Russa, einem Ort am Ilmensee, ein kleines Häuschen gekauft und er pendelte nun zwischen Petersburg und dem ländlichen Domizil. Nachts saß er meistens und schrieb. Die elenden Jahre des sibirischen Exils, der Flucht vor den Gläubigern und der zehrenden Spielsucht waren nicht spurlos an ihm vorübergegangen. Ein Schriftsteller-Kollege beschrieb den alternden Dostojewski so: „Niemals habe ich auf einem menschlichen Antlitz einen solchen Ausdruck angehäuften Leidens gesehen. Alle Krisen der Seele und des Körpers hatten dort ihre Spuren hinterlassen." Seine epileptischen Anfälle, die ihn seit dem Aufenthalt im Straflager in Omsk plagten, wurden im Alter zwar seltener, dafür aber umso schwerer. Auch seine Lunge war krank. 1879/80 schrieb Dostojewski seinen letzten großen Roman, „Die Brüder Karamasow". Im darauffolgenden Jahr wollte er das „Tagebuch eines Schriftstellers" fortsetzen. Dazu kam er nicht mehr: Am 25. Januar 1881 hatte er versucht, einen schweren Bücherschrank in

seinem Zimmer zu verrücken. Dabei platzte eine Lungenarterie. Dostojewski hustete Blut. Die Nacht zum 9. Februar wachte Anna neben ihm. Morgens um sieben sagte Fjodor zu ihr: „Ich weiß, dass ich heute sterben werde. Zünde die Kerze an und bring mir das Neue Testament." Er schlug es wahllos auf und bat sie, die gefundene Stelle vorzulesen. Es war das Matthäusevangelium. Da stand: „Halte mich nicht zurück!" Um halb neun Uhr abends war Fjodor M. Dostojewski tot.

Die letzte Botschaft

Ein halbes Jahr vor seinem Tod war Dostojewski im Juni 1880 das letzte Mal öffentlich aufgetreten: Er war als Redner zu den Feiern des russischen Nationaldichters und „Vaters" der russischen Literatur Puschkin geladen. Dostojewski nutzte die Gelegenheit für einen Aufruf zum Frieden. Er sagte, einem echten Russen sei Europa und dessen Schicksal ebenso teuer wie das der eigenen Heimat. Ein wahrer Russe zu werden heiße deshalb, mithilfe der russischen Seele die europäischen Widersprüche aufzulösen und sich zu versöhnen. Nach seinen Worten brach unbeschreiblicher Jubel los. Die Zuhörer rannten zum Podium, küssten Dostojewski die Hände und knieten vor ihm nieder. Dabei standen Europa und Russland die zwei grauenvollsten Kriege ihrer Geschichte noch bevor. Erst ein Jahrhundert nach Dostojewskis Tod schienen sich die politischen Führer in Ost und West an seinen Aufruf zur Versöhnung zu erinnern.

Von Frauen und Peitschen

Unter dem Himmel des Petersdoms in Rom begrüßte er die Frau, auf die er schon so lange gewartet hatte, mit den Worten: „Von welchen Sternen sind wir uns hier einander zugefallen?" Sie erinnerte sich später, der Mann sei ihr damals wie ein „feierliches Wesen" vorgekommen, das „Einsamkeit" ausstrahlte. Von beidem fühlte sie sich angezogen. Und er hatte sich noch nie einer Frau so nahe gefühlt. Trotzdem blitzte er mit seinem Heiratsantrag bei ihr ab. Wobei er sich eine Eheschließung ohnehin nur für die Dauer von zwei Jahren hätte vorstellen können. Was er da noch nicht wusste: Die kurzzeitig Auserwählte war eher seinem besten Freund zugeneigt, der das Treffen in der Papstkirche arrangiert hatte. Das Trio sah sich als „heilige Dreieinigkeit" und verewigte sich auf einem berühmten Foto: Da sitzt die schöne Russin, eine mit Flieder geschmückte Peitsche in der Hand, auf einem Leiterwagen und scheint die beiden Männer wie Zugpferde anzutreiben. Es war nur ein Spaß – und doch brachte ihm dieses Bild riesigen Ärger mit seiner Familie ein. Vor allem mit seiner Schwester. Die nannte er „Lama". Und diesmal spuckte sie Gift und Galle. In seinem berühmtesten Werk drehte er die Aussage der fotografischen Inszenierung um: Dort lässt er ein altes Weiblein einem weisen Mann raten, nicht ohne Peitsche zu Frauen zu gehen. Was er damit wirklich meinte, darüber streiten noch heute die Gelehrten.

Seine Freunde drängten ihn, sich eine Frau zu suchen, die „gut, aber reich" sei. Er fand keine. Eigentlich stand ihm der Sinn ohnehin nach anderem. Sein Leben endete tragisch: Dem Wahnsinn verfallen, war er dem „Lama" ganz ausgeliefert. Nach seinem Tod frisierte sie einige seiner Schriften so um, dass sich die Nazis für ihre verbrecherische Rassenideologie seiner bedienten.

Wer war das?

Friedrich Nietzsche –

der Werte-Zertrümmerer

Geboren am 15.10.1844 in Röcken
Gestorben am 25.8.1900 in Weimar

Frauen spielten in Friedrich Nietzsches Leben von Anfang an eine besondere Rolle:
Da sein Vater, der Röckener Pfarrer Carl
Ludwig Nietzsche, fünf Jahre nach der Geburt
seines Sohnes starb, wuchs Fritz unter Frauen auf. Und zwar
gleich fünf: Da waren die Großmutter Erdmuthe, die Mutter
und Pfarrerstochter Franziska, die Tanten Auguste und Rosalie
und das Hausmädchen Mine. Hinzu kam seine zwei Jahre jüngere Schwester Elisabeth. Vor allem diese, von ihm von klein
auf „Lama" genannt, ließ ihn sein Leben lang nicht los: Sie war
immer zur Stelle, wenn der erwachsene Bruder Hilfe brauchte
oder wenn sie meinte, er bedürfe solcher. In Basel führte sie
dem mit 24 Jahren zum Professor berufenen Fritz den Haushalt. Über Lou Salomé, die Frau aus dem Petersdom, lästerte sie
so lange und bösartig, bis auch er von dem vielleicht einzigen
weiblichen Wesen, zu dem er sich als Mann hingezogen fühlte,
sagte, sie sei ein „dürrer, schmutziger, übel riechender Affe mit
falschen Brüsten". Elisabeth ließ nicht los – bis zum bitteren
Ende: Zur letzten Ruhe bettete sie ihn auf einem christlichen
Gottesacker. Ausgerechnet ihn, der doch erklärt hatte: „Gott
ist tot!"

Wenn sich Nietzsche überhaupt auf andere Menschen einließ, suchte er die Nähe von Männern. Am meisten liebte er die
Einsamkeit. Hatte er aber Freundschaften geschlossen, erhob
er sie zum Kult und schlug bei ihrem Scheitern umso härter

auf. Zur Welt gekommen war der schrägste Vogel unter den deutschen Philosophen am 15. Oktober 1844 im Pfarrhaus von Röcken zwischen Leipzig und Weißenfels.

Friedrichs Mutter Franziska stammte aus dem Pfarrhaus in Pobles. Dort, bei den Großeltern Oehler, kehrte der Junge in den Ferien gern zurück in die Natur. Denn seine dörfliche Heimat hatte er als Fünfjähriger verloren: Der Vater war 1849 nach einem Sturz und einer Hirnerkrankung gestorben und der verwaiste Frauenhaushalt danach ins vierzig Kilometer entfernte Naumburg gezogen.

Die Stadt mit den vielen Menschen, Häusern und Straßen verstörte das Kind. Friedrich verkroch sich bald hinter Büchern oder vertiefte sich in Musik. Die Kameraden in der Bürgerschule nannten ihn nur „kleiner Pastor". Schon mit neun Jahren komponierte er, beeindruckt vom Himmelfahrts-Halleluja in der Kirche, eine eigene Melodie zur Verherrlichung des Schöpfers, mit zwölf erklärte der bibelfeste Knabe, er habe „Gott in seinem Glanze" gesehen. Mit 14 hielt er sich für etwas Auserwähltes und schrieb seine Biografie. Besonders begabt zeigte sich Friedrich am Naumburger Domgymnasium und wurde dafür mit einem Freiplatz an der Königlichen Landesschule von Pforta belohnt. 1858 kam er ins dortige Internat. In Schulpforta begeisterte er sich für die Antike. Nur in Mathe versagte das junge Genie. Dass er die Abschlussprüfung 1864 trotzdem schaffte, verdankte er einem Lehrer. Der hatte den Kollegen ins Gewissen geredet: „Wünschen Sie etwa, dass wir den begabtesten Schüler, den Pforta je hatte, durchfallen lassen?" Nietzsche war aber nicht immer Musterknabe: Zweimal wurde er in den Karzer gesperrt. Das eine Mal war er betrunken am Bahnhof aufgegriffen worden, das andere Mal büßte er für einen Scherz, den er sich als „Wocheninspektor" erlaubte: Jede Woche musste ein anderer Schüler kontrollieren, ob es irgendwo etwas zu reparieren

Friedrich Nietzsche wurde nach Friedrich Wilhelm IV. benannt, weil er am gleichen Tag Geburtstag hatte wie der preußische König.

gab. Nietzsche meldete: „Im Auditorium brennen die Lampen so düster, dass die Schüler versucht sind, ihr eigenes Licht leuchten zu lassen", und dass die frisch gestrichenen Bänke in der Obersekunda „eine unerwünschte Anhänglichkeit an die sie Besitzenden" zeigten. Solch Wortwitz war in der humanistischen Lehranstalt nicht erwünscht. Meist bewegten den Gymnasiasten aber ernsthaftere Gedanken – wie die Frage, ob der Mensch einem „fatum", einem unausweichlichen Schicksal ausgeliefert sei oder einen freien Willen habe. Dabei kamen dem 17-jährigen frisch Konfirmierten erste Zweifel am Glauben. Zu dieser Zeit entdeckte er auch die Musik von Richard Wagner: Ein Naumburger Freund spielte ihm auf dem Klavier Auszüge aus „Tristan und Isolde" vor.

Nach dem Schulabschluss ging Nietzsche 1864 nach Bonn. Das Theologie-Studium dort vermehrte aber seine Zweifel am Christentum. Wohler fühlte er sich in der Altphilologie, der Sprache und Literatur des klassischen Altertums. In der Antike fand er ein geistiges Zuhause, das ihm Religion und christlichen Gott ersetzte. Ostern 1865 verweigerte er die Teilnahme am Abendmahl. Der Student schloss sich der Burschenschaft „Franconia" an und holte sich beim Fechten der Mensur einen Schmiss an der Wange. Doch eigentlich waren die „Bier-Gemütlichkeit" und Späße der Burschenschafter nichts für ihn. Ein Ausflug nach Köln endete mit einem unfreiwilligen Besuch im Bordell: Ein Dienstmann hatte ihn statt in ein Gasthaus in einen Tempel der käuflichen Lust geführt. Plötzlich fand sich Fritz umgeben von erwartungsfrohen „Erscheinungen in Flitter und Gaze". „Sprachlos stand ich eine Weile. Dann ging ich instinktmäßig auf ein Klavier als das einzige seelenhafte Wesen in der Gesellschaft los und schlug einige Akkorde an. Sie lösten meine Erstarrung und ich gewann das Freie", erzählte er später.

Nietzsches spätere Geisteskrankheit wird auf eine Syphilis zurückgeführt. Das Bordell in Köln gilt als einer der möglichen Orte, an denen er sich mit der Geschlechtskrankheit angesteckt haben könnte.

Nach zwei Semestern wechselte Nietzsche nach Leipzig, wohin es zufällig auch seinen Lieblingsprofessor Friedrich Wilhelm Ritschl verschlug. Der wurde sein Förderer. Nietzsche sorgte gleich zu Beginn seiner Leipziger Zeit durch einen Vortrag über einen antiken, griechischen Dichter für Aufsehen. Der Professor ermunterte ihn, seine Gedanken zu veröffentlichen. Dann holte Nietzsche sich für eine Arbeit über Aristoteles einen Preis – und entdeckte die Freude an der Philosophie. Geweckt hatte sie eine Schrift von Arthur Schopenhauer: Nietzsche erzählte später, in einem Antiquariat habe ihm ein „Dämon" „Nimm dir dieses Buch!" zugeflüstert. Außerdem war ihm nächtens der Vater als Wiedergänger erschienen.

Unzertrennlich war Nietzsche bald mit seinem Hausgenossen Erwin Rohde, über den er schwärmte, Rohde habe ihm „die verdorrten Lippen mit dem Götternektar der Freundschaft" benetzt. Dass er gleichzeitig aus der Ferne eine Schauspielerin anhimmelte, tat dieser Innigkeit keinen Abbruch. Wohl aber Jahre später, dass Rohde sich verlobte und sich schließlich zum Kritiker seiner, Nietzsches, Philosophie erhob. Die wichtigste Leipziger Bekanntschaft aber war die mit Richard Wagner, dem Nietzsche auf einer Gesellschaft begegnet war. Sie stellten fest, dass sie beide Schopenhauer verehrten. Und der Komponist war geschmeichelt, dass Nietzsche ihn wegen seiner Musik vergötterte. Schließlich lud ihn der Vater der „Meistersinger" zu einem Besuch in die Schweiz ein, wo er mit seiner Geliebten und späteren Ehefrau Cosima von Bülow lebte.

Der Gast kam schneller als erwartet. Nietzsche hatte sich inzwischen durch seine philologischen Aufsätze in Zeitschriften einen Namen gemacht und wurde – obwohl noch nicht einmal promoviert – auf Empfehlung von Ritschl als Professor nach Basel berufen. Im April 1869 ging der noch nicht 25-Jährige in die Schweiz, war damit aber gar nicht so glücklich: denn sein

Für Schopenhauer (1788–1860) ist Leben Leiden und die Welt nur eine Vorstellung des Menschen, die dessen Willen unterliegt. Der aber ist bar jeder Vernunft und gehorcht nur der Begierde. Deshalb soll der Mensch der Lust entsagen.

Herz schlug längst mehr für die Philosophie als fürs Altertum. Neben der Lehre an der Universität unterrichtete er sechs Stunden in der Woche an einem Gymnasium Griechisch. Die Schüler schätzten ihn, weil er sie nicht büffeln und auswendig lernen ließ, sondern anspornte, sich inhaltlich mit Texten auseinanderzusetzen. Nietzsche wurde in Basels besseren Kreisen als kluger Gesprächspartner und hervorragender Klavierspieler geschätzt. Man schmückte sich mit ihm. Zu Hause umsorgte Schwester Elisabeth ihren „Herzensfritz". In dem Theologen Franz Overbeck fand der junge Professor einen Freund, der ihm bis zum Tod die Treue hielt. Nietzsches zweites Zuhause wurde binnen Kurzem Wagners Tribschener Villa. Seine Verehrung für den Komponisten schlug sich 1869 in einem Vortrag mit antisemitischem Zungenschlag über „Sokrates und die Tragödie" nieder und 1872 in seiner Schrift über „Die Geburt der Tragödie aus dem Geist der Musik". Wagner konnte dieses als Kniefall vor seiner Arbeit verstehen. Nicht nur unter Fachkollegen hagelte es aber Empörung und Proteste gegen Nietzsche. Er erhob darin die Kunst zum höchsten Prinzip und stellte die Ästhetik über die Moral. Das war eine Absage an Sokrates und die Vernunft der Aufklärung – und Nietzsche damit als Wissenschaftler erledigt.

Auch gesundheitlich begann sein Niedergang: Im Jahr zuvor hatte er sich als freiwilliger Krankenpfleger im deutsch-französischen Krieg mit Ruhr und Diphtherie infiziert. Zu den rasenden Kopfschmerzen, die ihn schon seit seiner Kindheit immer wieder plagten, kam nun auch noch ein kranker Magen. Obendrein schmerzten ihn häufig die Augen, sodass seine Studenten den Hörsaal für ihn abdunkeln mussten. Er reiste von Kur zu Kur, ohne Besserung zu erfahren, und spielte mit dem Gedanken, seine Professur aufzugeben. 1879 nahm die Universität sein Gesuch entgegen und entließ den 35-Jährigen mit einer Pension. Zugesetzt hatte ihm auch der Bruch mit Richard Wagner: Der war 1872 nach Bayreuth umgezogen, um dort sein Festspielhaus zu bauen. Nietzsche unterstützte das Projekt begeistert und rief in einem flammenden „Mahnruf an die Deutschen" zu Spenden auf. Er merkte nicht, dass Wagner ihn nur benutzte. Die Krise spitzte sich zu, als Nietzsche einmal die Musik von Brahms lobte, den Wagner nicht mochte. Obendrein erklärte er, er habe Schopenhauer „überwunden". Als er dann auch noch Wagners Sprache in dessen Werken kritisierte, rächte sich der Komponist fürchterlich – und das kam so: Nietzsche hatte sich in Basel in den jungen Philosophen Paul Rée verliebt und reiste mit ihm nach Italien. Die beiden Männer verbrachten den Winter 1876 bei Malwida von Meysenbug in Sorrent. Sie war Schriftstellerin und unterstützte Künstler. Nach Nietzsches Rückkehr verbreitete Wagner hässliche Gerüchte über den einstigen Freund und bezichtigte ihn „unnatürlicher Ausschweifungen mit Hindeutungen auf Päderastie" (Knabenliebe). Nietzsche war erst empört, dann zu Tode gekränkt. Eine Zeit lang spielte er sogar mit dem Gedanken, sich umzubringen.

Seit seinem Abschied von Basel wurde er ohnehin von einem Wechselbad zwischen düstersten Stimmungen und euphorischen Hochgefühlen gequält. Herrschten letztere, stürzte er sich wie ein Wahnsinniger in die Arbeit. Zu Hause war er nirgendwo mehr, reiste nach Venedig, ins Engadin, ins heimische Naumburg, nach Basel, an den Lago Maggiore und nach Genua, immer auf der Suche nach einem Ort, der ihn, wenn schon nicht heilte, so doch die Krankheit leichter ertragen ließ. Er fühlte sich wie ein „irrender Flüchtling", dem der Tod „über die Schulter schaut". Im Sommer 1881 kam er vorübergehend in Sils Maria im Inntal zur Ruhe. Dort hatte er seine „Erleuchtung" über die ewige Wiederkehr, aus der er die Weisheit ab-

In Italien war – im Gegensatz zu den anderen europäischen Ländern – die gleichgeschlechtliche Liebe nicht unter Strafe gestellt und Sizilien zu Nietzsches Zeit ein Treffpunkt Homosexueller.

leitete, der Mensch solle so leben, dass ihm ein „Wieder-Erleben" angenehm wäre. In diesen Jahren entstand Nietzsches Sammlung von Aphorismen, die in vier Bänden unter dem Titel „Menschliches – Allzumenschliches" erschienen, gefolgt von den Schriften „Morgenröte" und „Fröhliche Wissenschaften", die schließlich in seinem bekanntesten Werk „Also sprach Zarathustra" gipfelten. Hier formulierte er den berühmten Satz „Gott ist tot!". Damit rief er dazu auf, sich nicht auf ein imaginäres Jenseits vertrösten zu lassen oder nach einem Sinn des Daseins zu suchen, sondern Leid und Schmerz, Glück und Rausch anzunehmen und zu leben. Er begann damit, alle bis dahin gültigen Werte zu zertrümmern. Seine Gedanken gipfelten in der Frage: „Ist das Gute vielleicht böse? Und Gott nur eine Erfindung und Feinheit des Teufels? Ist alles vielleicht im letzten Grunde falsch?" Erholung fand er 1882 vorübergehend bei einer heimlichen Reise nach Sizilien zu den „glückseligen Inseln", wo „Götter tanzend sich aller Kleider schämen", wie er im „Zarathustra" formulierte.

Hier kam ihm die Vision vom „Übermenschen" und die Idee des „Willen zur Macht", die jeden Menschen beherrsche.

Zurück auf dem Festland beherrschte ihn die „Vision" einer Ehe mit Lou Salomé: Mit der geistreichen Deutsch-Russin hatten ihn Malwida von Meysenbug und sein Freund Rée bekannt gemacht. Mit ihr konnte er stundenlang philosophieren, aus seiner Fantasie einer Ehe aber wurde nichts. Er blitzte bei ihr ab, was ihn wieder in tiefe Depressionen stürzen ließ. Zuvor hatten die beiden Freunde und Lou noch viel Spaß miteinander, nannten sich „heilige Dreieinigkeit" und posierten übermütig für das Foto mit der Peitsche. Nietzsches Schwester Elisabeth schäumte über vor Eifersucht. Sie schimpfte den Bruder „eine Schande für das Grab meines Vaters" und keifte, Lou habe eine „Parasitennatur", sei hinter allem her, was Hosen trägt, und habe

„manches Tierische an sich: Sie kann die Ohren einzeln und die Kopfhaut bewegen." Auch die Mutter war empört, woraufhin Nietzsche – vorübergehend – den Kontakt zur Familie mied. Schließlich zerstritt er sich mit Lou – und warf ihr hässliche Worte hinterher wie das von dem „dürren Affen", worauf sie nur mitleidig meinte, Nietzsche sei ein „Sadomasochist", der an sich selber leide.

Womit sie nicht unrecht hatte. Aber was sollte er tun gegen die wirren Gedanken, die der Opium-Rausch in ihm hervorrief, mit dem er immer wieder seine Schmerzen stillte? Oder war eine Syphilis daran schuld, die sein Hirn zunehmend schädigte? Mitte der Achtzigerjahre pendelte er wie ein Getriebener zwischen Nizza, Venedig und Sils Maria hin und her, schrieb am „Zarathustra" und sammelte Notizen für den „Willen zur Macht". 1888 zog er nach Turin. Sein Hausherr Ernesto Fino beobachtete mit Besorgnis Anzeichen des Wahnsinns bei seinem Mieter. Im Herbst kündigte Nietzsche ihm an, der König und die Königin seien auf dem Weg zu ihm und schmückte sein Zimmer. Im Dezember scharte sich eine kreischende Menschenmenge auf der Straße um ihn: Nietzsche hatte beobachtet, wie ein Kutscher sein Pferd misshandelte, war auf das Tier zugestürzt und klammerte sich an dessen Hals, um ihm zu zeigen, dass er mit ihm fühlte. An seine Freunde schrieb er wie ein Besessener Briefe, die er mit „Dionysos", „Der Gekreuzigte" oder „Nietzsche Caesar" unterzeichnete. Anfang Januar schickte er einem Kollegen in Basel eine Depesche, in der er ihm mitteilte: „Lieber Herr Professor, zuletzt wäre ich sehr viel lieber Basler Professor als Gott. Aber ich habe es nicht gewagt, meinen Privat-Egoismus so weit zu treiben, um seinetwillen die Schaffung der Welt zu unterlassen." Eines Tages tanzte er nackt auf der Straße. Overbeck, der treue Freund, reiste sofort nach Turin und holte ihn nach Jena, wo Elisabeth inzwischen lebte. Elf

Jahre lang harrte Nietzsche dort in völliger Umnachtung aus. 1897 zog seine Schwester mit ihm nach Weimar, um in der Stadt Goethes ein Nietzsche-Archiv aufzubauen. Bald pilgerten die Anhänger seiner Philosophie dorthin und das „Lama" führte den kranken Bruder ausgewählten Besuchern vor. Anfang August 1900 bekam Nietzsche Fieber. Am 25. des Monats traf ihn ein Schlaganfall und er war tot. Drei Tage später ließ ihn die Schwester neben dem Grab des Vaters in Röcken bestatten. Dabei hatte er in seinem Testament Sils Maria als Ort für die ewige Ruhe bestimmt.

Die gefledderte Leiche

Elisabeth Nietzsche-Förster, wie die kurzzeitig verheiratete und verwitwete Schwester des bizarrsten Philosophen der Geschichte hieß, machte sich nicht nur zur Herrin über die letzten Lebensjahre ihres Bruders, sondern auch seines Werkes: Sie stellte Notizen Nietzsches zum „Willen zur Macht" nach eigenem Gusto zusammen, veröffentlichte sein „Ecce homo", seine bereits vom Wahnsinn gezeichnete Autobiografie, ließ weg oder schrieb um, was ihr unpassend erschien.

Adolf Hitler verehrte sie und nahm 1935 an ihrer Beerdigung teil: Sie hatte ihm Material an die Hand gegeben, mit dem der Diktator seine mörderische Ideologie des Rassenhasses und des Herrenmenschentums philosophisch unterfüttern konnte. Nietzsche war weder Antisemit, noch verstand er seine Ausführungen zum „Willen zur Macht" oder zum „Übermenschen" als Aufruf zur Vernichtung von Menschen. Sein Nein zu einem metaphysischen, also im Jenseits liegenden Lebenssinn ebnete den Weg für die Philosophie der Nihilisten. Dieser Begriff stammt von ihm.

Der Dichter mit der Maske

Was für eine Inszenierung! Die Braut gekleidet in ein langes, cremefarbenes Kleid mit hohem Kragen und einem orientalischen Schleier. Die Brautmädchen mit gelben Schärpen über der fließenden Seide ihrer Gewänder im Ton reifer Stachelbeeren. Die Männer in Anzügen von passenden Schattierungen. So marschierte die Hochzeitsgesellschaft in das festlich dekorierte Haus. Fast konnte man meinen, die Tite Street im Stadtteil Chelsea sei an diesem 29. Mai 1884 Schauplatz einer Theateraufführung. Und irgendwie war sie das ja auch. Der frischgebackene Ehemann hatte in London schon des Öfteren mit seinen extravaganten Auftritten Aufsehen erregt. Nicht nur in Künstlerkreisen war er bekannt als exzentrischer Dandy. Sein welliges Haar trug er schulterlang, an den Beinen samtene Kniebundhosen. Die Füße steckten in glänzenden Schnallenschuhen. Die verrückt geschnittenen Frackjacketts über bunten, seidenen Hemden schmückte er gern mit einer zierlichen Lilie. An ihm war alles etwas „extra". Das fing schon in der Studentenzeit an. Seinen Kollegen am College erklärte er, er sei dabei, sich selbst als Kunstwerk zu erschaffen. Sein Lebensziel sei es, berühmt zu werden – und wenn das nicht klappen sollte, „wenigstens berüchtigt". Er schaffte beides. In seinen Komödien riss er der verlogenen viktorianischen Gesellschaft die Masken von den Gesichtern – und trug doch selbst eine. Er malte ein „Bildnis" mit Worten und gab darin viel über sich preis und darüber, was ihm Kunst und Schönheit bedeuteten. Vollends demaskierte ihn schließlich der wütende Vater eines eitlen Lords. Daraufhin verklagte der Schriftsteller den alten Herrn – und richtete sich damit selbst. Er wurde für zwei schreckliche Jahre ins Zuchthaus gesteckt. Über die Zustände dort schrieb er sein letztes Werk.

Wer war das?

Oscar Wilde –
der inszenierte Mann

Geboren am 16.10.1856 in Dublin
Gestorben am 30.11.1900 in Paris

Oscar Wilde liebte die große Pose. Deshalb führte er seine Constance, seine „Artemis mit den Veilchenaugen", an diesem 29. Mai 1884 wie eine Göttin zum Traualtar. Wie hat er diese junge, scheue, schöne Frau damals angebetet! Einer Freundin schwärmte er von ihren „wundervollen Elfenbeinhänden" vor, mit denen sie dem Klavier so süße Töne entlocke, „dass die Vögel in ihrem Gesang innehalten, um ihr zu lauschen". Arme Constance! Als sie ihn ein Jahr später zum Vater des ersten Sohnes Cyrill machte, war er noch stolz auf sie. 1886 erwartete sie den zweiten, Vyvyan. Da fand er seine einstige Göttin nur noch plump, hässlich, ja, ekelerregend. Anfangs schämte er sich, dass er sich zwingen musste, sie überhaupt noch zu küssen. Und wenn er's tat, griff er danach sofort zum Taschentuch, um sich den Mund abzuwischen. Constance entsprach nicht mehr dem Schönheitsideal dieses sich selbst zum Kunstwerk stilisierenden Ästheten. Außerdem hatte der 30-Jährige entdeckt, dass es ihn zu Männern hinzog. Seinen ersten Freund mutete er Constance sogar als Gast im gemeinsamen Zuhause zu. Danach verfiel er einem jungen, schönen Lord. Schließlich wurde der gefeierte Dichter zum Skandal-Autor: In seiner Erzählung „Das Bildnis des Dorian Gray", die 1890/91 erst in einer Zeitschrift, dann als Buch erschien, huldigte er offen den Sinnen, der Lust, der Jugend, Schönheit und Begier. Das verklemmte England war empört über den schamlosen Autor – und doch wurde der „Dorian Gray" ein riesiger Erfolg. Die vermeintliche Sittenstrenge in dem Land war nur Fassade.

Auch in Oscars irischem Elternhaus war das so. Sein Vater William Wilde war der angesehenste Augen- und Ohrenarzt Englands und Irlands und hatte als Herausgeber einer Fachzeitschrift internationalen Ruf. In seiner Heimatstadt Dublin hatte er eine Klinik gegründet und engagierte sich sozial: Er behandelte bedürftige Kranke kostenlos oder ließ sich als Honorar irische Märchen und Sagen erzählen. Er schrieb Bücher über Volkskunst und Geschichte sowie Reiseführer. Für seine Verdienste als Arzt wurde William Wilde schließlich geadelt. Aber es gab auch eine andere Seite an ihm: Sir Wilde war ein Schürzenjäger und hatte drei uneheliche Kinder. Seine Ehefrau Lady Jane wiederum war eine schillernde Figur, nicht nur wegen ihrer exzentrischen Kleidung. Sie schrieb unter dem Namen „Speranza" flammende antibritische Gedichte und wurde gefeiert als revolutionäre Lyrikerin. Und sie kämpfte für die Gleichberechtigung der Frauen.

„Speranza" führte einen Salon mit eleganten Gästen. Wenn sie die empfing, wurden die Kinder nicht wie zu dieser Zeit üblich ins Bett geschickt, sondern mischten sich unter die Erwachsenen. Oscar, ihr am 16. Oktober 1856 geborener zweiter Sohn, entzückte die Gesellschaft schon als Zweijähriger, weil er sich manierlich, ohne mit der Zunge zu stolpern, mit seinem vollen Namen – Oscar Fingal O'Flaherty Wills Wilde – vorstellte. Die Mutter zog ihm allerdings den zwei Jahre älteren, gut aussehenden Bruder William vor. Über Oscar spottete sie nur: „Der hat nichts anderes im Sinn, als dick zu werden." Umso mehr eiferte der Jüngere seiner Mutter in deren gepflegter Sprache nach und später darin, den Paradiesvogel zu spielen.

Im Februar 1864 steckten die Eltern William und Oscar ins Internat: Sie mussten in die mehrere Hundert Kilometer entfernte Portora Royal School nach Enniskillen. Nicht etwa der

Erziehung wegen – die Jungen sollten nichts mitbekommen von dem Skandal, in den ihr Vater verwickelt war. Eine junge Patientin behauptete nämlich, Dr. Wilde habe sie vergewaltigt. Nach einem spektakulären Prozess musste der Arzt zwar nur einen Halfpenny als symbolischen Schadensersatz zahlen, aber die gesamten Gerichtskosten tragen. Gesellschaftlich war er erledigt.

In der Portora Royal School stand Oscar lange im Schatten seines älteren Bruders. Als 1867 plötzlich ihre erst zehnjährige Schwester Isolda starb, zog er sich ganz zurück. Ein Lehrer weckte ihn auf – und stachelte seinen Ehrgeiz an, indem er ihn ermahnte, er könne der Schule zu Ehre gereichen. Er solle sich den großen Bruder zum Vorbild nehmen. Daraufhin legte sich Oscar ins Zeug. Er heimste Auszeichnungen für seine Griechisch-Übersetzungen ein und konnte 1871 ein Studium für klassische Literatur am Trinity College in Oxford antreten.

In Enniskillen hatten ihn die Mitschüler wegen seiner ungepflegten Erscheinung „Grey Crow", graue Krähe, genannt. Jetzt verwandelte sich Oscar in einen bunten Vogel. Er trug Ringe mit Skarabäen an den kleinen Fingern seiner Hände und begann, sich exzentrisch anzuziehen. Und er begeisterte sich für die Kunst, vor allem die der Antike. Sein Lehrer für Altphilologie wurde ihm zum väterlichen Freund und nahm ihn später mit auf Reisen nach Norditalien und Griechenland. 1874 holte sich Oscar ein Stipendium für das Magdalen College in Oxford. Für seine exzellenten Griechischkenntnisse bekam er jetzt die Berkeley Gold Medaille.

Englands Intellektuelle gefielen sich damals im Ästhetizismus – und Oscar Wilde schloss sich dieser Geistesrichtung an. Sie predigte, dass Kunst sich nur selbst genügen müsse und ihr einziger Sinn und Zweck Schönheit sei. Wilde erwog sogar, der katholischen Kirche beizutreten, weil er so begeistert von den verschwenderisch ausgestatteten Gotteshäusern war, ihm

die üppig bestickten Priestergewänder und von Gold glitzern-
den und mit Edelsteinen besetzten Messkelche und Monstran-
zen so gefielen. Er verwarf diesen Gedanken aber, als ihm der
protestantische Vater drohte, ihn dann zu enterben.

1875 verliebte sich der Student in die 17-jährige Florence Balcombe. Einem Freund schwärmte er vor, sie habe „das eben-
mäßigste, schönste Gesicht, das ich je sah – und keinen Pfennig
Geld".

Ein Jahr später löste die Schauspielerin Lilli Laugtry Florence
ab. Jetzt war sie für ihn die „schönste Frau Europas". Lilli beschrieb sein Gesicht als „so farblos, dass ein paar große helle
Sommersprossen einen sonderbaren Kontrast bildeten". Fasziniert war sie von seinen großen, neugierigen Augen und seinem
„wohlgeformten Mund", auch wenn dessen Lippen „etwas derb"
und die Zähne „grünlich" seien. Dies kam davon, dass Oscar
Kette rauchte. Die verheiratete Frau wechselte ihn aber bald
gegen einen anderen Liebhaber aus. 1876 starb Oscars Vater –
und Lady Jane zog mit William, der sich als Journalist betätigte,
nach London. 1879 siedelte sich auch Oscar dort an. Zwei Jahre
zuvor hatte er für ein Gedicht über seine Italienreise den angesehenen Newdigate-Preis bekommen und bei seinem ersten
öffentlichen Auftritt mit seiner ungewöhnlichen Kleidung – er
trug einen hinten weit geschnittenen Rock – Aufsehen erregt. In
London wurden seine Samthosen, die am Knie endeten, weite
Hüte, elegante Capes und die Lilie im Knopfloch zum Markenzeichen des Dandys.

Inzwischen hatte er sein erstes Drama geschrieben, das aber
kein Theater aufführen wollte. Geld verdiente er dagegen mit
einem Gedichtband, der 1882 erschien. Für seinen verschwen-
derischen Lebenswandel reichten die Einkünfte jedoch nicht
aus. In Künstlerkreisen war der exzentrische junge Mann inzwischen auch wegen seines Witzes und seiner scharfen Zunge

Wildes erste Liebe Florence Balcombe hei-ratete später seinen Schrift-steller-Kollegen Bram Stoker, den Autor des Romans „Dracula".

gern gesehen. Hier war er ganz der Sohn von Lady Jane. Er war in sich selbst verliebt und strotzte vor Selbstbewusstsein. Gefragt, welche Eigenschaft er am meisten hasse, antwortete er „ungeheuren Hochmut" – und nannte genau dieses als seinen schlechtesten Charakterzug.

Den lebte Oscar 1882 monatelang in den USA und Kanada aus. Amerikanische Künstler hatten ihn dorthin zu einer Vortragsreise über Kunst und Ästhetik eingeladen. Berühmt wurde seine Antwort bei der Einreise auf die Frage des Zollbeamten, ob er etwas anzumelden habe: „Nichts als mein Genie!" In New York kamen 12 000 Zuhörer zu seinen Vorträgen, auf dem Land waren es weniger. Aber vor allem die Frauen hingen an seinen Lippen. Wilde ließ sich vom damals bedeutendsten Fotografen Amerikas porträtieren und verschickte die teuren Aufnahmen an seine Bewunderer. Ein Jahr später kam Wilde noch mal nach New York, weil dort endlich sein Drama „Vera oder die Nihilisten" auf die Bühne kam – mit mäßigem Erfolg.

Seine Eindrücke aus Amerika verarbeitete er unter anderem literarisch in „Eine Frau ohne Bedeutung" – und ein paar Jahre später in „Das Gespenst von Canterville": Die Geschichte des kleinen Geistes, der todunglücklich ist, weil es ihm nicht gelingt, irgendjemanden zu erschrecken, ist noch heute ein vor allem von Kindern geliebtes Buch. Später schrieb Wilde weitere Märchen – in England aber erst mal Familiengeschichte: 1881 hatte er Constance Mary Lloyd, die Tochter eines angesehenen Juristen, kennengelernt. 1884 wurde geheiratet und das Paar bezog eine Wohnung in der Tite Street im feinen Stadtteil Chelsea. Constance hatte von ihrem verstorbenen Vater eine ansehnliche Jahresrente geerbt, was das Leben leichter machte. Oscar verdiente vor allem durch Zeitungsartikel Geld und gab von 1887 an vorübergehend „The Woman's World", ein Frauenmagazin, heraus, für das auch Constance Beiträge schrieb.

Der junge Ehemann dachte aber nicht daran, sein Junggesellenleben aufzugeben. 1886 hatte er Robert Ross kennengelernt – einen Mann, der sich zu seiner Homosexualität bekannte, obwohl die im Jahr zuvor per Gesetz verboten worden war. 1887 zog der Freund in der Tite Street ein. Die Beziehung beflügelte Oscar: Die nächsten Jahre wurden zu den produktivsten seines Lebens. Er schrieb eine Märchensammlung und Dramen. 1890 sorgte sein „Bildnis des Dorian Gray" für Furore, vor allem, weil die Leserschaft darin die verschlüsselte Autobiografie des Schriftstellers sah. „Dorian Gray" ist ein Bild von einem Mann. Um seine Schönheit zu bewahren, fertigt ein Künstler ein Ölgemälde von ihm an, das statt seiner altert. Ab und an betrachtet Dorian sein Abbild – und geht schließlich mit dem Messer auf das Kunstwerk los, woraufhin er in Sekunden verfällt zum faltigen, vom ausschweifenden Leben gezeichneten Mann.

Das Buch hatte sensationellen Erfolg. Einen Skandal aber löste aus, als Wilde sich gleichzeitig offen mit jungen Männern zeigte, die dem im Buch beschriebenen Dorian verdächtig ähnlich sahen. Einer trug sogar den Namen Gray. Die Tragödie seines Lebens bahnte sich an, als der wegen seiner kritischen Gesellschaftskomödien auf den Bühnen gefeierte Autor sich einem jungen Lord zuwandte: Dieser, Alfred Bruce Douglas, war 16 Jahre jünger als er und wurde von Wilde nur zärtlich „Bosie" genannt. Bosie war der Spross einer zerrütteten Familie und der Sohn des neunten Marquess of Queensberry. Er war ein selbstverliebter Dandy, der Wilde bald schon mit unberechenbaren Launen quälte. Doch der 35-Jährige schien ihm verfallen zu sein. Der Dichter schrieb ihm glühende Liebesbriefe, in denen er von Bosies „Rosenlippen" und seiner „schlanken, güldenen Seele" schwärmte. Einer dieser Briefe wurde gestohlen – und Wilde damit erpresst. Obendrein tobte Bosies Vater, dass sein Sohn eine homosexuelle Affäre hatte. Er versuchte, Theateraufführungen Wildes zu stören, und hinterließ schließlich in dem Club, in dem der Dichter verkehrte, eine Visitenkarte mit der Aufschrift: „To Oscar Wilde, posing as a sodomite" – „An Oscar Wilde, der sich wie ein Sodomist (so wurden damals Homosexuelle genannt) benimmt". Gegen den dringenden Rat seiner Freunde zeigte Wilde Lord Queensberry wegen Verunglimpfung an.

„Bosie" Dou-glas war gleich zu Beginn des Prozesses gegen Oscar Wilde aus England geflohen, um nicht als Zeuge vor Gericht auftreten zu müssen und dann womöglich selbst angeklagt zu werden.

Vor Gericht wurde der Kläger zum Angeklagten: Denn Bosies Vater bot zahlreiche Zeugen dafür auf, dass Wilde zweifelhaften Umgang mit jungen Männern und dem Besitzer eines Bordells für Homosexuelle pflegte. Diesmal drängten ihn seine Freunde, England umgehend zu verlassen. Doch Wilde lehnte dies ab: „Ich könnte mich nicht als Flüchtling vor der Gerechtigkeit auf dem Kontinent herumschleichen sehen."

Selbst das Gericht schien ihm eine letzte Chance einzuräumen: Als das Urteil bereits feststand, zögerte der Richter die Verkündigung so lange hinaus, dass Wilde an diesem Tag noch leicht den letzten Zug zur Fähre nach Frankreich hätte erwischen können. Doch er blieb und musste sich am 25. Mai 1895 neben dem Urteil – zwei Jahre Zuchthaus – im Londoner Gericht „Old Bailey" das begeisterte Johlen des Publikums anhören. In Handschellen wurde Oscar Wilde zum Pentonville-Gefängnis im Norden Londons gebracht.

Dort begann die elendste Zeit seines Lebens: Der Dichter musste Werg zupfen und Postsäcke nähen. Er durfte mit niemandem reden, auch während des täglichen einstündigen Umlaufs nicht, bekam anfangs keine Bücher und Schreibverbot. Binnen weniger Wochen magerte der korpulent gewordene Wilde ab. Anfang Juli wurde er ins Zuchthaus Wandsworth verlegt und schließlich nach Reading. In Wandsworth hatte ihn seine trotz aller Demütigungen „wunderbar treue" Ehefrau Constance besucht. Im Februar 1896 überbrachte sie ihm die Nachricht vom Tod seiner Mutter. Um den Kindern Spott zu ersparen, hatten Constance und ihre Söhne inzwischen den Namen „Holland" angenommen. Ihr Vater musste sich schließlich verpflichten, auf alle Rechte des Umgangs mit ihnen zu verzichten. Wildes Lebensbedingungen in Reading verbesserten sich etwas, als dort ein neuer Direktor den Dienst antrat, der ihn als Dichter schätzte. Nun durfte Wilde lesen und bekam Stift und Papier. Dennoch dachte er zeitweise an Selbstmord. Wilde war ein gebrochener Mann. Der Gefängnisdirektor meinte, Häftlingen wie ihm gebe er nach der Entlassung höchstens noch zwei Jahre zum Leben.

Bei Wilde wurden es drei. Am 18. Mai 1897 verließ er das Zuchthaus von Reading. Seine Freunde hatte er kurz zuvor gebeten, ihm französische Seife und eine große Flasche Toilettewasser „mit Namen Koko Marikopas, erhältlich in Regent Street 233" zu besorgen, damit er den Kerkergeruch vom Leib bekomme. Draußen bat Wilde in einem Kloster für ein halbes Jahr um Aufnahme. Vergeblich. Deshalb verließ er England und ließ sich unter dem Namen Sebastian Melmoth in der Nähe von Dieppe in Frankreich nieder. Von dort aus reiste er mit Bosie nach Italien und in die Schweiz.

1899 reiste Oscar Wilde nach Rom und wurde dort von Papst Leo XIII. empfangen und gesegnet.

Als Constance davon erfuhr, strich sie seine monatliche Rente – und der Geliebte ließ ihn im Stich. Unter dem Namen „C.3.3." – seiner Häftlingsnummer – schrieb Wilde die „Ballade vom Zuchthaus Reading" und Briefe an den „Daily Chronicle", in denen er die Zustände in Englands Gefängnissen anprangerte. Das Buch wurde zum Erfolg. Die Zeitungsberichte waren der Auslöser für eine Reform des englischen Strafvollzugs.

Seine letzte Bleibe fand Oscar Wilde in Paris. Er nahm sich ein Zimmer in einem schäbigen Hotel. Freunden schrieb der verarmte Dichter: „Ich habe ganz einfach den Hungertod oder den Selbstmord vor mir. Ich esse und schlafe nicht mehr. Ich lebe von Zigaretten." Im Herbst 1900 brach eine Mittelohrentzündung wieder aus, die er sich im Gefängnis geholt hatte, die dort aber nicht behandelt worden war. Auch eine Notoperation konnte Wilde nicht retten. Am 28. November ließ er sich von einem katholischen Geistlichen taufen, der ihm auch die Sterbesakramente spendete. Am 30. November 1900 war Oscar Wilde tot. Die Beerdigung auf dem Friedhof von Bagneux bezahlte Bosie. Neun Jahre später wurde Wilde umgebettet auf den Pariser Prominentenfriedhof Père Lachaise.

Ein den Briten peinlicher Poet

Dem Leben und Werk keines anderen englischen Autors außer Shakespeare schlug und schlägt weltweit so viel Interesse entgegen wie dem Oscar Wildes. Nur die Briten reduzierten den großartigen Schriftsteller fast ein Jahrhundert lang auf den Homosexuellen und verweigerten ihm jegliche Ehre. Erst 1995, fast hundert Jahre nach seinem Tod, bekam er endlich in der „Poet's Corner", der „Poetenecke" in der Westminster Abbey in London, den ihm angemessenen Platz zwischen Künstlern wie Charles Dickens, Jane Austen, Shakespeare und dem Komponisten Händel. Dort erinnert seitdem ein Bleiglasfenster mit seinem Namenszug an ihn. Der Dekan der Kirche würdigte ihn als „scharfen Analytiker der sozialen Umstände jener Zeit, dem ein bleibender Platz in der englischen Literatur zukommt". Ein Gesuch homosexueller Gruppen, sich postum bei dem Dichter zu entschuldigen, lehnte die britische Regierung aber ab: Wilde sei nach den damals herrschenden Gesetzen rechtmäßig verurteilt worden.

Das Mädchen spielen und Helden frisieren

Manchmal stand der kleine Junge vor Mamas Tür und klopfte zaghaft an. Auf ihr Fragen, wer da komme, sagte er leise „Sophie" und war glücklich, wenn sie ihn, das kleine „Mädchen" im Rüschenkleid, aufforderte einzutreten. Diese Szene ließ der Dichter die Hauptfigur einer seiner Erzählungen schildern – und berichtete damit von sich selbst. Denn genau so, als kleine süße Tochter, wünschte sich die Mutter ihn. Bis er sechs Jahre alt war, steckte sie ihn deshalb oft in Mädchenkleider und ließ ihn die Haare lang und offen tragen. So ersetzte der Sohn der überspannten Frau die verstorbene Tochter. Später fand er in einer Geliebten zugleich so etwas wie eine zweite Mutter, auf deren Rat hin er sich einen männlicher klingenden Vornamen zulegte.

Sein Vater war an der Offizierslaufbahn gescheitert. Nun sollte der Sohn diese Scharte auswetzen. Er musste auf eine Militärschule. Doch das ging schief. Später wurde ein berühmter Bildhauer für ihn zum geistigen Vater. Während der ersten großen Völkerschlacht des 20. Jahrhunderts bewahrte ihn seine schwache Gesundheit vor einem Einsatz als Frontsoldat. Stattdessen musste er im Wiener Kriegsarchiv zusammen mit anderen Literaten „Helden frisieren". So nannten sie den Befehl, die Chronik der mörderischen Kämpfe zu schönen. Die Fürsprache eines Freundes erlöste ihn nach einem halben Jahr von dieser Fron. Trotzdem hinterließ der Krieg bei ihm Spuren. Er brachte danach lange kein Wort mehr zu Papier, vollendete dann aber in nur wenigen Wochen zwei seiner berühmtesten Werke. Als romantischer Schwärmer hatte er mit der Schriftstellerei begonnen. Dann wurde er zum Seher der Dinge und ließ sie sprechen, um schließlich das Innen und Außen der Welt zusammenzuführen.

Wer war das?

Rainer Maria Rilke:

im Innenraum der Welt

Geboren am 4.12.1875 in Prag

Gestorben am 29.12.1926 in Valmont / Schweiz

Nicht nur, dass und wie er der Mutter die verstorbene Tochter ersetzen musste, verarbeitete Rainer Maria Rilke in einer Erzählung. Auch die fünf qualvollen Jahre „täglicher Verzweiflung" an der Kadettenschule von Sankt Pölten und der Militär-Oberrealschule in Mährisch-Weißkirchen schrieb sich der Dichter von der Seele. „Da sie mich nicht zerstört haben, mussten sie ja irgendwann als Gewicht auf die eine Seite der Waagschale meines Lebens hinzugelegt werden. Und die Gegengewichte, die die andere Schale ins Gleiche zu belasten bestimmt waren, konnten nur aus der reinsten Leistung bestehen", schilderte Rilke seinen Werdegang vom zerbrechlichen Kind zum erfolgreichen Dichter. Die Schulzeit war für ihn eine „Fibel des Entsetzens". Seiner Mutter konnte er „nicht fern genug" entfliehen: Sophie, genannt „Phia", entstammte einer reichen Familie, ihr Vater hatte den Rang eines kaiserlichen Rates. Entsprechend trat sie auf. Dass ihr Mann als Offizier scheiterte und als Bahnbeamter diente, schmeckte ihr nie. Die Ehe zerbrach, als der Sohn neun Jahre alt war.

René Karl Wilhelm Johann Josef Maria, so Rilkes Taufname, erblickte das Licht der Welt am 4. Dezember 1875 in Prag. Die Mutter trauerte damals um ihre gerade gestorbene Tochter und erzog ihn wie ein Mädchen. Erst als sechsjähriger Schüler einer klösterlichen Lehranstalt konnte René den Puppen und niedlichen Kleidern entfliehen. Vier Jahre danach kam das andere Extrem: Der Vater wollte einen ganzen Kerl aus ihm machen. Deshalb musste René in die Kadettenschule nach Sankt Pölten und dann auf die Militär-Oberrealschule in Mährisch-Weißkirchen gehen.

Das zarte Kind hütete oft die Krankenstube – und ging 1891 als „Erschöpfter, körperlich und geistig Missbrauchter" von der Oberrealschule ab. Die Erinnerung daran löste sein Leben lang „geistigen Brechreiz" in ihm aus. Auch der anschließende Besuch der Linzer Handelsakademie geriet zur Stippvisite. Deshalb nahm sein Onkel Jaroslaw Rilke die Dinge in die Hand. Er bezahlte für den 17-Jährigen Privatlehrer, die mit ihm fürs Abitur paukten. Der Neffe sollte Jura studieren und eines Tages seine Anwaltskanzlei übernehmen. Doch dem stand der Sinn nach anderem: Der 19-jährige Rilke schrieb für Zeitungen schwülstige Erzählungen und Gedichte. 1894 veröffentlichte er sie als Buch. Die geistigen Ergüsse seiner Jugend waren ihm später peinlich. Der Abiturient gefiel sich als Gast im Künstlerverein „Concordia". Er wollte sogar einen eigenen „Bund moderner Fantasiekünstler" gründen. Das einstige „kleine Mädchen" gab jetzt den Stenz: Oft sah man ihn mit weißen Handschuhen, Spazierstock und Iris am Revers die Prager Renommiermeile „Graben" entlangstolzieren. Nach der Reifeprüfung schrieb er sich an der Universität fürs Studium der Geschichte, Kunst und Literatur ein, schnupperte kurz in die Rechtswissenschaften, beschloss dann aber, nach München zu gehen. Damit befreite er sich vom familiären Mief mit sonntäglichem Mittagstisch bei seinen Tanten. Die Mutter weilte meist in Wien.

In München wurde Rilke Student der Philosophie, aber auch dies nur mit halbem Herzen. Lieber traf er sich mit Literaten – und schrieb. Heimisch wurde er nicht in der Isar-Metropole. Mit dem Abschied von Prag begann vielmehr sein ewiges Wanderleben. Unterkunft fand er häufig bei Freunden. So auch an

Schon als Kind trug Rilke seinen Mitschülern erste eigene Gedichte vor.

Zu Rilkes Zeit war München neben Prag das deutschsprachige Zentrum für Künstler und Intellektuelle.

seiner nächsten Station, in Berlin. Dorthin war Rilke einer Frau gefolgt: Die 36-jährige Lou Andreas-Salomé war die Tochter eines Generals aus Sankt Petersburg und einer Deutschen. Die schillernde Persönlichkeit erregte Aufsehen nicht nur in München. Sie schrieb selbst, unter anderem die erste Biografie ihres einstigen Freundes Friedrich Nietzsche. Lou war verheiratet mit dem Orientalisten Friedrich Karl Andreas und lebte in Berlin. Sie wurde für Rilke Geliebte, mütterliche Freundin und Muse: Sie weckte in ihm den Dichter und riet ihm, sich, weil's männlicher klinge, künftig Rainer zu nennen.

Den Sommer 1897 verbrachten Lou und der 14 Jahre Jüngere im Isartal bei Wolfratshausen. Als die Geliebte im Herbst nach Berlin zurückging, folgte er ihr. Erst mietete sich Rilke ein Zimmer in Wilmersdorf, dann zog er 1898 nach Schmargendorf, wo Lou und ihr Mann lebten. Rilke war bei Lou wie zu Hause. Ihr Gatte nahm's hin. Mehr noch: 1899 brach man zu dritt zu einer Reise nach Russland auf. Im Jahr zuvor hatte Rilke Italien besucht und für Lou Tagebuch geführt. Heraus kam dabei eine Sammlung von Liebesgedichten, darunter der Band „Mir zur Feier", auf dem erstmals sein neuer Vorname prangte. In Russland traf er sich mit Künstlern und feierte die orthodoxe Osternacht im Kreml. Rilke schwärmte von den russischen „Menschen und Bildern". Unter diesem Eindruck entstand sein „Stundenbuch", das er nach dem Vorbild mönchischer Gebete schrieb. In der Erzählung „Die Weise von Liebe und Tod des Cornets Christoph Rilke" verwob er die Erlebnisse und Träume eines Soldaten aus dem 16. Jahrhundert mit dem Glück der Liebe zu Lou.

Für eine zweite Russlandreise mit ihr lernte er ihre Vatersprache. Diesmal fuhren sie alleine. Sie suchten Leo Tolstoi auf seinem Landgut auf, fuhren mit dem Schiff auf Wolga und Dnjepr – und Rilke entdeckte „seine" russische Seele: diese

In den drei Teilen des „Stundenbuch" geht es zunächst um die Erschaffung von Gott durch die Kunst, dann um den Weg des Künstlers zu sich selbst und im dritten Teil um die existenzielle Angst des Menschen.

ganz besondere, den Menschen dort eigene Mischung aus Erd-
und Heimatverbundenheit, Empfindsamkeit und Melancholie.
Lou allerdings entfernte sich mehr und mehr von ihm. Nach
zweieinhalb Monaten machte sie allein einen Abstecher zu ihrer Familie nach Finnland. Ende August fuhren sie gemeinsam
zurück nach Berlin – und Lou offenbarte Rilke das Ende ihrer
Liebe. Aus den Augen aber verloren sie sich nie.

Jetzt hielt ihn nichts mehr in Berlin. In Florenz hatte Rilke den
Maler Heinrich Vogeler kennengelernt. Er reiste zu ihm nach
Worpswede. Dort, in der Nähe von Bremen, hatte sich eine
Künstlerkolonie angesiedelt. Die Bewohner trafen sich häufig
in Vogelers Wohnhaus Barkenhoff – und Rilke begegnete dort
der Bildhauerin Clara Westhoff. Dass eine Frau aus Stein Skulpturen schlug, war schon ungewöhnlich genug. Umso bemerkens-
werter waren die Kunstwerke, die sie schuf. Sie hatte bei dem
Pariser Bildhauer Auguste Rodin gelernt. Rilke verliebte sich in
sie. Im April 1901 wurde geheiratet. Das Paar bezog eine Wohnung im nahe gelegenen Westerwede. Am 12. Dezember kam
ihre Tochter Ruth dazu. Da war die Ehe allerdings schon gescheitert: „Ein Miteinander zweier Menschen ist eine Unmöglichkeit und, wo es doch vorhanden scheint, eine Beschränkung,
eine gegenseitige Übereinkunft, welche einen Teil oder beide
Teile ihrer vollsten Freiheit und Entwicklung beraubt“, schrieb
Rilke einem Freund – und meinte damit vor allem die Freiheit
als Künstler. Clara sah das ebenso. Im Herbst 1902 brachte sie
die Tochter zu ihren Eltern nach Oberneuland.

Da war Rilke schon in Paris: Um den Unterhalt für seine
kleine Familie zu verdienen, hatte er für einen Verlag Mono-
grafien über Worpswede und seine Künstler verfasst und sollte
nun das Gleiche über Claras Lehrer tun. Und Rodin wollte sich
seinen Fragen stellen. Clara reiste ihrem Mann zwar hinterher,
sie lebten aber nicht mehr zusammen. Scheiden ließen sie sich

„Die Weise von Liebe und Tod des Cornets Christoph Rilke“ wurde zur tröstlichen Lektüre: Viele Soldaten hatten im Ersten und im Zweiten Weltkrieg das Buch im Tornister.

„Sein Blick ist vom Vorübergehen der Stäbe so müd geworden, dass er nichts mehr hält. Ihm ist, als ob es tausend Stäbe gäbe und hinter tausend Stäben keine Welt ..." Für sein berühmtestes Gedicht hatte Rilke einen Panther im Zoo über zehn Stunden beobachtet.

nie. Rodin stand Rilke nicht nur Frage und Antwort, sondern lehrte ihn ein neues Sehen: So wie der Künstler aus Stein Körper und Skulpturen meißelte, begann Rilke, mit Worten die „Dinge an sich" freizulegen, indem er sie selbst sprechen ließ. So schuf er in anderer Art Wirklichkeit und nannte seine neue Lyrik „Dinggedichte". Das berühmteste ist „Der Panther".

Lou Salomé sah in der Begegnung Rodins mit Rilke dessen „Erlösung": Der Bildhauer habe dem Dichter die Realität geschenkt. Eine Zeit lang arbeitete Rilke als Rodins Sekretär.

So befruchtend die Zeit in Paris für ihn als Künstler war – so sehr verstörten den Menschen Rilke Armut, Elend, Angst und Tod, die sich in diesem Moloch der Moderne vor seinen Augen abspielten. Sie weckten in ihm das Gefühl des Ausgeliefert- und Verlorenseins seiner Schulzeit wieder auf. „Paris rast wie ein bahnverirrter Stern auf irgendeinen Zusammenstoß zu", fasste er seine apokalyptischen Visionen in Worte. Verstärkt wurden sie noch, als er sich bei einer Skandinavienreise mit dem Philosophen Kierkegaard befasste, dessen Denken um die menschlichen Ängste kreiste. In dieser Gemütslage schrieb Rilke „Die Aufzeichnungen des Malte Laurids Brigge", die ihn „fast zum Beweis" führten, dass „dieses so ins Bodenlose gehängte Leben unmöglich sei". In den nächsten Jahren reiste Rilke viel: Er war in Italien, vor allem auf Capri, ging auf Vortragsreisen in Deutschland und Österreich, quartierte sich bei seinem Verleger in Leipzig ein und schrieb weiter am „Stundenbuch". Im Frühjahr 1910 nahm er eine Einladung der Fürstin Marie von Thurn und Taxis auf deren Schloss Duino hoch über der Adria an. Bei einem zweiten Besuch schrieb Rilke die ersten seiner schließlich zehn „Duineser Elegien".

In diesen mystischen Versen suchte der Dichter nach dem Sinn menschlichen Lebens und Leidens bis zum Tod. Auslöser für das Entstehen der „Elegien" war angeblich eine Stimme, die plötz-

lich auf einer Klippe hoch über dem Meer zu ihm die Worte ge-
sprochen habe: „Wer, wenn ich schriee, hörte mich denn aus der
Engel Ordnungen?" Sie wurden zu den ersten Zeilen des ersten der zehn Klagegesänge. Mit den „Elegien" hatte Rilke wiederum einen neuen Weg als Dichter beschritten: Er war von den
gefühligen Versen über die Dinggedichte ins Mystische gewan-
dert – und nannte diesen Ort „Weltinnenraum": Dort, so sagte
er, führe die Kunst hin, wenn sie Außen und Innen, Jenseits
und Realität, Subjekt und Objekt nicht mehr trennt, sondern
zusammenbringt.

Fragen nach Sein und Werden, Gott und Glauben bewegten
Rilke auch auf seinen Reisen nach Nordafrika und Spanien: Im
November 1910 fuhr er von Algier über Tunis nach Kairo und
auf dem Nil nach Luxor und Assuan. Er begegnete dem To-
tenkult des alten Ägypten und 1912 in Spanien dem Islam, den
er künftig dem Christentum vorzog. In den Jahren danach aber
stürzte Rilke in eine tiefe Schaffenskrise: Mit Schuld daran war
der Erste Weltkrieg. Als der 1914 begann, weilte Rilke gerade
in München und konnte nicht zurück nach Paris. 1915 wurde er
als Soldat nach Wien einberufen. Für den Waffendienst taugte
er nicht. Stattdessen musste er für ein halbes Jahr ins Kriegsarchiv.
Danach kehrte er zurück nach München, wo sich auch Clara
und Tochter Ruth aufhielten. Clara unterstützte ihn finanziell,
er versuchte, mit Vorträgen Geld zu verdienen. 1917 ging Rilke erneut auf Reisen, erst zu Freunden in Westfalen, dann nach
Berlin und wieder nach München. 1919 nahm er eine Einladung zu einer Vortragsreise in die Schweiz an, wo er schließlich
blieb. Im Winter quartierte sich Rilke in einem alten, einsamen
Steinhaus, in Schloss Berg am Irchel, ein. In der Einsamkeit dort,
allein mit einer „Wirtschafterin, die mich ebenso schweigsam
versorgt, wie ich mich schweigsam versorgen lasse", fand er seine
Sprache wieder: Am Kamin sitzend, war ihm plötzlich ein altmo-

disch gekleideter Herr erschienen, der ihm aus einem vergilbten Band vorlas. Diese Verse habe er dann niedergeschrieben, berichtete Rilke seinem Verleger. Im Sommer 1921 zog er in eine Augustiner-Probstei über dem Genfer See und erlebte noch einmal eine leidenschaftliche Liebe: mit der Malerin und Fürstin Baladine Klossowska. Mit ihr entdeckte er den alten Schlossturm Muzot im Wallis, den ein Freund für ihn kaufte und ihm überließ. In dieser Klause führte Rilke die „Elegien" zu Ende und schrieb die 55 „Sonette an Orpheus".

Die Kraft zum Dichten war zurückgekehrt, körperlich aber ging es mit ihm zu Ende: Rilke litt an einer seltenen Form der Leukämie. Immer wieder musste er Hilfe in Kliniken suchen. 1925 reiste er noch mal nach Paris, kam dann aber im November ins Sanatorium in Valmont. Es war die Endstation seiner Lebensreise. Rainer Maria Rilke starb am 29. Dezember 1926.

Rilkes Gemeinde

Über die richtige Interpretation der „Elegien" diskutieren noch heute die Gelehrten. Er selbst bestritt, dass sie Ausdruck tiefster Religiosität seien. Irgendein Rilke besticht jeden: Die einen lieben die frühen, gefühlvollen Stimmungsgedichte, die anderen faszinieren seine Symbole, die Art, wie er die „Dinge" sprechen ließ und den Leser dazu verführt, über und durch das „Ding" sich und die Welt zu sehen. Wie zeitlos er ist, zeigte sich Anfang dieses Jahrhunderts auch im „Rilke-Projekt", mit dem Musiker, Theaterleute und Filmkünstler seine Gedichte mit modernen Tönen und Bildern unterlegten. An Rilkes Grab auf dem Bergfriedhof von Raron im Wallis pilgern Junge und Alte, Künstler und „Macher", selbst Manager und Spitzenpolitiker wurden dort schon als Fans gesehen.

Eine gefledderte Familie

Wie staunte der kleine Junge, wenn die Leute auf der Straße vor dem Vater den Hut zogen und ihn mit „Euer Wohlweisheit" ansprachen! Als Schüler genierte er sich manchmal, wenn ein Freund seines größeren Bruders schwärmte, seine Mutter sei die „schönste Frau der Stadt". Als 18-Jähriger musste er sich kurz nach dem plötzlichen Tod des Vaters von einem Pastor anhören, er entstamme einer „verrotteten Familie". Kein Wunder, dass er froh war, als die Mutter mit ihm und den Geschwistern wenig später nach München zog. Dort ließ es sich freier atmen, als in der ihm ohnehin längst zu eng und langweilig gewordenen Backstein-Stadt im Norden. Diese gab ihm aber die passende Kulisse für seinen ersten Roman. Vorbilder für die Hauptfiguren lieferte ihm die eigene Familie: Er begleitete eine Kaufmannsdynastie über vier Generationen bis hin zu ihrem Verfall. Dass nicht alle Verwandten begeistert waren, sich im Roman wiederzufinden, versteht sich von selbst. Auch die Lübecker tobten. Dafür wurde der fast 800 Seiten dicke Schmöker ein Riesenerfolg – und er mit 26 Jahren berühmt.

All seine Werke speisten sich aus der eigenen Biografie und der der Menschen, mit denen er zusammen war. Selbst seine Ehefrau blieb davon nicht verschont, worüber sich der Schwiegervater maßlos empörte. Er befürchtete einen Skandal. Schließlich ging es in einer Erzählung um das Tabu einer Liebesbeziehung zwischen Geschwistern. Zum Eklat kam es dann wirklich, aber aus einem anderen Grund. In sein letztes Buch nahm er den Selbstmord einer seiner Schwestern auf. Stoff und Thema hatte er Goethe entliehen. Er selbst wird manchmal als Nachfolger des Weimarer Dichterfürsten in der deutschen Literaturgeschichte gesehen. Das war genau der Rang, den er mit seinem Schreiben erreichen wollte.

Wer war das?

Thomas Mann:

„Es geht um mich!"

Geboren am 6.6.1875 in Lübeck
Gestorben am 12.8.1955 in Zürich

Der frühe Tod des Vaters – der Herr Senator starb mit gerade mal fünfzig Jahren – war nicht der einzige Schicksalsschlag für Thomas Manns Familie. Seine zwei Schwestern brachten sich um: eine mit dem Strick, die andere schluckte Gift. Zwei der eigenen Kinder sorgten für Drogen- und andere Skandale. In der Nazizeit musste er emigrieren. Sein ältester Sohn Klaus verabschiedete sich mit einer Überdosis Schlaftabletten aus dem Leben. Den Freitod des jüngsten, Michael – genannt „Bibi" –, erlebte der größte deutsche Schriftsteller des 20. Jahrhunderts nicht mehr. Bibi sei, so wurde gemutmaßt, an herzlosen Bemerkungen des Vaters in dessen Tagebuch verzweifelt, die sein Letztgeborener zwanzig Jahre nach Thomas Manns Tod herausgegeben hat. Dessen Leben kreiste vor allem ums eigene Ich. „Es geht um mich!", hielt er denn auch denen entgegen, die ihn nach Erscheinen der „Buddenbrooks" beschimpften, weil sie sich in seinem ersten Erfolgsroman wiedererkannten.

Sein eigenes Leben fing am 6. Juni 1875 in Lübeck an. Dort wurde Paul Thomas Mann als zweiter Sohn und zweites von fünf Kindern des Getreidehändlers Thomas Johann Heinrich Mann und dessen Frau Julia geboren. Zwei Jahre später wurde sein Vater zum Senator gewählt. Seine Mutter fand Thomas selbst berauschend schön, „mit dem Elfenbeinteint des Südens, einer edel geschnittenen Nase und dem reizendsten Munde, der mir vorgekommen". Julia Silva-Bruhns sorgte für Aufsehen in der Hansestadt schon ihrer Herkunft wegen: Sie war die Tochter eines deutschen Plantagenbesitzers und einer Brasilianerin und in Rio de Janeiro geboren. Ihr südamerikanisches Temperament war wohl mit Grund für die hässlichen Worte des Pastors von der „verrotteten Familie". Denn eigentlich waren die Manns in Lübeck seit Generationen hoch angesehen.

Thomas Mann nannte seine Kindheit „gehegt und glücklich". Im Spielzimmer stand ein Kaufmannsladen mit Getreidespeicher, der en miniature genau dem des Vaters entsprach, es gab eine Ritterrüstung und Bleisoldaten. Die ließ Thomas aber nur ungern aufmarschieren. Er spielte lieber mit dem Puppentheater, träumte sich als Prinz durch den Tag oder ließ sich von der Mutter plattdeutsche Geschichten vorlesen. Die Liebste unter den Geschwistern war ihm die sechs Jahre jüngere Carla. In der danach geborenen Julia entdeckte er sein „Neben-Ich". Mit dem älteren Bruder Heinrich konkurrierte er später als Schriftsteller und lieferte sich hässliche Wortgefechte.

Als Kinder und junge Männer aber hielten sie zusammen.

In der Grundschule und im „Katharineum" glänzte der zweitälteste Mann-Sohn vor allem durch Faulheit: Er blieb einmal sitzen und gab 1894 die Gymnasialkarriere vorzeitig auf. Als beste Note prangte im Abgangszeugnis eine Drei – in Religion. Fleißig war er zu Hause: Er studierte die Werke von Schiller und Goethe, las Heinrich Heine, französische und philosophische Literatur. Besonders liebte er Nietzsche, Schopenhauer und Richard Wagners Musik. Die drei Herren erklärte er zum „Dreigestirn ewig verbundener Geister". Nach den ersten eigenen Versen und kleinen Dramen unterzeichnete er seine Briefe selbstbewusst mit „Thomas Mann. Lyrisch-dramatischer Dichter".

Im Jahr seines Schulabgangs befreite Mutter Julia Thomas und ihre jüngeren Kinder aus der Enge der Stadt an der Trave und

Heinrich und Thomas Mann wurden zum berühmtesten Brüderpaar der Literaturgeschichte.

zog nach München. Heinrich übte sich da bereits als werdender Schriftsteller in Berlin – und Thomas bewunderte ihn. Geldsorgen gab es keine: Der Vater hatte erkannt, dass seine großen Söhne (Nesthäkchen Viktor war beim Tod des Seniors 1891 erst ein Jahr alt) nicht fürs Geschäftliche taugten, und hatte in seinem Testament den Verkauf des Mann'schen Handelshauses verfügt. Julia Mann erlöste damit ein Vermögen und führte fortan in München ein ausschweifendes Leben. Die Söhne bekamen regelmäßig die Zinsen ihres Erbteils ausbezahlt und waren vorerst nicht aufs Geldverdienen angewiesen. Auf Wunsch des Vormunds trat der nun 19-jährige Thomas trotzdem eine Lehre bei der Süddeutschen Feuerversicherungsbank an, gab sie aber bald wieder auf. Er wollte lieber Journalist werden und ging als Gasthörer an die Technische Hochschule. Vor allem aber genoss er sein Leben. Oft geruhte der junge Herr Mann nicht vor drei Uhr nachmittags aufzustehen …

Im November 1894 veröffentlichte die Zeitschrift „Die Gesellschaft" seine erste Novelle, bald darauf drehte man sich in den Salons nach ihm um: Selbst angesehene „Kollegen" gratulierten ihm. Als das Satire-Wochenblatt „Simplicissimus" erstmals erschien, war Thomas Mann mit einer Erzählung vertreten. Im Herbst 1896 reiste er mit Heinrich nach Italien. Die Brüder quartierten sich für eineinhalb Jahre in Palestrina nahe Rom ein. Sie verfassten gemeinsam für ihre Geschwister ein „Bilderbuch für artige Kinder". Und Thomas begann mit der Arbeit an den „Buddenbrooks" über den Aufstieg und Verfall einer Händlerfamilie. Er beschrieb darin den Niedergang des Bürgertums. 250 Seiten sollten es werden, am Ende waren es fast 800, über denen er drei Jahre brütete. Zurück in München, arbeitete er außerdem am „Simplicissimus" mit. Im August 1900 brachte er endlich einen dicken Packen beidseits von Hand beschriebenen Papiers zur Post: Er schickte die „Buddenbrooks" an den

Berliner Verleger Samuel Fischer. Eine Abschrift gab es nicht. Seinem Bruder kündigte er an, wenn er keinen Verleger dafür finde, wolle er Bankbeamter werden. Dazu kam es nicht, auch wenn Fischer meinte, kein Mensch würde ein so dickes Buch lesen. Deshalb sollte der Autor das Manuskript auf die Hälfte kürzen. Mann überredete den Verlag dann doch zum Abdruck in voller Länge. Im Herbst 1901 erschien „Die Buddenbrooks", wurde ein riesiger Erfolg – und Thomas Mann zum „National-schriftsteller" der Deutschen.

Lübecks Bürgersleute waren allerdings wütend auf den nun berühmten Sohn ihrer Stadt. Denn nicht nur Familie Mann fand sich in dem Roman wieder, auch viele Bewohner konnten sich deutlich erkennen. Besonders empörte sich der Bruder von Thomas' Vater, des „Senators Buddenbrook". Onkel Friedrich schimpfte: „Ein trauriger Vogel, der sein Nest beschmutzt!"

Mann keifte zurück Richtung Trave: „Ich verzeihe es Mittel-stadt-Advokaten und alten Jungfern, wenn sie ein Kunstwerk nicht losgelöst aus bürgerlichen Beziehungen zu würdigen ver-mögen." Genau diese „bürgerlichen Beziehungen" gefielen ihm für sich selbst ganz gut: Thomas strebte in Münchens bessere Gesellschaft. Bald hatte er auch die passende Frau dafür gefun-den – Katja Pringsheim.

Die Tochter einer der angesehensten Münchner Familien hatte er schon mal als 15-Jähriger gesehen: 1888 war in einer Zei-tung ein Foto des Ölgemäldes „Kinderkarneval" von Friedrich August Kaulbach abgedruckt. Das gefiel ihm so gut, dass er es ausschnitt und über seinen Schreibtisch hängte. 16 Jahre später stand er der attraktiven 21-Jährigen gegenüber, die als Kind für das Bild Modell gestanden hatte: Er war im Februar 1904 Gast im Palais ihres Vaters, des Universitätsprofessors Pringsheim, in der Schwabinger Arcisstraße. Dort fand er das „im Geiste kauf-männischer Kultureleganz Vertraute", notierte er nach dem Be-

Die Weltauflage der „Budden-brooks" wird inzwischen auf über zehn Milli-onen geschätzt.

Thomas Manns Onkel Friedrich erkannte sich in Christian Buddenbrook wieder – und warnte die Lübecker in einem Zeitungs-artikel noch zwölf Jahre nach dem ersten Erscheinen vor dem Buch.

such. Auf einem Hausball kam er der Mathematikstudentin wenig später näher. Thomas schwärmte, Katja sei „ein Wunder, etwas unbeschreiblich Seltenes und Kostbares" und machte seiner „Königin" einen Heiratsantrag, womit er anfangs auf wenig Gegenliebe stieß. Katjas Zwillingsbruder Klaus nannte ihn einen „leberleidenden Rittmeister". Dennoch war bereits im Oktober Verlobung und im Februar 1905 wurde geheiratet.

Wenige Monate später bekam Thomas Mann riesigen Ärger mit Professor Pringsheim wegen seiner Erzählung „Wälsungenblut": Darin schilderte er die Liebe eines Zwillingspaares aus ehrbarem Hause, die die Geschwister ausgerechnet auf einem Eisbärenfell vollzogen. Ein genau solches lag im Palais des Schwiegervaters – und Katja und ihr Bruder Klaus waren Zwillinge. Katja störte das nicht, ihr Vater aber verlangte, dass Mann das Ende der Geschichte umschrieb. Doch das Original gelangte an die Öffentlichkeit. Die empörte sich allerdings nicht über das Tabuthema, sondern über etwas ganz anderes: Der Autor hatte seinen Personen jiddische Ausdrücke in den Mund gelegt. Man warf ihm Antisemitismus vor. Es war ein Sturm, der sich bald wieder legte.

Mann genoss unterdessen sein hochherrschaftliches Leben: Er trage fast ausschließlich Lackstiefel, spöttelte er und schrieb ins Tagebuch: „Mein Hausstand ist reich bestellt, ich befehle drei stattlichen Dienstmädchen und einem schottischen Schäferhund." Bald sprangen auch Kinder in seiner Acht-Zimmer-Wohnung herum: 1905 kam Erika zur Welt, ein Jahr später Klaus. 1909 gesellten sich Golo und 1910 Monika dazu. Elisabeth (1918) und Michael im Jahr darauf kamen bereits in der 1914 bezogenen eigenen Villa in der vornehmen Poschinger Straße am Münchner Herzogpark zur Welt. Die Kinder hatten Mordsrespekt vor ihrem Vater: Wehe, sie störten ihn! Bei Tisch hatten sie mit der Gouvernante still am unteren Ende der Tafel zu sitzen und zu schweigen, es sei denn, Vater oder Mutter richteten eine Frage an sie. Bei aller Strenge ging es im Hause Mann aber für damalige Zeiten recht liberal zu: Während der zahlreichen Gesellschaften wurde der Nachwuchs nicht weggesperrt. Die Älteren nannten ihren Vater „Zauberer", die Kleinen „Tommy", bis man sich auf „Herr Papale" einigte.

Allerdings war da etwas, worüber jeder schwieg: Thomas Mann zeigte deutlich Gefallen an jungen Männern. Katja wusste, dass sie für den Vater ihrer Kinder nicht das wahre Objekt der Begierde war. Im „Tod in Venedig", der 1903 erschien, beschrieb Mann, wie sich ein alternder Herr in einen schönen Jungen verliebt. In seinem Tagebuch war der Schriftsteller ganz offen: 1920 notierte er über seinen damals 13-jährigen Sohn Klaus, genannt „Eissi": „Entzücken an Eissi, der im Bade erschreckend hübsch" und: „Finde es sehr natürlich, dass ich mich in meinen Sohn verliebe." Thomas Mann ließ sich immer wieder von jungen Männern verzaubern, genähert hat er sich aber vermutlich keinem. Als Sohn Klaus seine eigene Vorliebe fürs gleiche Geschlecht entdeckte und auslebte, ließen ihn die Eltern gewähren. „Kleinbürgerlich" war für Katja dagegen dessen Drogensucht – und für beide Manns das Leben von Thomas' älterem Bruder: Heinrich lebte in Berlin zunächst in wilder Ehe, heiratete dann eine Schauspielerin, ließ sich wieder scheiden und hatte Bekanntschaften mit leichten Mädchen. Schließlich führte er Nelly, eine „ordinäre Person", in die Familie ein.

Zum Zerwürfnis mit siebenjähriger Funkstille zwischen den Brüdern führte 1915 etwas anderes: Nach den „Buddenbrooks" tat sich Thomas Mann lange mit dem Schreiben schwer, während Heinrich ein Buch nach dem anderen veröffentlichte.

Der Jüngere neidete ihm den Erfolg. Schon 1904 beschimpfte er Heinrich, dessen „künstlerische Persönlichkeit" rufe Hass in ihm hervor, seine Bücher seien so außerordentlich schlecht, dass

Heinrich Mann wurde als Schriftsteller berühmt durch Werke wie „Schlaraffenland. Ein Roman unter feinen Leuten" und „Professor Unrat", das 1928 unter dem Titel „Der blaue Engel" mit Marlene Dietrich verfilmt wurde.

sie ihn „zu leidenschaftlichem Widerstand" herausforderten. Zum Bruch kam es mit Beginn des Ersten Weltkriegs: Heinrichs Bücher waren, anders als die von Thomas, immer auch kritisch und politisch. Nun entsetzte er sich öffentlich über den Krieg. Thomas dagegen schloss sich dem „Hurra-Patriotismus" vieler Schriftsteller-Kollegen an. Auch im Dritten Reich hielt sich Thomas Mann lange zurück, bevor er offen Stellung gegen die Nazis bezog. Seine Heimat hatte er da schon verloren. Davor schützte den „Nationaldichter" auch nicht, dass er für die „Buddenbrooks" 1929 mit dem Literaturnobelpreis geehrt worden war. (Allerdings hatte er sich damals empört, dass er die Ehre nur für dieses Buch und nicht für sein ganzes Werk erhielt und „Der Zauberberg" nicht einmal erwähnt wurde.)

Im Februar 1933 brach Thomas Mann mit Katja zu einer Vortragsreise nach Holland, Belgien und Frankreich auf – und kehrte nicht mehr nach Nazi-Deutschland zurück. Er hatte sich mit einer Festrede zum 50. Todestag Richard Wagners in München den Hass der Nationalkonservativen zugezogen, weil er den von ihnen verehrten Komponisten als ängstlichen, nervenkranken Mann bezeichnete. Im April erschien deshalb in den Münchner Neuesten Nachrichten ein Protestschreiben gegen ihn. Die Manns entschieden, dem Hitler-Reich besser fernzubleiben, und siedelten nach Küsnacht bei Zürich über. Wie viele damals glaubten sie, der Nazi-Spuk werde bald vorübergehen. Thomas Mann trauerte vor allem seiner Villa in München nach, die von den Nationalsozialisten beschlagnahmt wurde. Ihm verweigerte man erst die Verlängerung des Passes, dann wurde ihm die Staatsangehörigkeit entzogen. Gedrängt vor allem von den Kindern Erika und Klaus bezog Thomas Mann 1936 endlich in einem offenen Brief an die Neue Zürcher Zeitung Stellung gegen Hitler und Nazi-Deutschland, das nicht mehr sein Land sei. Er sagte: „Wo ich bin, da ist Deutschland." Schließlich stellte ihm das tschechoslowakische Konsulat in der Schweiz einen Pass dieses Landes aus. Dreimal reisten die Manns in dieser Zeit in die USA und zogen 1938 schließlich ganz in die Vereinigten Staaten. Die New Yorker Columbia-Universität verlieh Thomas Mann die Ehrendoktorwürde, von der Princeton-University bekam er einen Lehrauftrag. 1941 zogen die Manns nach Kalifornien und bauten sich in Pacific Palisades bei Los Angeles ein eigenes Haus. Die Familie war auf teils abenteuerlichen Wegen nachgekommen.

1944 wurden Katja und Thomas Mann amerikanische Staatsbürger. In den USA beendete der Schriftsteller seinen biblischen Roman „Joseph und seine Brüder“, näherte sich mit „Lotte in Weimar“ Goethe an, dem er schließlich mit seinem „Doktor Faustus“ folgte. Bei seinen Landsleuten meldete er sich von 1940 an einmal im Monat mit Radiobeiträgen unter dem Titel „Deutsche Hörer“: Darin klärte er seine Landsleute über die Nazis auf, manchmal goss er auch beißenden Spott über Adolf Hitler. Die britische BBC sendete diese Botschaften durch den Äther nach Deutschland.

Nach Ende der NS-Herrschaft und des Zweiten Weltkriegs 1945 zögerten die Manns lange, nach Europa zurückzukehren. Gegen Deutschland, vor dem, wie Mann sagte, „die Menschheit sich schaudert“, hatten sie sich längst entschieden. Viele derer, die nicht ins Exil hatten gehen wollen oder können, warfen Thomas Mann damals Selbstgerechtigkeit vor. Vier Jahre später reiste der Schriftsteller zum 200. Geburtstag Goethes für Vorträge nach Frankfurt und Weimar. Für den Besuch im Osten wurde er im Westen kritisiert, wogegen Mann sich wehrte: „Ich kenne keine Zonen. Mein Besuch gilt Deutschland!“ Im britischen Oxford bekam er noch einen Doktorhut, den dritten im schwedischen Lund. In Skandinavien erreichte Katja und Thomas Mann die Nachricht vom Selbstmord ihres ältesten Sohnes im französischen Cannes – sie änderten deshalb nicht ihre Reiseroute. Im August bekam der Dichter den Frankfurter Goethepreis. 1952 schließlich kehrten die Manns ganz nach Europa zurück, und zwar wieder in die Schweiz. Die Amerikaner hatten den berühmten Schriftsteller mit ihrer Kommunistenhatz und dem Vorwurf, er sei ein Anhänger des Moskauer Diktators Stalin, vergrault. Im April 1954 bezogen Katja und Thomas Mann in Kilchberg ihr letztes Domizil. Im Jahr darauf hielt er zu Friedrich Schillers 150. Todestag Reden in Stuttgart und wieder Weimar, bekam in Jena den vierten Ehrendoktor und in seiner Geburtsstadt die Ehrenbürgerwürde. Im Juli verbrachte das Ehepaar Mann ein paar Tage in Holland. Der Dichter hatte Schmerzen im Bein. Deshalb mussten sie vorzeitig zurück nach Zürich. Mit einer Thrombose kam Thomas Mann ins Kantonsspital. Dort starb er, 80-jährig, am 12. August 1955.

Goethe, Faust, Mephisto?

„Man wird später Bücher über uns schreiben!", prophezeite Thomas Manns ältester Sohn Klaus 1936. Genau so kam es. Das Leben jedes Einzelnen dieser Familie, ob Frau oder Kind, bietet Stoff für noch viele Romane über die hinaus, die der größte deutsche Schriftsteller des 20. Jahrhunderts selbst schon schrieb. Über allem und allen thront freilich er, der Patriarch Thomas Mann, der sich in der Mitte seines Lebens selbst als etwas „einsam Ragendes" bezeichnete und der sich für den „Überlebenden einer höheren Epoche" hielt. Ganz so, als sei er Goethe und Faust zugleich – vielleicht aber auch ein bisschen Mephisto …

Irrungen und Wirrungen

„Liebe Frau Missionar! Heute lief uns ihr Sohn weg mit Hinterlassung von Selbstmorddrohungen. Er hatte sich vorher heimlich Geld geborgt und einen Revolver gekauft." Schon wieder Sorgen um das Kind! Stehenden Fußes macht sich die besorgte Mutter in Calw auf den Weg ins achtzig Kilometer entfernte Bad Boll, um nach ihrem Jungen zu sehen. Als sie ankommt, hat er tatsächlich versucht, sich das Leben zu nehmen. Gott sei Dank ohne Erfolg. Aber was nun? Derart wütend hat sie den mit der Familie befreundeten Seelsorger noch nie erlebt, der sich so freundlich bereit erklärt hatte, den Sohn unter seine Obhut zu nehmen. Doch jetzt kennt der Pastor kein Pardon: Sie solle den 15-Jährigen auf der Stelle nach Stetten bringen, dort „unangemeldet mit Sack und Pack" vor der Tür des Kollegen an der dortigen Heil- und Pflegeanstalt stehen. „Sonst behält er ihn keinesfalls."

Dass die Eltern ihn ins „Irrenhaus" steckten, hat der spätere Dichter ihnen nie verziehen. Sechs verzweifelte Wochen verbringt er dort, bis ihn der Vater, der von ihm nur noch mit „Sie" und „Herr" angesprochen wird, endlich aus dem „Gefängnis" erlöst. Doch zu Hause geht's nicht lange gut. Ein zweites Mal wird er unter geistig Verwirrten eingesperrt, bis ein Freund des Vaters, wiederum ein Pastor, ihn zu sich in die Schweiz holt. Die Stettener Anstalt hatte ihrem Patienten einen Zustand zwischen „primärer" und „moralischer Verwirrtheit" attestiert, mit dem Hinweis, letztere sei heilbar, bei der erstgenannten dem Patienten nicht zu helfen. Dem Geistlichen in Basel gesteht dessen Schützling, er wolle aufs Gymnasium gehen. Und der fromme Mann rät den Eltern: „Ich würde in Gottes Namen es wagen und die Doktoren bei Seite lassen." Es folgten noch einige Irrungen und Wirrungen, bis ihr Sohn endlich den Weg in das für ihn richtige Leben fand.

Wer war das?

Hermann Hesse –

die Reise zum Ich

Geboren am 2.7.1877 in Calw
Gestorben am 9.8.1962 in Montagnola/
Schweiz

Schon im August 1881 hatte Marie Hesse
notiert: „Der Bursche hat ein Leben, eine
Riesenstärke und eine Art ganz erstaunlichen
Verstand für seine vier Jahre." Schon damals machte ihr der
kleine Hermann Sorgen: „Wo will's hinaus? Es zehrt mir ordent-
lich am Leben dieses innere Kämpfen gegen seinen hohen Ty-
rannengeist, sein leidenschaftliches Stürmen und Drängen."
Schnell waren sich die Eltern einig, man müsse „diesen stolzen
Sinn in Arbeit nehmen", sprich: den Willen des Kindes brechen. Nein, böse Leute waren die Hesses nicht. Sie taten nur,
was bis weit ins 20. Jahrhundert als richtige Erziehung galt. Die
Einweisung Hermanns in eine Heil- und Pflegeanstalt war pure
Hilflosigkeit. Auch diesmal setzte sich der inzwischen 15-jäh-
rige Dickkopf durch und durfte aufs Gymnasium nach Cannstatt
gehen – um erneut zu scheitern. „Mehr als vier Jahre lang ging
alles unweigerlich schief, was man mit mir unternehmen wollte",
schilderte er diese schwere Zeit. „Jeder Versuch, einen brauch-
baren Menschen aus mir zu machen, endete mit Misserfolg."

Als „Prachtexemplar von einem gesunden, kräftigen Burschen"
kam er am 2. Juli 1877 in Calw zur Welt. Er war das zweite von
fünf Kindern des evangelischen Missionars Johannes Hesse und
das vierte von dessen Frau Marie: Sie hatte bereits zwei Söhne
aus erster, verwitweter Ehe. Marie war die Tochter eines Missionars und in Indien geboren, wo auch Hermanns Vater eine

Zeit lang lebte. Danach arbeitete dieser im Calwer Verlagsverein, mit Unterbrechung von 1881 bis 1886 in Basel. Im Haus Hesse gingen Besucher aus aller Herren Länder ein und aus. Der kleine Hermann erfuhr nicht nur vom „lieben Gott" der Christen, sondern auch von Buddha und fernöstlicher Philosophie.

Die Hesses hatten ihre liebe Not mit dem temperamentvollen Knaben: Einmal schwänzte er die Schule und wurde zur Strafe ins Gästezimmer gesperrt. Von dort rief der Knirps: „Das hilft euch nicht viel. Ich kann zum Fenster hinaussehen und mich unterhalten." Ein andermal quittierte er die Ermahnung, im Bett endlich still zu sein, mit: „Gelt, ich singe so schön wie die Sirenen und bin auch so bös wie sie." Die Schule hasste Hermann, mit Ausnahme des Griechischlehrers. Bald verfasste er Gedichte in der Sprache Homers ebenso spielend wie deutsche im Stile Hölderlins. Schillers „Wallenstein" übersetzte er ins Lateinische. Als 13-Jähriger kam Hermann nach Göppingen, um das Württembergische Landesexamen abzulegen. Dieses Examen ermöglichte Kindern aus nicht wohlhabenden Familien eine kostenlose Ausbildung zum evangelischen Theologen im Klosterseminar Maulbronn. Wie vermisste er in der Industriestadt Göppingen die Bäume, Vögel und Schmetterlinge, Hühnerhöfe und kleinen Werkstätten von Calw! Die strenge Pensionsmutter machte ihm das Leben obendrein schwer. So zog Hermann im Herbst 1891 nach bestandener Prüfung recht froh nach Maulbronn hinter malerische Klostermauern. Begeistert schrieb er im März darauf den Eltern, wie wohl er sich fühle trotz des straffen Tagesablaufs: Unterricht von morgens um Viertel vor acht bis abends um sieben. Nur mittags gab's zwei Stunden Pause. Zwei Wochen nach diesem Brief tauchte er zum Nachmittagsunterricht nicht wieder auf. Erst mussten die Mitschüler nach ihm suchen. Dann wurde die Gendarmerie informiert. Keine Spur von dem 15-Jährigen! Erst am nächsten Tag griff ein Landjäger den hungrigen, durchgefrorenen Hermann auf und brachte ihn zurück ins Kloster. 23 Stunden war er unterwegs gewesen, unterbrochen nur durch kurzen Schlaf bei minus sieben Grad unter offenem Himmel, angetrieben von einem einzigen Wunsch: Ich muss hier weg und endlich Dichter werden! Für einen Tag wurde er zur Strafe bei Wasser und Brot in den Karzer gesperrt. Danach ging's ihm erst recht schlecht: Er klagte, er habe eiskalte Füße und fühle sich zugleich, als habe er Feuer im Kopf. Er war nervös und reizbar. Die Mitschüler mieden ihn. Schließlich musste er das Kloster verlassen. In ihrer Not brachten ihn die Eltern zu Christoph Blumhardt nach Boll. Der Pfarrer leitete das dortige Kurbad und war bekannt dafür, dass er Kranke mit Gebeten heilte.

Anfangs fühlte sich Hermann bei ihm ganz wohl, spielte Billard, musizierte, lernte tanzen. Dann verliebte er sich. Doch die sieben Jahre ältere Frau wies ihn zurück, was ihn erneut verzweifeln ließ. Er lief weg und hinterließ ein Schreiben, in dem er ankündigte, sich das Leben zu nehmen. Nach dem missglückten Selbstmordversuch landete er in der Stettener Nervenheilanstalt. Schließlich verwandte sich ein Freund des Vaters für ihn und riet, den Jungen seinem Wunsch gemäß nach Cannstatt aufs Gymnasium zu schicken. Auch das ging schief. Wieder wurde Hermann Opfer seiner schwankenden Stimmungen: Mal trieb er sich fröhlich zechend in Wirtshäusern herum, mal brütete er über düsteren Gedanken, dann las er nächtelang Bücher von Heinrich Heine oder Eichendorff, am liebsten dessen „Taugenichts“. Nach einem Jahr brach er die Schule ab. Nun wollte er es in Esslingen mit einer Buchhändlerlehre versuchen, lief aber nach drei Tagen wieder weg. Zurück in Calw, half er dem Vater in dessen Missionsverlag. Doch die beiden hatten sich nichts mehr zu sagen. Vielleicht konnte ein Handwerk Hermann auf den richtigen Weg bringen? Im Frühsommer 1894 fing er in der Calwer Turmuhrfabrik Perrot zu arbeiten an. Die nächsten

15 Monate stand er Tag für Tag an Drehbank und Schraubstock oder kletterte im Kirchengebälk herum, um Glocken aufzuhängen – und so Stufe für Stufe raus aus seiner Depression. „Die böse Zeit voll Zorn und Hass und Selbstmordgedanken liegt hinter mir. Immerhin hat sie mein dichterisches Ich ausgebildet", sagte er. Dazu hatte auch die Literatur beigetragen: Jede freie Minute verbrachte Hermann in der Bibliothek der Eltern. Er las Goethe und Schiller, die Romantiker, Cervantes und Grimmelshausen, Charles Dickens und Ibsen.

Nun trat er ein zweites Mal eine Buchhändlerlehre an. Von 1895 bis 1899 sortierte er Bücher bei einem Lehrherrn in Tübingen. Von Lebensmut zeugte auch seine Unterkunft: Er hatte die Wände seines Zimmers mit Fotos aus Zeitschriften dekoriert, darunter eines des Philosophen Nietzsche und eines des Komponisten Chopin. Und es gelang ihm, eigene Gedichte bei Zeitungen unterzubringen. Er bekam sogar Geld für diese „lyrischen Nippes und Stoßseufzer", wie er sie später abwertend nannte. Im Herbst 1898 erschien sein erstes Buch „Romantische Lieder", ein Jahr später das zweite. Er wechselte von Tübingen zu einem Antiquar nach Basel und schrieb Rezensionen für die „Allgemeine Schweizer Zeitung". Er entdeckte sein Interesse an Geschichte und Kunst. Bald hatte Hermann mehr gelesen und erfahren, als mancher Student an Wissen an der Universität zusammenträgt. 1901 konnte er sich eine Reise nach Genua, Florenz und Venedig leisten. Und es ging weiter bergauf: Nachdem 1902 sein drittes Buch mit fast 200 Gedichten erschien, bat ihn ein Berliner Verleger, ihm Beiträge anzubieten. Daraufhin erschien 1904 die Geschichte vom Bauernjungen „Peter Camenzind", der gegen den Willen des Vaters in die Welt hinauszieht, um sich zu bilden. Zur Ruhe findet er erst zurück in Natur und Heimat. Der „Camenzind" wurde ein riesiger Erfolg und Hesse wollte sein Geld nun ausschließlich mit Schreiben verdienen.

Auch sonst kam sein Leben in eine neue Bahn: Im Frühjahr 1903 hatte er die Baseler Fotografin Maria Bernoulli kennengelernt. Im Sommer darauf waren die beiden verheiratet und zogen aufs Land. Sie fanden in Gaienhofen am Bodensee in einem Bauernhof eine Bleibe. Bald waren sie zu dritt mit Sohn Bruno. Dann bauten sich die Hesses ein eigenes Haus. Der Dichter hatte vor allem am Garten Freude – und an zwei weiteren Söhnen. Häufig waren Maler, Musiker und andere Künstler zu Gast. Hier schrieb sich Hesse mit der Erzählung „Unterm Rad" sein Jugend-Elend von der Seele. Die Rezensenten feierten ihn. Er aber quälte sich mit der alten Frage: „Bin ich eigentlich glücklich?" Die Schwermut war zurückgekehrt. Er dichtete: „Seltsam im Nebel zu wandern! Leben ist Einsamsein. Kein Mensch kennt den andern. Jeder ist allein." Schließlich entfloh er der Familienidylle mit einem Freund Richtung Indien.

Durch seine Eltern hatte Hesse einen Bezug zu Indien. Dorthin zu reisen, war zu seiner Zeit aber auch modern.

Nach dem Besuch von Sri Lanka, Malaysia, Singapur und Sumatra kehrte er krank und enttäuscht zurück. Zwar hatte er „die Fülle und Üppigkeit aller natürlichen Gaben" gefunden und „die schlichten, einfachen, kindlichen Menschen des Paradieses", aber auch festgestellt: „Wir selbst sind anders, wir haben längst das Paradies verloren. Das neue, das wir haben und bauen wollen, liegt in uns." Es hatte keinen Sinn, die „magischen Brücken" der Versöhnung mit sich selbst anderswo zu suchen. Bei ihm kündigten sich neue „Jahre des Leidens, Jahre der Unruhe, Jahre der Verzweiflung" an. Auch ein Umzug mit der Familie in die Schweiz nach Bern im Jahr 1912 half nicht weiter. Von seiner Frau hatte er sich entfremdet. Obendrein wurde Maria krank, schizophren und musste in eine Anstalt. 1919 trennten sie sich. Freunde nahmen die Kinder auf. Der Erste Weltkrieg hatte Hesses Gemütslage noch verschlimmert. Zwar musste er nicht ins Feld, wurde aber der Deutschen Gesandtschaft in Bern zur Kriegsgefangenenfürsorge zugeteilt. Er bettelte Bücher für die Internierten im Ausland zusammen und gab eine Zeitschrift für Gefangene in Frankreich, England, Russland und Italien heraus.

Nach Ende des Krieges zog Hesse nach Montagnola im Tessin, erst in die „Casa Damuzzi", dann, 1931, in die „Casa Hesse". Die hatte ein Freund extra für ihn gebaut und ihm zur Verfügung gestellt. In Montagnola schrieb Hesse unter dem Pseudonym „Emil Sinclair" seinen „Demian", die Geschichte eines Jungen, der sich von den „Dämonen" seiner Kindheit löst und so endlich zu innerer Freiheit findet. Diesen Weg verfolgte der Dichter selbst durch eine Psychoanalyse und setzte ihn als Schriftsteller 1922 mit „Siddharta" fort: Darin gibt ein Mensch alle Dogmen auf und findet seinen Frieden in der Natur.

1924 heiratete Hesse, inzwischen Schweizer Staatsbürger, Ruth Wenger. Diese Ehe scheiterte nach drei Jahren. Trotz seiner Erfolge als Dichter war Hesse auf Hilfe von Freunden angewiesen: Die Honorare, die aus Deutschland kamen, waren wegen der Inflation nichts mehr wert. Er nannte sich einen „abgebrannten Literaten" in ausgefransten Anzügen, der sein Abendessen in Form von Kastanien nach Hause trage. Trotzdem ging es Hesse besser denn je – seine Bücher führten ihn zum eigenen Ich, dazu, sein Heil nicht in Religionen, sondern in sich selbst zu suchen. Dazu gehörte auch „Der Steppenwolf", sein erfolgreichstes Buch, das 1927 erschien. Hesse nannte diesen „Wolf" einen zweigeteilten Menschen: Der eine Teil wolle „fressen, saufen, morden", der andere denken und „Mozart hören". Der Mensch habe zwei Auswege: „Entweder sich aufzuhängen oder aber zum Humor zu bekehren". Hesse riet zu Letzterem. 1931 heiratete er ein drittes Mal. Die Kunsthistorikerin Ninon Colbin blieb bis zu seinem Tod bei ihm. Dem Dritten Reich in Deutschland hielt Hesse sein „Glasperlenspiel" entgegen. In diesem Roman siegt die Humanität über die strengen Regeln der Gemeinschaft. Das Buch wurde von den Nazis verboten.

Hermann Hesse begab sich in die Hände Carl Gustav Jungs, eines Schülers von Sigmund Freud, dem Erfinder der Psychoanalyse.

Nach Ende der Hitler-Diktatur und des Krieges bekam Hesse 1946 den Literaturnobelpreis. Dem Festakt in Stockholm blieb er fern und schimpfte gegenüber Ninon: „Der Teufel hole den verfluchten Klimbim!“ Er fürchtete die zu erwartende Flut von Glückwünschen und Briefen. Die kamen auch aus anderem Grund: Zahllose Menschen erhofften sich von ihm nach den Jahren des Terrors Rat und Trost. Andere beschimpften ihn, weil er in einem Zeitungsbeitrag hart mit den Deutschen ins Gericht gegangen war, die jede Mitschuld an der Nazizeit abstritten. Er antwortete fast jedem. Er fühle sich, so sagte Hesse, dazu moralisch verpflichtet. Zur „Casa Hesse“ setzte auch ein Pilgerstrom ein. Ein Schild am Eingangstor bat schließlich um Rücksicht. Die Gemeinde Montagnola erhob Hesse an seinem 85. Geburtstag zum Ehrenbürger. Er bedankte sich für die vier Jahrzehnte, die er hier in Frieden hatte leben dürfen. Einen Monat später, am 9. August 1962, war Hermann Hesse tot.

Ein Dichter für Krisen

Dem Werk Hermann Hesses ergeht es ähnlich wie dem Autor selbst: Je nach Stimmungslage steht es im Ansehen unten oder oben. Nach dem Zweiten Weltkrieg hatte Hesse „Konjunktur“. In Zeiten des Wirtschaftswunders wurde er vergessen. In den Sechzigerjahren des vorigen Jahrhunderts zerriss der Vietnamkrieg die Welt und Amerikas Jugend entdeckte Hermann Hesse, gefolgt von den Deutschen. Danach beruhigte sich der Boom. Seit ständiges Wachstum und Wohlstand nicht mehr selbstverständlich sind, sucht der Zeitgeist wieder anderswo Sinn, zum Beispiel bei Hesse. Die Weltauflage seiner Bücher überschritt inzwischen die 120-Millionen-Grenze.

Der Kaiser von Abessinien

„Oh, Miss, Miss!" Sophie, das Hausmädchen, war zu Tode erschrocken, bevor sie ihre Herrin erkannte. Die stand in der Tür, das Gesicht geschwärzt, zusätzlich verunziert durch Schnauz- und Backenbart, auf dem Kopf einen Turban, unter dem zerzaustes Haar hervorquoll – und schüttelte sich vor Lachen. Ihre schmale Gestalt steckte in einem bunten, bestickten Kaftan. Über Brust und Bauch baumelte eine goldene Kette auf die Hüften. Von welchem Schabernack ihre Miss da kam, erfuhren Sophie und ganz England in den nächsten Tagen aus den Zeitungen. Vor dem Haus Fitzroy Square 29 im Londoner Stadtteil Bloomsbury lungerten Reporter und Fotografen, um einen Blick auf die 28-jährige, ohne die seltsame Maskerade aufregend schöne Frau zu werfen oder ein Wort von ihr zu erhaschen. Sie hatte zusammen mit ihrem jüngsten Bruder und dessen Freunden die Navy und deren Oberbefehlshaber bis auf die Knochen blamiert: Die sechs jungen Leute hatten die Militärs auf dem Flaggschiff der britischen Flotte genarrt, indem sie mit einem gefälschten, vermeintlich vom Außenministerium kommenden Telegramm für diesen Tag den Besuch des „Kaisers von Abessinien" ankündigten und darum baten, ihm und seinem Gefolge Zutritt zu gewähren. Ihre Hoheit wolle sich Großbritanniens ganzen Stolz ansehen, den damals modernsten, größten und strengstens bewachten Kriegskreuzer der Welt. Und so hatten der Kapitän, ein Admiral, Offiziere und Mannschaft der „Dreadnought" die Hacken zusammengeschlagen und vor dem „Kaiser" und seinem Gefolge, das aussah, als sei es einem Märchen aus „Tausendundeine Nacht" entsprungen, salutiert. Nur einer wunderte sich etwas über das seltsame Kauderwelsch, in dem die abessinischen „Herren" miteinander sprachen. Keiner ahnte, dass in einem der Kostüme eine Dame steckte.

Wer war das?

Virginia Woolf –
das flackernde Licht

Geboren am 25.1.1882 in London
Gestorben am 28.3.1941 im Fluss
Ouse bei Lewes/Sussex

Das Schelmenstück mit der „Dreadnought"
war das dreisteste, das sich Virginia Stephen, spätere Woolf, und die „Bloomsbury-Bande"
leisteten. Nur einmal war den jungen Leuten auf dem Schiff
das Blut in den Adern gestockt: Sie hatten sich untereinander
in einem Mischmasch aus Kisuaheli sowie altgriechischen und
lateinischen Zitaten von Homer und Vergil „verständigt". Und
plötzlich sagte ein Offizier, es gebe einen Matrosen an Bord, der
ihrer Landessprache mächtig sei – zurzeit aber leider auf Landur-
laub. Umso mehr schütteten sich Virginia, ihr jüngerer Bruder
Adrian und seine Freunde nach dem geglückten Jux vor Lachen
aus. Ihre Schwester Vanessa schimpfte, als sie von der Aktion erfuhr, vor allem, dass Virginia mitgemacht hatte. Sie selbst
hielt sich zwar auch nicht immer an die strengen Regeln, die
für Damen der spät-viktorianischen Gesellschaft galten. Aber
diesmal ging Virginia entschieden zu weit! Über deren spitze
Zunge dagegen amüsierte sich die ältere Vanessa manchmal
prächtig. So etwa, wenn „Ginia" Sätze formulierte wie diesen:
„Würden die Briten offen über WCs und Beischlaf sprechen,
dann könnten sie sich auch von allgemeineren Gefühlen ergreifen lassen." Oder über eine Besucherin spottete, sie sehe aus
„wie ein orientalischer Truthahn" mit einem „Mund, der sich
öffnet wie eine alte Ledertasche oder die intimen Teile einer
großen Kuh". Dabei war Virginia höchst sensibel und brach je-

des Mal, bevor ein neues Buch von ihr erschien, vor Angst zusammen, es könnte schlechte Kritiken bekommen oder jemand
gar abfällig über sie reden. Diese und andere Ängste trieben die
berühmteste englische Schriftstellerin mehrfach in den Wahnsinn und schließlich in den Tod.

Labil und zerbrechlich war das zweitjüngste von acht Geschwistern und Halbgeschwistern von klein auf. Mitschuld daran
trugen ihre Stiefbrüder Gerald und George: Sie hatten Virginia
von deren sechsten Lebensjahr an sexuell missbraucht. Als die
Mutter 1895 starb, hörte die 13-Jährige das erste Mal wie noch
so oft in ihrem Leben schreckliche Stimmen, sah Lichtblitze, die
in ihrem Kopf brüllende Schmerzen entfachten und bei ihr häufig in einer Ohnmacht endeten. Der Verlust der Mutter war für
Virginia „das schlimmste Unglück, das passieren konnte".

Zur Welt gekommen war Adeline Virginia Stephen am 25.
Januar 1882 in der Londoner Hyde Park Gate 22. Ihr Vater, der
später zum Sir geadelte Leslie, war Schriftsteller und Herausgeber des angesehenen Dictionary of National Biography. Ihre
Mutter Julia, eine schöne, empfindsame und fürsorgliche Frau,
rieb sich trotz der sieben Dienstboten für ihren Mann und die
acht Kinder auf. Die vier jüngsten, Vanessa, Thoby, Virginia und
Adrian, waren gemeinsame Stephens. Julia hatte Gerald, George
und Stella, der wie sie verwitwete Leslie die geisteskranke Laura
mit in die zweite Ehe gebracht. Laura kam schließlich in ein
Heim. Nach Julias Tod stemmte Stella den Haushalt, bevor sie
heiratete. Kurz danach starb auch sie und Virginia verlor ihre
zweite „Mutter".

Das Ehepaar Stephen unterrichtete seine Kinder selbst: Julia
lehrte sie Latein, Griechisch und Französisch, Leslie Mathematik,
wobei ihnen die Bildung der Töchter nicht so wichtig war. Die
waren ja „nur" Mädchen. Die Jungs durften später selbstverständlich studieren. Virginia nahm ihr Leben lang beim Rechnen

die Finger zu Hilfe. Dass aus ihr eine so wortmächtige Schriftstellerin wurde, war umso erstaunlicher, als sie erst mit drei Jahren anfing zu sprechen. Durchzusetzen wusste sie sich trotzdem:
Statt wie andere kleine Kinder zu brüllen, wenn sie Hunger hatte,
trommelte und klopfte der Dreikäsehoch so lange mit Fingern
und Fäusten auf den Tisch, bis er bekam, was er wollte. Als sie
lesen konnte, fraß sie Bücher in sich hinein. In der väterlichen
Bibliothek gab es ja reichlich Futter.

Als Neunjährige gab sie zusammen mit Thoby eine eigene
„Zeitung" heraus: Die „Hyde Park Gate News" erschienen vier-
zehntägig und berichteten der Familie von den häuslichen Ereignissen. In ihr fanden sich aber auch altkluge Lebensweisheiten
wie diese: „Frechheit bei kleinen Kindern sollte schon im Keim
erstickt werden, sonst wächst sich die Impertinenz, die das Kind
entwickelt, mit den Jahren zur Dreistigkeit aus. Sie wird dann
eine ernsthafte Plage für die Menschheit." Virginia oder „die
Ziege", wie die Geschwister sie nannten, dachte sich Erzählungen aus, veröffentlichte fiktive Liebesbriefe und unterhielt ihre
Leser in einem Fortsetzungsroman mit den „Erfahrungen eines
Londoners mit der Landwirtschaft". Inspiriert hatte sie dazu vermutlich das Landleben in Cornwall. Dort, in St. Ives, besaß die
Familie ein Ferienhaus. Jeden Sommer trieb sich Virginia mit
den Kindern des erweiterten Familienclans in der Natur herum
und tobte sich am, im und auf dem Wasser aus.

1904 folgte Sir Leslie nach qualvollem Krebsleiden seiner Frau
ins Grab, was bei Virginia erneut eine psychische Krise auslöste.
Danach fing sie an zu schreiben, um „mir zu beweisen, dass alles
mit mir in Ordnung sei, woran ich schon zu zweifeln begonnen
hatte". Nach dem Tod des Vaters beschlossen die Stephen-Ge-
schwister, das Haus in der Hyde Park Gate und das vornehme
Kensington zu verlassen. Erst aber unternahmen sie eine Reise,
die sie nach Venedig und Florenz führte. Für Vanessa, die Ma-

lerin werden wollte, war Italien das Paradies. Virginia dagegen war erneut auf dem Weg in die Hölle: Die Hotels empfand sie als „dunkle Höhlen", in denen eine „merkwürdige Spezies koboldartiger Frauen" herumgeisterte, „die Tieren gleichen, welche erst nachts zum Vorschein kommen". Zurück in England, brach sie völlig zusammen: Sie wurde rund um die Uhr von drei Krankenschwestern betreut. Aus ihnen hörte sie den Teufel sprechen. Er forderte sie auf, irre Dinge zu tun. Die Vögel redeten in ihren Ohren griechisch. Und im Garten sah sie König Edward VII., unanständige Reden führend, durch die Büsche schleichen. Schließlich stürzte sie sich aus dem Fenster, um sich umzubringen. Den ganzen Sommer über hatte die Geisteskrankheit Virginia fest im Griff. Erst bei Verwandten auf dem Land kehrte sie langsam in die Wirklichkeit zurück– und war wieder, als sei nichts gewesen.

Die Geschwister bereiteten derweil den Umzug nach Bloomsbury vor, einen Stadtteil, in dem „man" sich, wenn man besseren Kreisen angehörte, nicht niederließ. Gerade das zog die Stephens dorthin: Sie wollten frei und unabhängig von Konventionen leben – und waren entsetzt, als auch George sich im Gordon Square 46 einquartieren wollte. Vergeblich redete ihm Virginias Psychiater ins Gewissen, das nicht zu tun. Dann verliebte sich George und heiratete. Dadurch blieb es seinen Schwestern und besonders Virginia erspart, weiterhin mit dem einstigen Peiniger unter einem Dach zu wohnen. Das Leben der Stephens in Bloomsbury war skandalös: Dass zwei junge, ledige Frauen mit ihren Brüdern das Zuhause teilten, ging ja noch. Gegen jeden Anstand aber verstieß, dass ständig fremde Männer ein und aus gingen: Studienfreunde von Thoby und Adrian aus Cambridge, Literaten, Maler und andere Künstler. Diese intellektuelle Clique wurde als „Bloomsburys" berühmt. Oft saßen sie bis zum Morgengrauen diskutierend zusammen. Dabei ging es häufig um ganz

Zum „Bloomsbury"-Kreis gehörten auch angesehene Persönlichkeiten wie der berühmte Wirtschafts-wissenschaftler John Maynard Keynes und der Philosoph Bertrand Russell.

und gar nicht „gesellschaftsfähige" Themen wie Sex und gleich-geschlechtliche Liebe. Einige der Männer lebten ihre Homo-sexualität offen aus. Virginia gab ihnen einen obszönen Namen, der ihre Sexualpraxis widerspiegelte und nicht nur Frauen die Schamesröte ins Gesicht trieb. Überhaupt gefielen sich die Bloomsburys in vulgärer Sprache. Virginia machte keinen Hehl daraus, dass sie Frauen Männern vorzog, weil sie ihr mehr lägen „als diese leblosen Geschöpfe". Sie pflegte zärtliche Beziehungen nicht nur zu Vanessa oder der über ein Jahrzehnt älteren Violet Dickinson.

Ein paar Mal hatte Virginia schon für den „Guardian" Kritiken geschrieben. Jetzt begann sie, der angesehenen Literaturbeilage der „Times" Essays und Rezensionen zu liefern. Dem „Times Literary Supplement" blieb sie ihr Leben lang treu. Außerdem unterrichtete sie am Marley College, einer Abendschule für Ar-beiter. Sie „plauderte" über Geschichte und Bücher und ließ ihre Schüler und Schülerinnen Aufsätze über sich selber schreiben. Und sie setzte sich ein für die Frauenbewegung und das Recht auf Wahlen.

Doch die nächste Katastrophe stand bereits bevor: 1906 reisten die Stephens nach Griechenland. Vanessa erkrankte schwer – und nach der Rückkehr auch Thoby. Beide hatten sich mit Typhus infiziert. Thoby überlebte das nicht. Virginia trau-erte jahrelang um ihn, vor einem erneuten psychischen Absturz aber blieb sie vorerst verschont. Dafür war sie hin- und herge-rissen zwischen Eifersucht und Freude über das Glück, das ihrer Schwester widerfuhr: Vanessa hatte im Februar 1907 den Kunst-kritiker Clive Bell geheiratet. Adrian und Virginia überließen dem Ehepaar das Haus am Gordon Square und suchten sich in der Nähe, am Fitzroy Square, eine neue Bleibe. Virginia war nun mit Adrian allein und langweilte sich mit dem schweigsamen Bruder zu Tode. Manchmal aber hatte er kuriose Ideen: so wie

1910 die mit dem Jux auf der Dreadnought und dem „Kaiser von Abessinien".

Freunde und Familie beschlossen: „Virginia muss heiraten!" Aber wen? Sie selbst entdeckte die Freude am Flirten: Erst ließ sie sich von einem viel älteren Mann und einstigen Freund der Eltern umwerben, dann sah sie sich unter den „Bloomsbury"-Männern um und ging ein tollkühnes Techtelmechtel mit ihrem Schwager Clive Bell ein. Der war nach der Geburt seines ersten Kindes auf der Flucht vor dem Babygeschrei. Zu körperlicher Liebe aber kam es wohl kaum. Die einst missbrauchte Virginia scheute davor zurück. Gerade recht kam ihr 1909 ein Heiratsantrag von Lytton Strachey, einem Literaten und homosexuellen „Bloomsbury"-Mitglied. Doch nach wenigen Tagen lösten die beiden ihr Eheversprechen wieder. Was Virginia nicht wusste: Lytton hatte schon vorher mit Leonard Woolf, einem Freund aus gemeinsamen Gordon-Square-Zeiten, korrespondiert, der als Kolonialbeamter in Ceylon (heute: Sri Lanka) weilte, und ihm geschrieben, dass er, Leonard, eigentlich der Richtige für sie sei. Als Woolf im November 1909 zurück nach London kam, fasste er Virginia näher ins Auge. Die war mit Adrian erneut umgezogen und die beiden nahmen Leonard und einen weiteren Freund als Mitbewohner auf. 1912 machte Woolf ihr einen Heiratsantrag. Am 10. August wurde Virginia Mrs Woolf. Sie hatte Leonard vorgewarnt, er könne nicht mit einem normalen Eheleben rechnen und er hatte das akzeptiert. Darauf, dass Virginia manisch-depressiv und immer wieder hilflos ihrer Geisteskrankheit ausgesetzt war, hatte ihn niemand vorbereitet. Dass er dennoch zu ihr hielt, war der größte Beweis seiner Liebe.

Den ersten Wahnsinnsschub erlebte er bald. Virginia hatte 1913 ihr teils autobiografisches Buch „The Voyage out" („Die Fahrt hinaus") fertig geschrieben und beim Verlag ihres Halbbruders Gerald eingereicht. Danach begleitete sie Leonard, der sich als Sozialist politisch betätigte, auf eine Reise durch die englischen Industriegebiete. Obwohl Gerald das Manuskript lobte, peinigten sie Ängste, die Kritiker könnten es verreißen. Wieder stellten sich die teuflischen Kopfschmerzen ein, sie konnte nicht schlafen, kaum mehr essen, wurde von Fratzen verfolgt und landete in einer Klinik. Ohne Leonard aber wurde alles noch schlimmer. Er holte sie raus und brachte sie vorerst bei Vanessa unter. Dort machte Virginia mit Schlaftabletten den nächsten Selbstmordversuch, kam aber nach dramatischen Wochen wieder auf die Beine. Gegenüber Leonard musste sie sich schriftlich verpflichten, regelmäßig zu essen, zu ruhen, täglich ein Glas Milch zu trinken, zu fest gelegten Zeiten schlafen zu gehen und „vernünftig und fröhlich zu sein".

Nach Ausbruch des Ersten Weltkriegs 1914 löste sich das gemeinsame Quartier der „Bloomsburys" auf und die Woolfs zogen nach Richmond. Virginia begann langsam wieder, am gesellschaftlichen Leben teilzunehmen. Und als „Voyage Out" 1915 erschien, wurde es von der Kritik positiv aufgenommen. 1917 gründeten Leonard und sie mit der „Hogarth Press" ihren eigenen Verlag. 1919 zogen sie um in „Monk's House" in Rodmell in Sussex. Zwei Jahre später erkrankte Virginia während der Arbeit an „Jakobs Zimmer" erneut. Der Kopf dröhnte, der Puls raste und schlafen konnte sie nur unter Drogen. „Jakobs Zimmer" wurde ihr erster experimenteller Roman, in dem sie Gedankenfetzen und Sinneseindrücke aneinanderreihte. Und wieder befürchtete sie, die Leute würden das Buch und sie für verrückt erklären, weil sich ihre wirren Gedanken in der Biografie eines jungen Mannes widerspiegelten.

Als das Buch 1922 mit großem Erfolg erschien, lernte sie die Schriftstellerin Vita Sackville-West kennen. Ihr Mann war Botschafter in Persien (heute Iran) und sie eine bekennende Lesbierin. Virginia meinte erst, Vita sei „nicht so recht mein Ge-

Virginia Woolfs Schreibtechnik wurde „Bewusstseinsstrom" genannt, da sie ihre Romane nicht als fortlaufende Erzählung anlegte, sondern ihre Figuren in inneren Monologen Innenschau halten ließ.

schmack – auffallend, schnurrbärtig, bunt wie ein Papagei". Doch dann verliebte sie sich in diese Frau, die „mit vollen Segeln die hohe See befährt, wo ich Küstenschifffahrt betreibe". Drei Jahre lang waren die beiden Frauen Geliebte – Leonard nahm es hin. In ihrem Roman „Orlando" setzte Virginia Vita ein Denkmal.

Einige Jahre später schrieb Virginia Woolf das Buch „Ein eigenes Zimmer" und wurde dadurch zur Ikone der Frauenbewegung: Mit viel Witz schilderte sie, warum es weibliche Schriftsteller so schwer hatten, und meinte, mit einem Raum für sich und 500 Pfund im Jahr hätte Shakespeare längst eine Schwester. Das Buch fand auch in Amerika reißenden Absatz.

Mitte der Zwanzigerjahre waren die Woolfs wieder nach London gezogen, flüchteten aber nach Beginn des Zweiten Weltkriegs zurück in „Monk's House". Ihr Londoner Heim wurde 1940 durch die Bomben der Deutschen zerstört. Weil Leonard Jude war, beschloss das Ehepaar, sich gemeinsam umzubringen, falls Hitlers Wehrmacht in England einmarschieren sollte. In ihrer Garage horteten sie Benzin und hatten sich vorsorglich Gift besorgt. Um die Bilder des in Schutt und Asche fallenden Londons loszuwerden, flüchtete sich Virginia mehr denn je in ihre Bücher. An Vita schrieb sie: „Ich habe keine Angst, ich meine, um meinen eigenen Körper. Aber es ist ein alter Körper. Trotzdem hätte ich gern zehn weitere Jahre."

Ihre Psyche ließ das nicht zu: Am 28. März 1941 legte die 59-Jährige einen Brief für ihren Mann auf den Kaminsims in „Monk's House". Darin stand: „Liebster, ich spüre genau, dass ich wieder wahnsinnig werde. Ich glaube, dass wir eine solche schreckliche Zeit nicht noch einmal durchmachen können. Diesmal werde ich nicht wieder gesund. Du hast mir das größtmögliche Glück geschenkt. Ich glaube nicht, dass zwei Menschen haben glücklicher sein können – bis die schreckli-

Leonard Woolf hielt „Die Fahrt zum Leuchtturm" für Virginias schönstes Buch. Eigentlich war es ihre eigene Psychoanalyse.

che Krankheit kam. Ich kann nicht länger dagegen ankämpfen."

Dann ging sie über die Wiesen hinter dem Haus zum Fluss, stopfte sich, weil sie eine hervorragende Schwimmerin war, einen schweren Stein in die Manteltasche und stürzte sich in die Ouse. Ihre Leiche wurde erst drei Wochen später gefunden.

Der Wahn des Schreibens

Virginia Woolf war eine ebenso schillernde wie tragische Figur: Sie war witzig, romantisch, schön, ihre böse Zunge gefürchtet. Sie war kämpferische Feministin und Pazifistin. 1938 stellte sie in ihrem Buch „Drei Guineen" einen Zusammenhang her zwischen Männlichkeitswahn, Militarismus und Krieg. Sie war die erste „moderne" Schriftstellerin und eine der bedeutendsten des 20. Jahrhunderts. Zeitgleich mit James Joyce und dessen „Ulysses" entwickelte sie den Schreibstil des inneren Monologes, ließ Personen hinter Gedanken zurücktreten und nahm den Leser mit auf eine Reise in die Psyche. Sie schrieb, um dem Verrücktsein zu entgehen – andererseits brachten sie die Wahnsinnsblitze in ihrem Kopf auf die Ideen und dazu, so zu schreiben, wie sie schrieb. Virginia Woolf war very british und verkörperte etwas, was es so wohl nur in England gibt: Snobismus und Sozialismus in einer Person. Sie verband die Gesinnung der Labour Party mit dem Gehabe und den Ansprüchen der Upper Class.

Angst!

Würde sie es heute tun? Würde diese trockene, magere, gelbliche Person ihre Ankündigung heute wahr machen? Jeden Morgen dasselbe Grauen: Kaum hatte der Sechsjährige das elterliche Haus verlassen und für den Schulweg die Straße betreten, kündigte die Frau an seiner Seite an, sie werde dem Lehrer gleich erzählen, wie unartig er war. Und die Angst schnürte ihm die Kehle zu. Nicht, dass er sich einer Schuld bewusst gewesen wäre. Aber irgendetwas würde sich schon finden lassen, das man einem kleinen Jungen wie ihm hätte als böse, trotzig oder ungezogen auslegen können. Andererseits: Würde diese niedere Hausangestellte, die ihn auf Geheiß der Eltern tagtäglich zur Schule begleiten musste, es überhaupt wagen, einer Respektsperson wie dem Lehrer gegenüberzutreten, geschweige denn, ihn anzusprechen? Sie gehörte doch nur zum Gesinde. Gott sei Dank lag noch eine gehörige Strecke vor ihnen. Zeit genug also, sie von ihrem Vorhaben abzubringen. Er fing an zu bitten, dann zu betteln, sie möge es nicht tun. Doch die spitznasige Frau schüttelte nur mit dem Kopf. Er blieb stehen und bat artig um Verzeihung, ohne zu wissen, wofür. Sie kannte kein Erbarmen. Er klammerte sich an ihren Rock, um sie zum Stehenbleiben zu zwingen und dazu, ihm zu vergeben. Woraufhin sie meinte: Nun, auch dieses werde sie dem Lehrer erzählen. Schließlich drohte er ihr, den Eltern zu berichten, was sie mit ihm trieb. Sie lachte nur höhnisch. Auf den letzten Metern vor der Lehranstalt hämmerte es in seinem kleinen Kopf: „Sie wird es sagen. Sie wird es nicht sagen." Die Glocke schrillte. Er rannte los, um nicht zu spät zu kommen. Die Köchin blieb stehen … Am nächsten Tag war die Pein umso größer: „Sie hat es gestern nicht getan. Dann tut sie es bestimmt heute …", pochten die Gedanken in ihm.

Wer war das?

Franz Kafka

und die gläserne Wand

Geboren am 3.7.1883 in Prag
Gestorben am 3.6.1924 in Kierling bei
Klosterneuburg

31 Jahre später schilderte Franz Kafka seiner angebeteten Freundin Milena diese Szenen. Er beschrieb in dem Brief, wie sich aus der täglichen Qual des Schulwegs allmählich „jene Ängstlichkeit und totenaugenhafte Ernsthaftigkeit" entwickelte, die sich schon aus seinen Kindheitsfotos ablesen lässt. Diese Angst sollte ihn sein Leben lang begleiten, Angst, sich schuldig zu machen, ohne zu wissen, wodurch und woran. Nicht die Köchin allein, die tagtäglich auf dem Weg von der elterlichen Wohnung am Prager Altstädter Ring 2 in die Deutsche Knabenschule am Fleischmarkt ihre Macht über das Kind ausspielte, hatte diese Angst in Bauch, Herz und Kopf Franz Kafkas gepflanzt. Damit hatte bereits sein Vater begonnen, der seine Kinder „mit Kraft, Lärm und Jähzorn" erzog. Das hielt ihm der Schriftsteller später in einem hundertseitigen Brief vor Augen, den er allerdings niemals abschickte. Der Vater hätte ihn ohnehin nicht verstanden. Nach Kafkas Tod wurde dieser Brief – neben denen an Milena – zum aufschlussreichsten und meistgelesenen Dokument seines Lebens. Die „Dohle", das Wahrzeichen des väterlichen Galanteriewarenhandels („Dohle" heißt auf Tschechisch „kavka"), saß friedlich nur als Geschäftsemblem auf ihrem Zweig. Die andere „Dohle", der Vater, hackte mit dem spitzen Schnabel nach ihm. Leben hieß für Franz, sich in Acht zu nehmen, erst vor dem Vater, dann versuchte er, sich gänzlich unsichtbar zu

machen. Das Auffälligste an Franz sei seine Unauffälligkeit gewesen, erzählte ein Schulkamerad über ihn. Er selbst schrieb später von einer „gläsernen Wand", hinter der er lebte.

Franz war als erstes Kind des Ehepaares Hermann und Julie Kafka am 3. Juli 1883 in Prag zur Welt gekommen. Zwei Brüder starben früh. Von den drei Schwestern Elli, Valli und Ottla war ihm die jüngste die liebste. Die vier Kinder sahen ihre Eltern kaum: Vater und Mutter standen von früh bis spät in ihrem „Geschäft für Kurz- und Galanteriewaren, Modeartikel, Sonnenschirme, Spazierstöcke und Baumwolle", wie das Handelshaus Kafka hieß. Meist traf man nur beim abendlichen Mahl aufeinander. Dort hieß es, nicht den väterlichen Jähzorn auf sich zu ziehen. Dort erteilte Hermann Kafka seine dem Sohn meist unverständlichen Befehle.

Tagsüber waren Franz und seine Schwestern jener bösartigen Köchin ausgeliefert und einem freundlichen „Mädchen für alles". Später kam eine französische Gouvernante hinzu. Viermal im Jahr ging der Vater in die Synagoge und Franz begleitete ihn. Der Junge staunte, dass sein Erzeuger trotz der Franz fremden hebräischen Schrift immer genau auf die gerade verlesene Zeile in der Tora deuten konnte. Den jüdischen Glauben weckte der Alte in ihm aber nicht. Die Schule tat später ein Übriges, Franz die Religion zu verleiden. Hermann Kafka ging es einzig um gesellschaftliche Anerkennung. Deshalb war er in allem so beliebig: Als Franzens Bar Mizwa anstand, das Fest, das ihn zum vollwertigen Mitglied der jüdischen Gemeinde machte, schrieb das Familienoberhaupt auf die Einladungen „Confirmation". Der alte Kafka assimilierte sich – immer so, wie es gerade günstig erschien. „Bloß nicht auffallen!" war das Lebensmotto des gebürtigen Tschechen und Juden in der altösterreichischen Provinzhauptstadt Prag. Dort war die deutsch sprechende Bevölkerung zwar in der Minderheit, hatte aber das Sagen. Selbstverständlich kamen die Kafka-Kinder in eine deutsche Schule. Der Vater schimpfte mal über die Tschechen, dann auf die Deutschen, das nächste Mal bekamen die Juden seine Verachtung zu spüren. „Schließlich blieb niemand mehr übrig außer Dir. Du bekamst für mich das Rätselhafte, das alle Tyrannen haben", schrieb der Sohn in dem berühmten Brief. Wie sollte ein Kind da festen Boden unter die Füße bekommen?

Die Kafkas lebten im innersten Bezirk der Altstadt von Prag, direkt an der Grenze zum einstigen jüdischen Getto. Das bunte Durcheinander von Menschen verschiedener Völker, Regionen und Religionen, die Vergangenheit der „Goldenen Stadt" sorgten für diese ganz besondere Atmosphäre, die Franz Kafka liebte und zugleich hasste. Sie ließ ihn sein Leben lang nicht los. „Dieses Mütterchen hat Krallen", sagte er später zu seinem Freund und Schriftsteller-Kollegen Max Brod.

Nach der Deutschen Knabenschule kam der begabte Franz mit zehn Jahren in das altösterreichische humanistische Gymnasium im Kinsky-Palais. Im Erdgeschoss des Gebäudes residierte der Vater hinter seinen Galanteriewaren und Sonnenschirmen. Unter „humanistisch" verstanden die Lehrer, den Schülern lateinische und griechische Vokabeln einzupauken sowie das Auswendiglernen endloser Zeilen und Verse beliebiger Autoren. Da war nichts von Eintauchen in Geist, Werk und Werte der Antike, ganz zu schweigen von Verstandes- oder gar Herzensbildung. Und wieder war Franz beherrscht von Angst: Schon vor der Aufnahmeprüfung war er überzeugt von seinem Scheitern – und am Ende einer jeden Klasse träumte er, er habe das Ziel verfehlt. Wie bei dem Erlebnis mit der Köchin verstärkte jedes Gelingen in ihm das Gefühl, dann komme es sicher beim nächsten Mal umso schlimmer.

In dieser Zeit begann Kafka zu schreiben. Das taten auch seine Schulkameraden. Doch anders als sie trug der nun 14-Jährige

nie etwas vor, um nicht im Mittelpunkt zu stehen. Später verbrannte er seine ersten Schriften. Ganz hielt er sich vom Leben
aber nicht fern: Mit 16 schloss sich der Gymnasiast dem „Klub
der Jungen" an, ein Kreis, der den Ideen des Sozialismus anhing.
Franz bestach daran vor allem die Forderung nach Solidarität.
Im Juli 1901 machte Franz das Abitur. Die Eltern belohnten ihn
mit einer Reise nach Norderney und Helgoland. Danach schrieb
er sich als Student der Chemie an der Universität ein, wechselte
aber nach nur zwei Wochen wie vom Vater erwünscht in die ju-
ristische Fakultät, dann zu Germanistik und Kunstgeschichte,
um im Wintersemester doch zu Jura zurückzukehren, das, wie
er meinte, „Gleichgültigkeit" erlaubte: Schließlich müsse er sich
hier geistig nur von „Holzmehl" ernähren, das „überdies schon
von tausend Mäulern vorgekaut war". Das „Holzmehl" sicherte
ihm nach achtsemestrigem Studium die Existenz: Erst hatte er
ein sicheres Einkommen bei der „Assicurazioni Generali", dann
von 1908 bis zu seiner vorzeitigen Pensionierung 1922 bei der
„Arbeiter-Unfall-Versicherungsanstalt für das Königreich Böh-
men". Dort musste er Unternehmen in Schadensklassen einstu-
fen und Vorschläge machen, wie die Betriebe das Unfallrisiko
für ihre Arbeiter senken konnten. Das tat er mit so überzeugen-
den Ideen, dass er schnell vom Aushilfsbeamten zum Vize-, dann
Anstalts- und schließlich Obersekretär aufstieg.

Der hölzerne, akribische Beamte hatte mit dem eigentlichen
Kafka aber wenig zu tun: Der saß jeden Tag von acht bis 14 Uhr
im Büro oder inspizierte Betriebe, schlief danach zu Hause drei,
vier Stunden, um anschließend eine Stunde spazieren zu gehen.
Dann nahm er das Abendessen zu sich und erwachte in der Nacht
zum eigentlichen Leben: Sobald Eltern und Schwestern zu Bett
gegangen waren, nutzte er die Ruhe im Wohnzimmer und
schrieb — meist von 23 Uhr bis um zwei, drei Uhr morgens.
Erst als 31-Jähriger bezog er eine eigene Wohnung.

In diesen Nachtstunden entstanden die verwirrenden, düsteren Geschichten über Menschen, die ausweglos undurchschaubaren Ereignissen und Mächten ausgesetzt waren. Wie im „Prozess", wo ein Angeklagter nicht weiß, was man ihm vorwirft, und noch nicht einmal die Möglichkeit bekommt, mit seinen Anklägern zu sprechen. Wie in „Die Verwandlung", in der die Hauptfigur eines Morgens in seinem Bett als Käfer erwacht und schließlich, hilflos auf seinem Panzer liegend, stirbt. Wie im „Schloss", das betreten zu dürfen sich ein vermeintlicher Landvermesser vergeblich bemüht.

Genau so vergeblich waren die Entscheidungen, die Franz Kafka für sein Leben zu treffen versuchte. Zum Hemmnis wurde ihm immer wieder, dass sich sein „Verlangen nach Menschen in Angst verwandelt, wenn es erfüllt wird". Manchmal fühlte er sich wie „versteinert". 1912 hatte er bei seinem Freund Max Brod Felice Bauer kennengelernt. Sie war die Tochter eines Berliner Versicherungsagenten und Prokuristin in einer Firma für Diktiergeräte, in deren Auftrag sie sich vorübergehend in Prag aufhielt. Kafka beschrieb sie in seinem Tagebuch wenig schmeichelhaft als Frau mit „knochigem leeren Gesicht, das seine Leere offen trug". Trotzdem begann er mit ihr einen Briefwechsel, verliebte sich in sie und verlobte sich schließlich mit ihr. Und das zwei Mal. Beide Male nahm er sein Eheversprechen nach nur wenigen Wochen wieder zurück. Vor dem ersten, 1914, hatte er ein Verhältnis mit einer Freundin von Felice. Dieser, Grete Bloch, klagte er, er müsse die Augen senken, um Felicens Zähne nicht zu sehen. Alles halte ihn davon ab, ihr zu nahe an den Leib zu gehen.

1913 hatte Kafka bei einem Aufenthalt in Riva am Gardasee eine Affäre mit einer 18-jährigen Schweizerin, deren Namen er in seinen Aufzeichnungen mit G.W. abkürzte und die ihn in einen Zustand der „friedlichen Betäubung" versetzte. Schon ver-

Grete Bloch bekannte 1940, lange nach Kafkas Tod, dass sie 1914 einen Sohn von ihm bekommen habe. Das Kind sei siebenjährig in einer Pflegefamilie gestorben. Kafka erfuhr von beidem nie.

lobt, schrieb er Felice von seinem „Wunsch nach besinnungs-
loser Einsamkeit", davon, dass er sich „von allem absperren, mit
allen mich verfeinden, mit niemandem reden" wolle.

Nach der zweiten Verlobung 1917 erkrankte Kafka an Lun-
gentuberkulose. Nach einem Bluthusten schrieb er in sein Ok-
tavheft: „Die Welt – F. (Felice) ist ihr Repräsentant – und mein
Ich zerreißen in unlösbarem Widerstreit meinen Körper." Vier
Monate danach hob er sein Heiratsversprechen wieder auf.
Zwei Jahre später verlobte er sich mit der 28-jährigen Julie
Wohryzek. Der Tochter eines Prager Synagogendieners war er
im Jahr zuvor in einem schlesischen Kurort begegnet. Auch
diese Verlobung scheiterte. In diesem Jahr schrieb Kafka den
Brief an den Vater. Der war über die Hochzeitspläne des mittlerweile 34-Jährigen mit der gesellschaftlich so weit unter ihm
stehenden Frau empört: Es gebe schließlich für einen erwachsenen Mann andere Möglichkeiten, als „gleich eine Beliebige zu
heiraten". Er bot dem Sohn allen Ernstes an, ihn, wenn er sich
allein davor fürchte, ins Bordell zu begleiten.

Kafkas Gesundheitszustand zwang ihn zu dieser Zeit bereits
häufig, die Arbeit zu unterbrechen. Immer wieder musste er in
Kur. Anfang 1920 reiste er für drei Monate nach Meran, um
„sich in einen Garten zu legen und aus der Krankheit so viel Sü-
ßigkeit zu ziehen, als nur möglich". Das tat er in den Briefen an
Milena: Die 25-jährige Journalistin lebte in unglücklicher Ehe
in Wien. Kafka hatte sie in Prag kennengelernt. Sie wollte seine
Bücher ins Tschechische übersetzen. Die beiden verliebten – und
quälten sich. Immerhin verlebten sie vier glückliche Tage zusammen in Wien, von denen Milena erzählte: „Ich habe seine
Angst eher gekannt, als ich ihn gekannt habe … In den vier Tagen, die er bei mir war, hat er sie verloren. Wir haben über sie
gelacht …" Trotzdem kamen sie nicht zueinander, auch wenn
sie sich fast bis zu Kafkas Tod Briefe schrieben.

1922 musste der Schriftsteller seinen Büro-Beruf ganz aufgeben. Im Jahr darauf begegnete er an der Ostsee der letzten Frau seines Lebens, die vielleicht seine wirklich große Liebe war: Mit der 20-jährigen Dora Diamant schaffte es der nun 40-Jährige endlich, sich vom Elternhaus und von Prag zu lösen. Im September 1923 bezog Franz Kafka mit Dora eine kleine Wohnung in Berlin. Dora pflegte ihn, er musste fast ständig das Bett hüten. Dennoch fühlte er sich wie befreit. Euphorisch berichtete er Max Brod, wie gut ihm der Wechsel nach Berlin tue: „Ich bin den Dämonen entwischt, jetzt suchen sie mich, finden mich aber nicht, wenigstens vorläufig nicht." Sie bekamen ihn doch zu fassen. Anfang März 1924 holten Brod und ein Onkel Kafka nach Prag zurück. Erst kam der unheilbar Kranke in die Universitätsklinik nach Wien, dann in ein Sanatorium in Kierling bei Klosterneuburg. Dora saß Tag und Nacht bei ihm. Am 3. Juni 1924 starb Franz Kafka. Er wurde in Prag begraben.

Aus dem Feuer

Dass wir Kafka und sein Werk überhaupt kennen, ist Max Brod zu verdanken. Der hatte sich dem letzten Willen des Dichters widersetzt, nach dessen Tod alle Schriften zu verbrennen. Kafka selbst nannte sie verächtlich „Gekritzel". Seine schroffe, karge Sprache, in der er das Ausgeliefertsein, die Hilflosigkeit und Existenzangst des Menschen schildert, schreckt anfangs ab, um den Leser dann umso magischer in den Text zu ziehen. Seine Parabeln überzeichnete er so sehr ins Absurde und Groteske, dass sie keine einheitlichen, endgültigen Interpretationen zulassen, aber jeder etwas für sich darin finden kann. Das Schicksal seiner Hauptfiguren ist „kafkaesk": Dieser Begriff steht inzwischen für rational nicht nachvollziehbare, ausweglose Situationen.

Der Crashtest

Plötzlich tauchte auf der Gegenfahrbahn hinter einem Lastwagen ein Auto auf und raste direkt auf ihn zu. Seine Gedanken überschlugen sich: Was tun? Nach links ausweichen? Das hieße, auf den Lkw zu prallen. Nach rechts? Da standen Bäume – und dahinter fiel eine Böschung fünf Meter tief steil nach unten. Sein Cabriolet in die Mitte zwischen zwei Stämme zu steuern, würde bedeuten, dass er mit dem Auto über den Straßenrand ins Leere fahren, abstürzen und sich nach hartem Aufprall wohl mehrfach überschlagen würde. Die Chance, das zu überleben, wäre gleich null. Blieb nur ein Baum. Er stieg in die Bremsen, ließ los, trat noch mal ins Pedal, um den Wagen so gut das auf die Schnelle ging, von den siebzig Stundenkilometern auf eine geringere Geschwindigkeit runterzustottern. Der Stamm kam näher. Achtung! Deckung und – Wumm! Es hatte geklappt! Er hatte, wie geplant, den Baum direkt mit der Mitte des Kühlers erwischt und so die Knautschzone der Blechschnauze optimal ausgenutzt. Der Kühler war zerbrochen, er aber kaum verletzt. Puh, gerade noch gut gegangen!

Dass das Chassis sich, wie er später behauptete, um den Baum gewickelt habe, war gelogen. Ein Foto des Wracks zeigte anderes. Für den detaillierten Bericht, in dem er den Unfall wenig später in einer Zeitschrift schilderte, bedankte sich der Autohersteller mit einem nagelneuen Wagen. War doch der Artikel über den unfreiwilligen Crashtest die beste Reklame für die Robustheit seiner Modelle. Schon den Unfallwagen hatte der Schriftsteller geschenkt bekommen. Damit hatte sich die Firma erkenntlich gezeigt, deren Namen er in seinem Gedicht „Singende Steyrwägen" erwähnte. Die erste Strophe ließ sie allerdings weg: Darin hatte er auf die Verflechtung von Auto- und Waffenindustrie angespielt.

Wer war das?

Bertolt Brecht –

der Dichter als Marke

Geboren am 10.2.1898 in Augsburg
Gestorben am 14.8.1956 in Buckow

Die Schiebermütze auf dem Kopf, den schmächtigen Oberkörper in eine schmale Lederjacke gepresst, einen Zigarrenstumpen lässig im Mundwinkel: So ließ sich Bertolt Brecht dandyhaft an seinem neuen Steyr-Cabrio lehnend fotografieren. Bekannter sind Bilder, auf denen er in einem grauen Arbeiteranzug steckt und eine runde Sehhilfe – Modell Krankenkasse – auf der Nase trägt. Was man nicht sieht: Der Graumann war maßgeschneidert, das Brillengestell aus teurem Titan. Auch die Schiebermütze hatte er aus feinem Stoff nähen lassen. Manchmal tauschte er die Arbeiterkluft gegen eine sackartige Lederjacke im Stil „Mann von der Straße". Bert Brecht liebte die Pose, vor allem die des leicht verwahrlosten Proleten. Schließlich war es die Welt der Ausgebeuteten, Arbeiter, Armen, ihre Erniedrigung und ihr Elend, die er für seine Werke inszenierte – und sich, als sei er einer von ihnen. Eine Anekdote erzählt, der Philosoph Ernst Bloch habe über den versnobten Dramatiker gespottet: „Herr Brecht hat sich einen kostspieligen kosmetischen Apparat konstruieren lassen, der ihm den Schmutz unter die Fingernägel schiebt." Zur „Marke B.B." gehörte der Macho: Zehn Finger reichen nicht, um seine Frauen aufzuzählen. Meist liebte er mehrere zugleich und erwartete von ihnen, das hinzunehmen, selbst aber treu zu sein.

Dabei stammte Eugen Berthold Friedrich Brecht aus einer grundsoliden Familie. Geboren wurde er am 10. Februar 1898 in Augsburg als erster von zwei Söhnen. Den Namen Eugen legte er später ab. Sein Vater Bertold Friedrich war vom kaufmännischen Angestellten zum Prokuristen und 1917 schließlich zum Direktor der Papierfabrik Haindl aufgestiegen.

Seine Frau Sophie war die Tochter eines Bahnhofsvorstehers. Die Brechts bewohnten sechs Zimmer in einem der Haindl'schen Stiftungshäuser, die der Vater verwaltete. „Beim Haindl", wie die Augsburger vom wichtigsten Arbeitgeber der Stadt sprachen, turnte der kleine Eugen auf Papiersäcken herum, lauschte den Gesprächen der Arbeiter und sah als Gast im Haus des Fabrikanten, wie es bei reichen Leuten zuging. In der evangelischen Schule mochte er besonders den Bibelunterricht: Noch als Erwachsener nannte Brecht das Buch der Bücher das von ihm meistgeliebte, das „unvergleichlich schön, stark", aber auch „böse" sei.

Mit zehn Jahren kam Brecht aufs Königlich Bayerische Realgymnasium und spitzte mit 15 für die Schülerzeitschrift „Die Ernte" die Feder. Ein Jahr später veröffentlichte er dort seinen ersten Einakter: „Die Bibel". Über Ideen und Formulierungen für seine literarischen Versuche brütete er daheim mit Freunden im „Zwinger". So nannte er seine Bude im Dachgeschoss. Dass ihn seit einem Herzanfall im Kindesalter Panikattacken und Todesängste quälten, vertraute er nur der Mutter und dem Tagebuch an.

Als Halbwüchsiger ließ sich Eugen von den Freudenmädchen der Augsburger Hasengasse in die Geheimnisse der Frauen einweihen und jagte bald jedem Rock hinterher: Da gab es die Buchhändlerinnen Käthe und Franziska, die Tochter der Milchfrau Sofie und Rosemarie aus dem Friseurgeschäft, die ihn erst abblitzen ließ. Wütend jammerte er: „Was sind 100 Möglichkeiten gegen eine Unmöglichkeit?" Mehr Erfolg hatte er bei „bittersweet", kurz „Bi" genannt. Diese, Paula Banholzer, ließ

Der Dichter Brecht rühmte sich gern seines Direktoren-Vaters, dabei war er schon 19, als dieser zu diesem Posten aufstieg.

221

er 1919 mit seinem Sohn Frank und der Bemerkung sitzen: „Die stärksten Männer haben Angst vor kleinen Kindern."

Als der Erste Weltkrieg begann, schrieb er unter dem Namen „Bertold Eugen" für die „Augsburger Neueste Nachrichten" und die „München-Augsburger Abendzeitung" patriotische Aufsätze und Gedichte. Er feierte die Völkerschlacht als „Sturmsinfonie unserer Zeit" und seinen Patriotismus mit Sätzen wie diesem: „Wir Deutschen fürchten Gott und sonst nichts auf der Welt." Im zweiten Kriegsjahr schlug seine Begeisterung jäh um. In einem Aufsatz bewertete der Schüler das Zitat des antiken Dichters Horaz „Dulce et decorum est pro patria mori" – „Es ist süß und ehrenvoll, für das Vaterland zu sterben" als „Zweckpropaganda" eitler „Hohlköpfe" und wäre deshalb fast vom Gymnasium geflogen. Ein andermal verhinderte er mit einem Trick das Sitzenbleiben: Nachdem er die entscheidende Prüfungsarbeit vergeigt hatte, strich Brecht willkürlich weitere Stellen rot an und fragte frech, was da falsch sei. Der Lehrer gab ihm die bessere Note … So brachte es Brecht 1917 zum kriegsbedingten Notabitur. Danach schrieb er sich in München an der Universität für Germanistik und Medizin ein. Als Medizinstudent musste er nicht an die Front, sondern wurde im letzten Kriegsjahr als Sanitäter in ein Augsburger Reservelazarett eingezogen. Er verkündete, er wolle „lieber Füße sammeln als verlieren." Aus den Erlebnissen dort entstand „Die Legende vom toten Soldaten". Sie trug Brecht eine Anzeige des Landesjugendamts Karlsruhe ein. Keine zehn Jahre später stand er wegen dieser Ballade als „volkszersetzender Schriftsteller" auf der schwarzen Liste der Nazis. 1933 verbrannten sie seine Bücher.

Nach der Novemberrevolution wurde Bayern zur Republik. Vorübergehend gehörte Brecht dem Augsburger Arbeiter- und Soldatenrat an. Aber eigentlich scherte er sich nicht um Politik – und auch kaum mehr ums Studium. Stattdessen verfasste er Gedichte, Lieder, sein Drama „Baal" und Theaterkritiken. Die waren so bissig, dass ihn eine Schauspielerin anzeigte und die Bühne seiner Heimatstadt ihm zeitweise den Zutritt verwehrte. Manchmal zog er mit der Klampfe in der Hand durch Münchner und Augsburger Kneipen und trug seine Verse vor. Auf dem Oktoberfest hatte er den Komiker Karl Valentin kennengelernt. Dessen „blutiger Witz" inspirierte ihn unter anderem zur „Kleinbürgerhochzeit". In diesem Einakter endet eine Hochzeitsfeier in einer Schlägerei zwischen zertrümmerten Möbeln. Als „Bi" 1919 mit seinem Sohn Frank niederkam, war für ihn selbst Heirat kein Thema. Um die „Schande" zu verstecken, schickten „Bis" Eltern ihre Tochter zur Entbindung aufs Land. Das Kind kam bei wechselnden Familien in Pflege.

1921 flog Brecht von der Uni, weil er die Vorlesungen schwänzte. Statt mit akademischen Arbeiten hatten sich seine Schubladen mittlerweile mit Gedichten und Dramen gefüllt. Anfang der Zwanzigerjahre reiste er mehrmals nach Berlin, um dort einen Verleger für seine Werke zu finden. In München legte er dem dramaturgischen Berater der Kammerspiele und Schriftsteller Lion Feuchtwanger seine Stücke „Baal" und „Spartakus" vor.

Und tatsächlich führte das Theater drei Jahre später „Spartakus", inzwischen umbenannt in „Trommeln in der Nacht". Die Parodie auf einen Kriegsheimkehrer, der seine Geliebte verlobt und schwanger vorfindet, sorgte für Aufsehen: auch, weil Plakate im Zuschauerraum das Publikum mit der Aufschrift „Glotzt nicht so romantisch!" anschimpften. Der Hauptdarsteller verglich Brechts Sprache mit „verwundetem, rohem Fleisch". Der Inhalt bürstete den Zeitgeist quer: Die „Trommeln" spielen vor dem Hintergrund des 1919 in Berlin blutig niedergeschlagenen Arbeiteraufstandes des kommunistischen „Spartakus"-Bundes. Brechts „Held" zieht nach kurzem Zögern das Ehebett

Baal ist ein lebenslüsterner Mensch, der alles tut, was sich nicht gehört: fressen, saufen, huren. Brechts Vater ließ seine Sekretärinnen das Manuskript ins Reine tippen. Denen waren manche Passagen so peinlich, dass sie sie wegließen.

Brechts erster Sohn Frank fiel mit 24 Jahren beim Russlandfeldzug der Deutschen im Zweiten Weltkrieg.

der Revolution vor: „Mein Fleisch soll im Rinnstein verwesen, dass eure Idee in den Himmel kommt. Seid ihr besoffen?"

Für die „Trommeln" bekam der 24-Jährige den angesehenen Kleist-Preis. Die Kammerspiele stellten ihn als Dramaturgen ein. Das feste Salär kam gerade recht – denn Brecht hatte seine neue Liebe, die Opernsängerin Marianne Zoff, geschwängert. Diesmal heiratete er, was ihn nicht hinderte, sein Verhältnis mit einer Medizinstudentin weiter zu pflegen. Marianne musste sich vor dem Jawort verpflichten, ihm derlei Freiheiten zu gewähren. Im März 1923 kam Tochter Hanne zur Welt. Auf ihren Vater wartete in Berlin schon die nächste Geliebte: Helene Weigel. Brecht hatte die Schauspielerin dort bei Proben für „Trommeln in der Nacht" kennengelernt. Sie brachte am 3. November 1924 seinen zweiten Sohn Stefan zur Welt. Da wohnte Brecht schon bei ihr. Er hatte zum Deutschen Theater nach Berlin gewechselt. 1929 heiratete er Helene nach der Scheidung von Marianne. 1930 wurde er Vater von Barbara und war ein gut verdienender Stücke- und Gedichtschreiber. Er bewohnte eine große Wohnung am Kurfürstendamm und besaß ein Haus in Utting am Ammersee.

Mit und für Brecht zu arbeiten, ob am Schreibtisch oder auf der Bühne, war hart. Schon in München hatte er die Schauspieler angeschrien: „Was ihr macht, ist alles Scheiße!" Selbst wenn ihm die Regie nicht oblag, schmiss er Szenen um oder änderte Texte fremder Autoren. Derer bediente er sich auch für die eigene Schreibarbeit. So verschärfte er ein Drama der Schriftstellerin und Geliebten Marieluise Fleißer, ohne sie vorher zu fragen. Seine eigenen Werke entstanden im Kollektiv – wie früher die Schülerzeitungsaufsätze im Augsburger „Zwinger". Kritiker warfen und werfen Brecht noch heute vor, über manchem seiner Werke müsste ein anderer Name stehen. Besonders dreist trieb er es mit Elisabeth Hauptmann, die in Berlin seine engste

Mitarbeiterin und, ja was wohl? – Geliebte war. Die berühmte „Dreigroschenoper" stammt zu großen Teilen von ihr: Sie hatte den „Urstoff" gefunden und aus dem Englischen übersetzt, dessen er nicht mächtig war. Die Musik komponierte Kurt Weill. Kritiker schimpften das Werk „literarische Leichenschändung", das Publikum aber war begeistert. Sätze wie „Die Welt ist arm, der Mensch ist schlecht. Wir wären gut – anstatt so roh. Doch die Verhältnisse, sie sind nicht so" passten in die Zeit wachsender Arbeitslosigkeit und Armut. Brecht las zu dieser Zeit „Das Kapital" von Karl Marx, das ihn zum Kommunisten werden ließ. Die Nazis hatten ihn am Vorabend von Hitlers Machtübernahme schon längst im Auge und hetzten gegen ihn. In München verschwand eines seiner Stücke von der Bühne.

Am 27. Februar 1933 brannte der Reichstag in Berlin, am nächsten Tag war Brecht mit Frau und Kindern über Prag nach Wien geflohen, reiste weiter nach Zürich und Paris und schließlich nach Dänemark. Dort kaufte er sich im Dezember ein kleines Haus auf der Insel Fünen, wo er die nächsten fünf Jahre blieb. Seine Geliebten Margarete Steffin und Ruth Berlau siedelten sich in der Nähe an. Brecht reiste nach Moskau und Paris, wo er 1935 auf einem internationalen Schriftstellerkongress eine Rede zum „Kampf gegen die Barbarei" hielt. Im selben Jahr wurde ihm die deutsche Staatsbürgerschaft aberkannt. 1938 führte er in Paris sein Stück „Furcht und Elend des Dritten Reiches" auf. Nach dem Einmarsch der deutschen Wehrmacht in die Tschechei zog Brecht mit Familie und Frauen im April 1939 weiter nach Schweden und nach dem Überfall auf Dänemark und Norwegen 1940 nach Finnland. Im März 1941 bestiegen die Flüchtlinge die Transsibirische Eisenbahn nach Wladiwostok, um sich nach Amerika einzuschiffen.

In Skandinavien entstanden zwischen 1933 und 1941 Brechts berühmteste Dramen. Es folgten acht unergiebige Jahre in

Auf der Flucht in die USA musste Brecht seine an Tbc erkrankte Geliebte Margarete Steffin schweren Herzens bei einem Zwischenstopp in Moskau zurücklassen. Sie starb kurz danach.

Amerika: Am 21. Juni 1941 war er in Los Angeles gelandet. Die Familie siedelte sich in Santa Monica an. Ruth Berlau zog weiter nach New York. Möbel, Kleider, alles, was die Brechts zum Leben brauchten, musste Helene Weigel bei der Heilsarmee besorgen. Ihr Mann litt. „Ich kann in diesem Klima nicht atmen", schrieb er in sein Tagebuch und klagte über den „american way of life": Hier müsse man alles „verkaufen", „vom Achselzucken bis zu einer Idee", eigentlich sogar „dem Pissoir seinen Urin". Er versuchte es ohne Erfolg mit rund fünfzig Drehbuch-Entwürfen für Hollywood, bis ihm mit „Hangmen also die" („Auch Henker sterben") ein Treffer glückte, dessen Erlöse zum Leben reichten.

Im Februar 1943 reiste Brecht nach New York – und nistete sich bei Ruth Berlau ein. Er traf andere Exilanten wie George Grosz und Lion Feuchtwanger, einstige Mitarbeiter wie Elisabeth Hauptmann und Kurt Weill. In der Ablehnung Hitlers waren sich die zahlreichen aus Deutschland geflüchteten Dichter einig – nicht aber in der Einschätzung der Landsleute zu Hause und der Frage, wer schuld sei an der Nazi-Barbarei. Zu den von Brecht meistgehassten Exilanten gehörte Thomas Mann, dessen Einstellung, die Alliierten sollten Deutschland „zehn oder zwanzig Jahre züchtigen", er „jämmerlich" fand. Er schimpfte, die Deutschen hätten nicht nur Hitler, sondern auch „die Romane des Herrn Mann geduldet". Er selbst glaubte an einen Sieg der Russen. Was er anfangs wohl nicht ahnte: Wie andere in Amerika lebende Hitler-Gegner wurde er seit dem Eintritt der USA in den Zweiten Weltkrieg 1941 vom FBI beobachtet. Sein Telefon wurde abgehört, seine Briefe von der Bundespolizei geöffnet. Brechts Dossier füllte am Ende 1000 Seiten. Nach Kriegsende begann in den USA die Kommunistenhatz. Und Brecht wurde am 30. Oktober 1947 vor dem „Ausschuss zur Untersuchung unamerikanischer Umtriebe" verhört. Noch am selben Tag packte er die Koffer – und flog am 31. nach Paris. Die Familie brachte er vorerst in Zürich unter. Da ihm Westdeutschland die Einreise verweigerte, machte sich Brecht via Prag auf den Weg nach Ostberlin. Dort wurde er im Oktober 1948 wie ein Prominenter empfangen. Wenige Monate später inszenierte er am Deutschen Theater seine „Mutter Courage und ihre Kinder". Und Brecht begann, das berühmte „Berliner Ensemble" aufzubauen, das dann Helene Weigel leitete. Im März 1950 wurde er Mitglied der Deutschen Akademie der Künste. Obwohl er – wie viele nach Deutschland zurückgekehrte Künstler – in der sowjetisch besetzten Zone lebte, wollte Brecht künstlerisch im gesamten deutschen Sprachraum tätig sein. Dazu brauchte er einen nichtdeutschen Pass. Den verschaffte ihm 1950 ein Direktoriumsmitglied der Salzburger Festspiele. Brecht sollte eine Alternative zum „Jedermann" schreiben. Das Projekt „Salzburger Totentanz" wurde aber nicht zu Ende geführt, weil es in der Presse Proteste gab, einem „ostzonalen Hausdichter" die Festspielbühne zu geben. Wenigstens war er jetzt Österreicher.

1951 bekam Brecht von der DDR den Nationalpreis Erster Klasse, obwohl die herrschende Sozialistische Einheitspartei nicht mit allem zufrieden war, was er schrieb. Ihr missfiel vor allem, wenn er nicht die führende Rolle der SED in den Vordergrund stellte. Als sowjetische Panzer am 17. Juni 1953 den Volksaufstand niederwalzten, ermahnte er sein Ensemble, sich mit den Forderungen der Arbeiter auseinanderzusetzen. Dem Rundfunk bot er an, auf Sendung zu gehen, blitzte aber ab. Der Staats- und Parteispitze schrieb er einen Brief, in dem er sie zur „großen Aussprache mit den Massen" aufforderte – und war wütend, als die Parteizeitung „Neues Deutschland" daraus nur den letzten Satz abdruckte, in dem es hieß: „Es ist mir ein Bedürfnis, Ihnen in diesem Augenblick meine Verbundenheit mit der Sozialistischen Einheitspartei Deutschlands auszusprechen." Das las sich wie eine bedingungslose Ergebenheitsadresse. In seinem Tagebuch hielt er fest: „Der 17. Juni hat die ganze Existenz verfremdet." Zwei Jahre später nahm er in Moskau den Internationalen Stalin-Preis entgegen.

1956 warf eine Virusgrippe Bert Brecht aufs Krankenbett. Auch danach war er ständig erschöpft. Dennoch reiste er am 10. August nach London zu Theaterproben. Vier Tage später, zurück in seinem Buckower Sommerhaus östlich von Berlin, erlitt er einen Herzinfarkt. Am Abend des 14. August 1956 war Bert Brecht tot. Begraben wurde er in einem Sarg aus Zink. Das hatte er sich gewünscht, um nicht zum Fraß der Würmer zu werden …

Mitdenken!

Das Thema Tod zieht sich durch Brechts gesamtes Werk – vielleicht, weil ihn wegen seines schwachen Herzens schon als Kind die Angst davor quälte. Mitte zwanzig entwarf er erstmals eine Inschrift für seinen Grabstein: „Hier ruht BB, rein, sachlich, böse." Im Lauf seines Lebens folgten 25 andere Vorschläge. Am Ende blieb's bei seinem Namen. Als Kommunist wurde Bert Brecht geliebt und gehasst, als Schriftsteller verehrt und beachtet. Mit seinem „epischen Theater" und den Verfremdungseffekten schrieb er Literaturgeschichte. Er revolutionierte das Geschehen auf der Bühne. Brecht wollte weder Illusionen noch Emotionen im Zuschauer auslösen. Statt zu träumen, sollte das Publikum denken, Theater nicht unterhalten, sondern belehren. Bei seinen Inszenierungen verzichtete er weitgehend auf Kulissen und Requisiten und ließ das Geschehen auf der Bühne von einem Spielleiter, Chor oder den Darstellern selbst kommentieren.

Ein Mann sein …

Er starb. Er dachte es nicht nur, er fühlte es. Erst blieb ihm der Atem weg. Dann fuhr sein „ganzes Ich" aus ihm heraus. Sein Körper trieb im Wind. So also war Sterben. Ein Moment nur oder eine Ewigkeit. Er konnte es später nicht sagen, nur, dass er zurückgekehrt war in seine Hülle. Er tastete sich ab. Ein Knie fehlte. Er fand es am Schienbein wieder. Erst jetzt packte ihn die Angst. Später, im Lazarett, holten sie 28 Stahlsplitter aus dem zerfetzten Bein. Ein paar Dutzend Mal musste er unters Messer, dann hatten sie ihn wieder zusammengeflickt.

Nach drei Monaten durfte er heim, dekoriert mit einem Orden. War ein Held. Ein ganzer Kerl. Ein echter Mann. Nicht für sie: Seine Mutter schrieb ihm ein Jahr danach, sie schäme sich, ihn geboren zu haben. Als er ein kleiner Junge war, hatte sie ihn in rosa Kleider gesteckt. Ihm ein geblümtes Häubchen über den Kopf gezogen, seine Haare wachsen lassen wie die seiner älteren Schwester. Er sollte ihr Zwilling sein. Jetzt sagte sie, er schände die Erinnerung an die Männer, deren Namen er trage. Er solle endlich selbst einer werden, „mit Saft und Kraft". Dann könne er sich wieder melden. Ein Mann „mit Saft und Kraft"? Okay, Mom! Kannst du haben! Er suchte die Gefahr. Er soff, raufte, prahlte, jagte Großwild und allem hinterher, was auf zwei Beinen ging und Röcke trug. Und schrieb, wie vor ihm noch keiner. So wurde er selbst zum Beschriebenen, ein Schriftsteller-Star, als Jäger zum Gejagten, am meisten von sich selbst.

Wovor floh er? Er wusste, wie sich Sterben anfühlt. Er hatte keine Angst vor dem Tod. Er überlebte zwei Flugzeugabstürze, aber nicht, dass er sich danach nicht mehr erinnern konnte: Eines Morgens stand er auf, lud die doppelläufige Flinte, mit der er sonst Tauben vom Himmel holte – und erschoss sich.

Wer war das?

Ernest Hemingway –
Jäger und Beute

Geboren am 21.7.1899 in Oak Park/Chicago
Gestorben am 2.7.1961 in Ketchum/Idaho

Gleich am ersten Tag seines Einsatzes an der österreichisch-italienischen Front musste Ernest Hemingway Leichen einsammeln – besser gesagt das, was davon übrig geblieben war. Eine Munitionsfabrik war explodiert. Zwei Tage danach wurde der ehrenamtliche Leutnant des Roten Kreuzes nach Fossalta di Piave, an den Südrand der Dolomiten versetzt. Dort sollte er Schokolade und Zigaretten an die Schützen in den Gräben verteilen. Eigentlich wollte Ernest ja nach dem Eintritt der USA in den Ersten Weltkrieg Dienst an der Waffe tun. Doch er sah auf einem Auge schlecht und der Vater verbot ihm, zur Army zu gehen. Deshalb hatte er sich als Sanitäter gemeldet. Zum Schokoladeverteilen kam er nicht. Am 8. Juli 1918, kurz nach Mitternacht, detonierte eine österreichische Kartätsche direkt neben ihm. Metallsplitter zerfetzten sein Bein, bohrten sich in sein Fleisch. Ob Hemingway, selbst lebensgefährlich verwundet, anschließend erst andere Schwerverletzte aus dem Kugelhagel schleppte, bevor er sich helfen ließ, oder ob das nur eine Legende ist – egal! Der 19-Jährige war ein Held, wurde zum Oberleutnant befördert und bekam einen silbernen Orden. Vieles, was Hemingway über sein Leben erzählte, war Provokation und Prahlerei, anderes klärte sich erst nach seinem Tod. Er mimte den harten Mann – dabei war vieles ganz anders …

Aufgewachsen war Ernest Miller Hemingway in geordneten Mittelstandsverhältnissen, geboren am 21. Juli 1899 in Oak

Park/Illinois, einem Vorort von Chicago. Nach Marcelline war er der erste Sohn seiner Eltern und blieb neben drei weiteren Schwestern bis zum 16. Lebensjahr der einzige. Ernests Mutter Grace Hall wollte eigentlich Opernsängerin werden, zog dann aber ein Leben mit dem Arzt und Geburtshelfer Clarence Edmonds Hemingway vor. Sie gab Musikunterricht, bei Ernest allerdings ohne rechten Erfolg. Ihr Mann war anders gestrickt. Er nahm Ernest mit zum Angeln und Jagen, lehrte ihn, mit der Axt umzugehen, und schenkte dem Zwölfjährigen das erste eigene Gewehr. Das Revier von Vater und Sohn waren die Flüsse und Wälder rund um Sommerhaus und Farm der Familie am Walloon Lake. Die Natur wurde Ernests eigentliche Heimat. Offenbar ließ Dr. Hemingway sich vom Sohn auch als Arzt über die Schulter sehen. Jedenfalls erlebt dessen „Nick Adams" in der Kurzgeschichte „Indianerlager" als Arztsohn die dramatische Entbindung eines Indianerkindes durch einen Kaiserschnitt.

Dass Hemingway seine Kindheit als „unglücklich" beschrieb, hatte mit der spannungsgeladenen Ehe seiner Eltern zu tun: Die Mutter schilderte er als tyrannische Person. Sie gab das Geld mit vollen Händen aus und scherte sich nicht darum, wie schwer es Dr. Hemingway fiel, genug davon zu verdienen. Dass sie den neben Clarence einzigen „Mann" in der Familie – Nachzügler Leicester kam erst 1915 zur Welt – in den ersten beiden Lebensjahren in Mädchenkleider steckte, werten Biografen Hemingways als weiteren Versuch, den Gatten zu demütigen. Später war der Sohn ihr nicht Mann genug. 1928 erschoss sich Ernests Vater. In „Wem die Stunde schlägt" ließ der Schriftsteller die Figur Robert Jordan über seinen Vater sagen: „Er war kein Lump. Er war einfach ein Feigling. Wenn er das nicht gewesen wäre, hätte er es mit dem Weibsbild aufgenommen". Damit meinte er den eigenen.

Nach der Highschool wollte der junge Hemingway nur noch

Als Hemingways Mutter 1951 starb, blieb er ihrer Beerdigung demonstrativ fern.

eines: weg! Als Soldat in den Ersten Weltkrieg zu ziehen, verbot ihm der Vater. Dafür brachte ihn sein Onkel auf eine andere Idee: Tyler Hemingway vermittelte dem 17-Jährigen beim „Kansas City Star" eine Stelle als Reporter. Der fand seine Storys bei der Polizei, in der Bahnhofsgegend und im Krankenhaus. Kaum brannte es irgendwo oder eine Polizeisirene ertönte, war Ernest unterwegs. Die Regeln fürs Schreiben, die er beim „Kansas City Star" bekam, prägten seinen späteren Stil: „Gebrauche kurze Sätze und kurze Einleitungen, verwende kraftvolles Englisch, schreib flüssig. Sei positiv!"

Eines Tages entdeckte Hemingway eine Anzeige des Roten Kreuzes: Sanitäter zum Kriegseinsatz in Europa gesucht! Er bewarb sich und bestieg am 21. Mai 1918 ein Schiff nach Bordeaux. Keine zwei Monate später lag er – schwerstverwundet – in Mailand im Hospital. Den Schock, so knapp am Tod vorbeigeschrammt zu sein, überspielte er in den Briefen an seine Eltern: „Hey Leute, das hat vielleicht einen netten Wirbel gegeben!" Die Kameraden seien ihm buchstäblich in Fetzen um die Ohren geflogen. Jetzt sei er mit Eichenlaub dekoriert und das sei „fast so gut wie getötet werden und den eigenen Nachruf zu lesen". Versüßt wurde ihm der Aufenthalt im Hospital von einer sieben Jahre älteren Krankenschwester: Mit Agnes von Kurowsky, einer Amerikanerin aus Washington D.C., hatte er einen heftigen Flirt – oder auch mehr. Mit Verweis auf den Altersunterschied gab sie ihm dann aber den Laufpass, was Hemingways Mannesstolz schwer verletzte.

Im Januar 1919 war er wieder daheim, flanierte in Uniform und maßgeschneidertem Militärcape durch Oak Park und ließ sich als Held feiern. Nachts aber fürchtete er sich, wenn das Licht ausging. Den Sommer verbrachte er beim Fischen und Angeln in Michigan und bot Zeitungen Geschichten an. Gedruckt wurde keine. Dann kam ihm der Zufall zu Hilfe: Bei einem seiner Vorträge über den Krieg wurde Harriett Connable auf ihn aufmerksam. Sie hatte einen etwas zurückgebliebenen Sohn in Hemingways Alter und meinte, der könne etwas von dem verwegenen jungen Mann lernen. Sie lud Ernest in ihre Familie nach Toronto ein und versprach, ihn als Reporter beim „Toronto Star Weekly" unterzubringen. Hemingway schlug ein. In Toronto schrieb er über alles – übers Fischen und Zelten, über Frauenboxen oder das Haareschneiden in der Friseurschule: „Ein Besuch des Unternehmens verlangt die nackte Kaltblütigkeit eines Mannes, der offenen Auges in den Tod geht." Wer das nicht glaube, solle sich für eine kostenlose Rasur zur Verfügung stellen … Hemingways Stil fiel auf – doch von dem Hungerlohn für seine Artikel konnte er nicht leben. Die Eltern meuterten, vor allem die Mutter – und schrieb den eingangs erwähnten Brief.

Im Herbst 1920 ging Hemingway als Polizeireporter nach Chicago und redigierte ein Wochenblatt. Nebenbei versuchte er es mit Prosa-Erzählungen. Er gehörte „The Club" an, einem Freundeskreis literarisch Interessierter. Mit dem Schriftsteller Sherwood Anderson war er sich einig, dass der Leser „sehen, fühlen, riechen, hören" müsse, was ein Autor meinte. Auf einer Party lernte Hemingway die Frau kennen, die seinen von Agnes verletzten Stolz wieder aufrichten sollte: die 29-jährige Elizabeth Hadley Richardson. Im September 1921 wurde sie seine Frau – die erste von vieren, denen er den Ehering über den Finger schob, eine von zahllosen anderen, mit denen er die ihm Angetrauten betrog. Chicago war mit seinen Gangstern, seinem Glücksspiel, den illegalen Alkoholgeschäften und der Prostitution ein lebensgefährliches Pflaster, aber eine Fundgrube für einen Reporter. Doch Hemingway wollte nach Europa zurück. Anderson hatte ihm nach einem Paris-Besuch vom literarischen Leben in der französischen Hauptstadt erzählt. Genau dort gehörte er hin! Hadley war einverstanden. Ende 1921 kam das Paar in Frankreich an. Ernest hatte einen Vertrag als freier Korrespondent des „Toronto Star" in der Tasche.

In Paris lebten damals viele amerikanische Schriftsteller. Viele waren wie Hemingway im Krieg gewesen, orientierungslos – und tranken. Die Schriftstellerin Gertrude Stein scharte diese und andere junge Künstler um sich, darunter James Joyce, Ezra Pound, Jean Miró und Pablo Picasso. Sie nannte sie „lost generation" – „verlorene Generation".

Auch Hemingway gehörte dazu. Dem „Toronto Star" lieferte er Reportagen nicht nur aus Paris, sondern auch von Reisen in die Schweiz, den Nahen Osten und nach Italien. 1923 entdeckte er im spanischen Pamplona seine Begeisterung für den Stierkampf, die er später – unter anderem in dem Roman „Fiesta" – verarbeitete. Im selben Jahr brachte Hadley „Bumby" John Hadley Nicanor zur Welt. Die Hemingways waren zur Entbindung nach Kanada gereist: Ihr Kind sollte die Welt auf amerikanischem Boden betreten. Mitte der Zwanzigerjahre erschienen Hemingways Kurzgeschichten als Buch. Er beeindruckte durch die Klarheit seiner Sprache, selbst wenn es um verworrene Gefühle ging. Geschichten, so meinte er, müssten sein wie ein Eisberg: Die Faszination beruhe darauf, dass der Betrachter nur ein Achtel von ihm sehe, aber um die sieben Achtel unter Wasser wisse.

Dem Reporter bot Europa reichlich Futter: Nach dem Ersten Weltkrieg wurde aufgeräumt, es gab spannende Polit-Konferenzen, die Franzosen besetzten das Rheinland, Türken und Griechen bekämpften sich, der Nahe Osten wurde neu verteilt. Hemingway hämmerte seinen Lesern mit kurzen, knappen Sätzen und Worten Bilder in die Köpfe, zum Beispiel vom Elend der Flüchtlingstrecks in Mazedonien. Er lieferte Lifestyle- und Sportreportagen, schrieb übers Angeln. Privat ging's turbulent

Der amerikanische Schriftsteller F. Scott Fitzgerald beschrieb den Seelenzustand der „lost generation", der „verlorenen Generation", nach dem Ersten Weltkrieg so: „Alle Götter sind tot, alle Kriege gekämpft, jeder Glaube zerstört."

zu: Ernest hatte 1924 Pauline Pfeiffer kennengelernt. Die Moderedakteurin der amerikanischen „Vogue" war so schön, dass sie selbst als Modell vor der Kamera stand. Hemingway betrog Hadley und sie trennten sich. 1927 wurden sie geschieden. Ernest heiratete Pauline. Im Jahr darauf bekam sie seinen zweiten Sohn, Patrick. Da lebte er mit der Familie wieder in den USA, diesmal in Key West/Florida und dort von 1931 an im eigenen Haus. Hier wurde Gregory, Sohn Nummer drei, geboren.

1928 kam Hemingways Durchbruch als Schriftsteller: In dem Roman „In einem anderen Land" hatte er die unglückliche Liebe eines verwundeten Soldaten im Ersten Weltkrieg beschrieben. Agnes ließ grüßen … Der Verlag musste sein Manuskript allerdings um zahlreiche Kraftausdrücke und Obszönitäten bereinigen. Hollywood kaufte die Filmrechte für die Story. 1932 folgte die Stierkampfgeschichte „Tod am Nachmittag". Als ein Kritiker meinte, die Männlichkeit, die der Autor da zeige, sei wie „falsche Haare auf der Brust", schlug ihn Hemingway k.o. Er war nicht der Einzige, der die Fäuste des immer öfter betrunkenen Ernest zu spüren bekam: Bald verfolgten die Klatschreporter den Schriftsteller-Star auf Schritt und Tritt. Und er fütterte sie. Nun auch mit Geschichten vom Hochseeangeln. Das hatte Hemingway 1932 in Kuba gelernt. Oder aus Afrika: Dort ging er mit Pauline auf Großwildjagd. Die Safari inspirierte ihn für die Erzählung „Schnee auf dem Kilimandscharo". Zu Hause war er in Key West, Kuba und Wyoming, je nachdem, wo gerade Jagd-Saison oder das bessere Angelwetter war. Er pendelte zwischen Europa, Afrika und Amerika, prahlte an

Dieses Foto zeigt Ernest Hemingway beim Hochseeangeln auf Bimini/ Bahamas 1935. Er präsentiert seinen Fang: einen riesigen Thunfisch.

Der Spanische Bürgerkrieg war Stoff für Hemingways Roman „Wem die Stunde schlägt", der kurz nach Erscheinen des Buches mit Gary Cooper und Ingrid Bergman verfilmt wurde.

den Hotelbars über seine Abenteuer, erzählte von Begegnungen mit Bären. In Saufgelagen und Schlägereien bewies er sich als „ganzer Kerl", ja, und natürlich auch mit Frauengeschichten.

In seiner Stammkneipe „Sloopy Joe's" in Key West hatte Hemingway 1936 Martha Gellhorn kennengelernt. Sie interviewte ihn für „Collier's Magazine" und wurde vier Jahre später Ehefrau Nummer drei. Martha war als Journalistin gierig wie er. Gemeinsam berichteten sie 1937 aus dem Spanischen Bürgerkrieg. 1941 schleppte sie ihn in Südostasien von Kriegsschauplatz zu Kriegsschauplatz.

Privat lebten sie – zusammen mit dreißig Katzen – auf der Finca Vigía in Kuba. Hier wollte er jetzt bleiben – Weltkrieg hin, Weltkrieg her. Als vaterländischen Beitrag im Kampf gegen Hitler bot er den Militärs an, die Karibik-Küste vor feindlichen U-Booten zu schützen, falls deutsche dort auftauchen sollten. Die Army rüstete seine Yacht „Pilar" mit Geschütz, Waffen und Funkgerät aus und er kreuzte zwei Jahre lang als U-Boot-Falle vor Kuba. Unter Freunden nannte er sein Boot „Gaunerfabrik". Martha spottete, er erschwindle sich den Sprit für seine Hochseefischerei. Nach zwei Jahren entzog ihm der Geheimdienst den Auftrag. Schließlich ließ er sich 1944 doch noch als Berichterstatter nach Europa bitten. Aber statt die Front zu beobachten, residierte Hemingway erst in einem feinen Londoner Hotel, vor allem an der Bar, dann in Paris im „Ritz". Er empfing Intellektuelle wie Jean Paul Sartre, Simone de Beauvoir oder George Orwell und fütterte Reporter mit Abenteuergeschichten. Einmal lud er sogar zum „Pressefrühstück".

Martha begann, ihn zu verachten. Was sie nicht wusste: Hemingway hatte längst ein Verhältnis mit einer anderen. Mary Welsh stammte aus Minnesota und berichtete für den „Daily Express". Er nannte sie „Gürkchen" und war, obwohl sie ihm zu Füßen lag, eifersüchtig auf ihren Mann. Nach dem D-Day, der alliierten Invasion in der Normandie am 6. Juni 1944, bequemte sich Hemingway dann doch raus und beobachtete die Ardennen-Offensive gegen die Deutschen.

1946 wurden die Hemingways und die Welshs geschieden – und Mary Ernests vierte Frau. Für „Papa", wie er sich gern nannte, gab sie ihren Job auf. Obwohl nicht zuletzt wegen seiner Trunkenheit ständig die Fetzen flogen, blieb sie bei ihm. Auch als er sich 1948 von der 19-jährigen Italienerin Adriana Jvancich und von anderen bezirzen ließ.

1952 erschien „Der alte Mann und das Meer". Die Novelle wurde Hemingways größter schriftstellerischer Erfolg. Binnen zwei Tagen wurden fünf Millionen Bücher verkauft. 1953 bekam er den angesehenen Pulitzerpreis dafür, 1954 den Nobelpreis für Literatur. Doch die Preisverleihung fand ohne ihn statt: Hemingway war zu krank, um nach Stockholm zu reisen. Anfang des Jahres war er bei einer Afrikareise zweimal mit einem Flugzeug verunglückt. Das erste Mal konnten er und Mary die abgestürzte Maschine mit leichten Blessuren verlassen. Der nächste Flieger fing am Tag darauf beim Start Feuer. Mary schaffte es durch den Notausgang, Hemingway war zu dick. Mit Mühe rammte er ein Loch in den Rumpf und kroch auf eine Tragfläche, um abzuspringen. Schwer verletzt landete er auf dem Boden. Es kam noch schlimmer: Wenige Wochen später versuchte der sturzbetrunkene Hemingway, ein Buschfeuer zu löschen, und blieb mit schwersten Verbrennungen liegen. Körperlich kam er wieder auf die Beine, psychisch aber ging's bergab. Seit dem Nobelpreis war er besessen davon zu beweisen, dass er noch mehr konnte. Seit den Unfällen ließ ihn aber immer öfter das Gedächtnis im Stich – für einen Schriftsteller das Aus.

Kuba hatten die Hemingways 1960 nach Fidel Castros Revolution verlassen. Das sozialistische Land war nun ein Feind der USA. Sie lebten jetzt in Ketchum in Idaho. Hemingway reis-

te noch einmal für eine Stierkampfgeschichte im Auftrag der Zeitschrift „Life" nach Spanien. Er quälte sich durch die Recherchen, der Funke der „Corrida" wollte nicht mehr überspringen. Stattdessen bedrückten ihn Depressionen und ein Verfolgungswahn. Zurück in den USA, wurde Hemingway im Juni 1961 mit Elektroschocks behandelt. Ende des Monats durfte „Papa" nach Haus. Am Morgen des 2. Juli stand er früh auf. Mary schlief noch. Hemingway holte eine großkalibrige, doppelläufige Schrotflinte aus dem Schrank. Er ging in die Diele. Er richtete die Waffe gegen sich und drückte ab.

Was am Ende bleibt

Ernest Hemingway wurde nach seinem Tod erst zum Mythos, bewundert als „moderner Westernheld" wegen seines Draufgängertums und seiner „Männlichkeit", dann verteufelt wegen seiner Macho-Allüren und des zynischen Umgangs mit Frauen. Auch die Beurteilung seines schriftstellerischen Werkes war einem Wechselbad ausgesetzt: Erst wurde sein Stil hoch gelobt, versuchten Journalisten, ihm nachzueifern, galten seine Bücher als literarische Sensation. Dann hieß es, seine Schreibe sei simpel, er reihe nur Fakten an Fakten, die Art, wie und welche Emotionen er auslöse, sei sentimental. Zu seinem 25. Todestag blätterten Biografen seine Lebensgeschichte auf – und legten unter dem Raubein den verletzlichen Jungen frei, entdeckten hinter dem Sexisten, als den ihn feministische Literaturkritikerinnen verachteten, das verstörte Kind, das sich hinter dem Kerl „mit Saft und Kraft" versteckte, der am Ende zwar wie sein „alter Mann auf dem Meer" den dicken Fisch besiegt hatte, an der Angel aber nur noch ein Gerippe in den Hafen schleppte …

Im Feuer

Als sein Name fällt, steht der 1 Meter 68 kleine, gut angezogene Mann vor der Universität, eingekeilt zwischen Studenten in SA-Uniform. Ohne mit der Wimper zu zucken schaut er zu, wie seine Bücher in die Flammen fliegen. Merkt er denn nicht, wie brandgefährlich seine Anwesenheit für ihn ist? Was, wenn ihn einer erkennt? Und tatsächlich ruft plötzlich eine Frau: „Dort steht ja der …!", und nennt seinen Namen. „Er drehte sich um und verschwand in der Menge", erinnerte sich fast fünfzig Jahre danach ein Polizeiwachtmeister, der an diesem 10. Mai 1933 vor dem Berliner Opernplatz Dienst schob, als die Nazis die Bücher unerwünschter Schriftsteller verbrannten. Der Beamte ließ ihn laufen. Die anderen, deren Namen durch diese gespenstische Nacht hallten, hatten Deutschland schon verlassen, bevor ihre Werke auf den Scheiterhaufen der Nationalsozialisten zu Asche zerfielen. Er blieb, bis der braune Terror ein Ende hatte, und überlebte ihn. Zum einen hatte er, wie so viele, nicht glauben wollen, dass der Spuk lange andauern würde. Zum anderen meinte er, er müsse bleiben, als Augenzeuge dessen, was in seiner Heimat geschah. Später fasste er es so in Reime: „Ich bin ein Deutscher aus Dresden in Sachsen. Mich lässt die Heimat nicht fort. Ich bin wie ein Baum, der, in Deutschland gewachsen, wenn's sein muss, in Deutschland verdorrt." Adolf Hitlers Bande brachte ihn nicht um, dazu war er im Ausland zu populär. Aber das Schreiben verbot sie ihm. Auf ein Buch über die düstersten deutschen Jahre wartete sein Publikum danach aber vergebens. Stattdessen meldete er sich als Mahner in der jungen Bundesrepublik zu Wort. Bei seinem Namen denken die meisten Menschen an Kinderbücher. Was er sonst noch sagte und schrieb, war weniger bequem und wurde gern übersehen.

Wer war das?

Erich Kästner –
der ewige Lerner

Geboren am 23.2.1899 in Dresden
Gestorben am 29.7.1974 in München

Nicht nur um Augenzeuge zu sein, hat Erich Kästner trotz Gefahr für Leib und Leben in Nazi-Deutschland ausgeharrt. Auch wegen seiner Mutter, die er nicht im Stich lassen wollte. Schließlich hatte sich Ida Kästner abgeschuftet und krummgelegt, damit aus ihm etwas wurde. Noch als „großer" Kerl schrieb er ihr fast täglich Karten und Briefe. Alles, was ihn bewegte, erzählte er Ida Kästner, selbst Details seines turbulenten Liebeslebens. Als er, 30-jährig, mal wieder ein Mädel ins Unglück gestürzt hatte, vertraute er ihr an: „Man sollte sich eben doch alles abhacken, was mit Mann zu tun hat. Sonst hört dieser Schlamassel ja doch nicht auf." Als Kind hatte Erich den Ehe-Schlamassel seiner Eltern miterlebt: Oft las er abends in der Küche alles, was er zu fassen bekam, um nicht zu hören, wie sie sich anschwiegen. In seinen Kinderromanen „Emil und die Detektive", „Pünktchen und Anton" oder „Das fliegende Klassenzimmer" lugt Ida Kästner aus den Seiten. Wenn die Bengel Emil oder Anton tapfer für ihre Mütter einstehen, füllt der kleine Erich diese Zeilen. Mit seiner teilte er ein Geheimnis: Sein Vater war wohl nicht Emil Kästner, sondern der Hausarzt der Familie, Sanitätsrat Dr. Zimmermann. Der steckte ihr und ihm manchmal ein paar Scheinchen zu. Denn die Kästners waren arm.

Im Dresdner Geburtsregister wurde Emil Erich Kästner unter dem Datum 23. Februar 1899 als Sohn von Emil Kästner eingetragen. Der war als selbstständiger Sattler an der Konkurrenz der Maschinen gescheitert und verdiente nun als Fabrikarbeiter das tägliche Brot. Vater und Sohn kamen sich erst lange nach Ida Kästners Tod näher. Ihr schickte Erich in den unzähligen Briefen, die er jahrzehntelang nach Hause schrieb, „Millionen Küsse", dem Vater aber nur selten einen höflichen Gruß. Als Erich ein kleiner Junge war, saß das Familienoberhaupt abends häufig im Keller, um den dürftigen Lohn mit dem Besohlen von Schuhen oder Reparieren von Ranzen aufzubessern. Dorthin hatte ihn Ida verbannt, angeblich, weil sie den Gestank des auf dem Herd erwärmten Leims in der Küche nicht ertrug. Sie selbst versuchte, die Familienkasse mit Näharbeiten aufzubessern. Als auch das nicht reichte, lernte sie mit 35 das Friseurhandwerk. Ihr „Salon" war eine Ecke des Schlafzimmers, zu einigen Kundinnen kam sie ins Haus.

Als der Untermieter und Lehrer Paul Schurig ein Zimmer bei den Kästners bezog, fand Erich einen Freund und wollte ein Pädagoge werden wie er. Also ging er nach sieben Jahren Bürgerschule 1913 ins Lehrerseminar, musste allerdings ins dazugehörige Internat einziehen. Erich war fleißig und bald Klassenprimus. Das Leben in der „Lehrerkaserne" aber hasste er, das Hacken-Zusammenschlagen, sobald ein Erzieher erschien, deren Herzenskälte und Drill. Einmal schlich er sich heimlich davon, um der kranken Mutter ein warmes Essen zu kochen. Danach wurde er zur Strafe in den Karzer gesperrt. Diese und andere Erlebnisse fanden sich später im „Fliegenden Klassenzimmer" wieder. Als der Seminarist die ersten Unterrichtsstunden hielt, merkte er aber, dass aus ihm nie ein „richtiger" Lehrer werden würde und er lieber ein „Lerner" blieb, und auf ewig Kind.

Mit dem Ersten Weltkrieg leerte sich das Seminar: Die älteren Kollegen mussten an die Front, einige kehrten nicht mehr zurück. 1917 wurde auch Erich in eine Uniform gesteckt und fiel bei der Artillerie einem gnadenlosen Schinder in die Hände.

„Lehrer aus Bequemlichkeit" gebe es genug, meinte Erich Kästner. „Echte, berufene, geborene Lehrer" seien dagegen „fast so selten wie Helden und Heilige."

Der Ausbilder schikanierte ihn so sehr, dass der 18-Jährige mit einem Herzschaden im Lazarett landete. Später verewigte Kästner diesen „Sergeant Waurich" in einem bitterbösen Gedicht. Zurück in Dresden, gestand Erich den Eltern, dass er doch nicht Lehrer werden wolle. Erst holte er am König-Georg-Gymnasium das Abitur nach. Er schnitt so gut ab, dass ihm die Stadt Dresden ein Stipendium gewährte. In Leipzig trat Kästner das Studium der Germanistik und Theaterwissenschaften, Philosophie, Zeitungskunde und Geschichte an. Nebenbei schrieb er Gedichte und wurde von Zeitungskritikern für seine Beiträge in einer Lyrik-Sammlung gelobt. Als er für ein Semester nach Rostock ging, verliebte sich Erich in eine Kommilitonin. Ilse Beeks blieb ihm acht Jahre lang treu. Als sie ihn dann verließ, war der junge Mann schwer gekränkt, auch wenn er sich schnell trösten ließ.

Im dritten Studienjahr lockte ein Dozent Kästner als Assistent zurück nach Leipzig. Zusätzlich konnte er als städtischer Hilfsbuchhalter Geld verdienen. Und das tat not: Wie viele Studenten war Erich wegen der Inflation in den 1920er-Jahren ein Hungerleider. Das Stipendium reichte schon längst nicht mehr. Kästner hatte Glück: Als die „Neue Leipziger Zeitung" eine Glosse von ihm druckte, gefiel die dem Chefredakteur so gut, dass er Kästner für 200 Mark im Monat anstellte. „Freust du dich über deinen kleinen Redakteur?", schrieb Erich der Mutter und vor Stolz auch dem Vater einen Gruß. So begann Kästners Journalisten-Karriere. Er verfasste Reportagen und Kritiken, bissige Glossen und satirische Gedichte. Als Schreibstube diente ihm ein Kaffeehaus. Das hielt er sein Leben lang so. Nebenbei büffelte er für die Promotion über die Literaten-Schelte Friedrichs des Großen. 1925 wurde er zum Dr. phil. Die Zeitung hatte sein Gehalt inzwischen verdoppelt. Auch überregionale Blätter wie die „Vossische Zeitung", das „Berliner" und das „Prager Tageblatt" druckten seine Texte. Kästner verdiente jetzt so gut, dass er sein Muttchen zu einer gemeinsamen Reise nach Oberitalien und in die Schweiz einlud. 1926 verließ ihn Ilse Beeks – und er beschloss, die verwundete Seele mit Arbeit zu heilen. Er schrieb der Mutter: „Wenn ich 30 Jahre bin, will ich, dass man meinen Namen kennt, bis 35 anerkannt sein, bis 40 vielleicht sogar ein bisschen berühmt." Es ging schneller.

In Leipzig freundete sich Kästner mit Erich Ohser an. Der „große Erich" zeichnete für Kinder, der „kleine" Kästner schrieb dazu. Bekannter wurde Kästner durch den frechen Ton seiner anderen Texte. Einmal ging er zu weit. Zu Beethovens hundertstem Todestag schrieb er für die „Leipziger Zeitung" ein frivoles „Abendlied des Kammervirtuosen", in dem es heißt: „Du meine neunte Sinfonie! Wenn du das Hemd anhast mit rosa Streifen, komm wie ein Cello zwischen meine Knie und lass mich zart in deine Seiten greifen!" Er wurde fristlos gekündigt, das war das Ende des Geldverdienens in Leipzig. Kästner zog nach Berlin, gefolgt von Ohser. Die deutsche Hauptstadt war in den „Goldenen 20er-Jahren" mit ihren Theatern und Kabaretts eine Hochburg der Kultur, der Künstler, Schauspieler und Regisseure sowie Europas Hauptstadt des Vergnügens. Berlin tanzte, trotz Wirtschaftskrise und taumelnder Politik. Erich tanzte mit: Nacht für Nacht zog der nun 28-Jährige durch Bars und Vergnügungslokale und berichtete dem Rest der Republik in Reportagen, Berichten und Satiren über das Berliner Leben. Die Stadt beschrieb er so: „Im Osten residiert das Verbrechen, im Zentrum die Gaunerei, im Norden das Elend, im Westen die Unzucht, und in allen Himmelsrichtungen wohnt der Untergang." Mit Ohser reiste er nach Paris und sah sich Moskau und Leningrad an. Danach meinte er, das Leben auf eigene Gefahr sei ihm lieber als das unter der Knute der russischen Kommunisten. Im Jahr zuvor waren seine Gedichte, darunter das „Abend-

Erich Ohser wurde als e.o.plauen berühmt: Unter diesem Namen zeichnete er seine „Vater-und-Sohn"-Bildergeschichten.

lied", unter dem Titel „Herz auf Taille" als Buch erschienen. Es folgten drei weitere Lyrik-Bände – und 1929 Kästners erster Kinderroman: „Emil und die Detektive", danach „Pünktchen und Anton", „Der 35. Mai" und 1933 „Das fliegende Klassenzimmer". Eine Kinderbuch-Verlegerin hatte ihn dazu ermutigt und er sich anfangs geziert, merkte dann aber, dass er so tatsächlich ein „Lerner" bleiben könnte. Für die erwachsenen Leser schrieb er den „Fabian", die „Geschichte eines Moralisten", der im Berlin der 30er-Jahre seinen Job verliert. Seit 1929 unterstützte ihn Elfriede Mechnig als Sekretärin in der „Schreibfabrik Kästner & Co.".

Als die Nationalsozialisten mit Adolf Hitler 1933 die Macht übernahmen, hatten sie den scharfzüngigen Journalisten, Lyriker und Schriftsteller schon längst im Blick: Die rechte Presse nannte seine Gedichte „kommunistische Polemik" und ihn einen „Schmierfink". Er spottete weiter und überzog den deutschen Militarismus, das Spießer- und Duckmäusertum mit beißender Kritik. Er lenkte den Blick auf die kleinen Leute. Vor den Karren einer Partei oder den der intellektuellen „Linken" ließ er

sich aber nicht spannen. Die kritisierten ihn deshalb und mehr noch, als er als einziger Schriftsteller von der „schwarzen Liste" der Nazis in Deutschland blieb. Nach der Bücherverbrennung verbot ihm das NS-Regime das Veröffentlichen weiterer Texte in Deutschland. Nur seine Kinderromane erschienen nach wie vor. Sie aus den Regalen zu verbannen, wagten die Nazis nicht, dazu waren sie im Volk zu beliebt. Zweimal wurde Kästner von der Gestapo abgeholt – zweimal kam er wieder frei. 1934 erschien sein „Schmunzelbuch" über die „Drei Männer im Schnee" in der Schweiz, in England, Dänemark, den Niederlanden, Norwegen, der Tschechoslowakei und Ungarn. In Nazi-Deutschland wurde es nicht gedruckt und verschwand nach dem Einmarsch der deutschen Truppen nach 1939 auch in einigen dieser Länder. 1936 war es dem Schlitzohr gelungen, die „Drei Männer" unter dem Titel „Das lebenslängliche Kind" und dem Pseudonym Robert Neuner als Theaterstück auf deutsche Bühnen zu bringen. Als ein Journalist entdeckte, wer dahintersteckte, wurde das Stück sofort wieder abgesetzt. 1937 brachten die Nazis allerdings höchstselbst den „Emil" in die Kinos – als „Spaß für Kinder" zum „Tag der Deutschen Polizei".

„Emil und die Detektive" ist eines der erfolgreichsten Bücher Kästners. Es wurde in 24 Sprachen übersetzt und bereits kurz nach Erscheinen das erste Mal verfilmt.

Als die Wehrmacht Kästner in Knobelbecher stecken und an die Front schicken wollte, blieb er wegen seines Herzschadens aus dem Ersten Weltkrieg verschont.

Nach dem als „Reichskristallnacht" verharmlosten Pogrom am 9. November 1938, als die Schaufenster jüdischer Geschäfte in Scherben zersprangen, gewann die Hatz auf unerwünschte Minderheiten und Personen im Dritten Reich erst richtig an Schärfe. Und Kästner versteckte sich, wenn in Berlin eine neue Verhaftungswelle drohte, bei den Eltern in Dresden. Aus der Geldnot half ihm seine Geliebte Luiselotte Enderle, die für die Ufa-Filmgesellschaft arbeitete. Sie stellte ihn ihrem Herstellungsleiter vor, der Kästner anbot, ein Drehbuch für den Jubiläumsfilm zum 25. Geburtstag der Ufa zu schreiben. Kästner traute seinen Ohren nicht, als er erfuhr, Hitlers Reichspropagandaminister Joseph Goebbels habe das bereits abgesegnet. So setzte der „Autor der nationalen Schande" Gottfried August Bürgers Lügengeschichten des Barons Münchhausen für einen prachtvollen Kostümfilm in Szene. Unter dem Streifen prangte als Drehbuchschreiber „Bertold Bürger", denn Kästner war ja verfemt. Er war frech genug, einigen Figuren Sätze in den Mund zu legen, die leicht als Anspielungen auf die Lage in Deutschland zu verstehen waren, wie: „Es gibt Zeiten, in denen schaut man nur selten in den Spiegel." Oder „Die Zeit ist kaputt." Als Hitler den Film vorab sah, tobte er – und Kästner erhielt jetzt totales Schreibverbot. Von da an wechselten viele „Freunde" auf der Straße die Seite, um ihm nicht zu begegnen.

Als die Russen 1945 Berlin näher kamen, hieß es, die Nazis wollten mit einem letzten großen „Aufräumen" unter Gegnern Abschied nehmen. Kästner fühlte sich bedroht. Luiselotte Enderle erzählte ihrem Hersteller davon. Der bot dem Paar diesmal an, es auf eine „Filmexpedition" ins Zillertal mitzunehmen. So kam Kästner als Mitglied einer Ufa-Crew ungehindert nach Tirol und quartierte sich mit dieser Truppe in Mayrhofen ein. Wenige Wochen später war der Nazi-Spuk zu Ende – und der Krieg auch. Kästner reiste nach München. Nach Berlin oder zur Mutter nach Dresden konnte er nicht: Deutschland war in Zonen aufgeteilt und ein Reisen über deren Grenzen vorerst unmöglich. Im amerikanisch besetzten München gründete Kästner mit anderen Künstlern, Schauspielern, Autoren und Regisseuren ein Kabarett. Am 15. August 1945 feierte „Die Schaubude" in den Kammerspielen Premiere. Kästners Beitrag war ein Gedicht aus „Herz auf Taille". Wenige Wochen später boten ihm die Amerikaner den Posten des Feuilleton-Chefs in der von ihnen gegründeten „Neuen Zeitung" an. Endlich konnte er wieder schreiben – wenn auch nur Zeitungstexte und Stücke fürs Kabarett. Im Herbst 1946 übernahm Luiselotte Enderle die Leitung seines Kulturressorts und er gab eine Zeitschrift für junge Leute heraus, den „Pinguin". Unter dem Titel „Bei Durchsicht meiner Bücher" veröffentlichte er erstmals wieder gebundene Texte: eine Sammlung von Gedichten. 1949 folgten

„Das doppelte Lottchen" und „Die Konferenz der Tiere": In diesem „Märchen" fordern die Tiere aus Sorge um die Kinder die Erwachsenen auf, Grenzen und Waffen abzuschaffen, damit endlich Frieden herrsche. Weil die Großen sich aber weigern, nehmen die Tiere „Eltern, die nichts taugen", die Kinder weg. Nicht von allen wurde diese Botschaft gern gehört: Denn die Siegermächte rüsteten in Deutschland für den „Kalten Krieg" – neue, undurchdringliche Grenzen zwischen Ost und West waren die Folge. Kästner setzte sich aber noch anders im „neuen" Deutschland der 1949 gegründeten Bundesrepublik in die Nesseln: Er protestierte gegen die Wiederaufrüstung und die atomare Bewaffnung. Öffentlich hielt er den „deutschen Generälen" vor, sie träumten nach zwei verlorenen Kriegen davon, in einem dritten zu siegen. 1957 hatte er für die Münchner Kammerspiele sein Drama „Die Schule der Diktatoren" inszeniert, in dem die, die einen Diktator gestürzt haben, dessen Nachfolge antreten wollen. Nicht nur Kästner war in Sorge um Deutschland und den Frieden auch anderswo in der Welt: Er wurde zum wortgewaltigen Mitstreiter gegen die Verjährung von Nazi-Verbrechen und den Vietnamkrieg der Amerikaner.

Der „private" Kästner hatte 1951 seine Mutter verloren, 1957 starb ihr Mann. Wenige Wochen vor dessen Tod bekam „Idas Junge" selbst einen Sohn – allerdings nicht von seiner ihm nun schon so lange zur Seite stehenden Lebensgefährtin Luiselotte Enderle. Die erfuhr erst drei Jahre später, dass es einen kleinen Thomas gab. Dessen Mutter war Friedel Siebert. Mit ihr hatte Kästner seit 1949 ein Verhältnis. Als er sich weigerte, endlich zu ihr zu stehen und sich von Enderle zu trennen, machte sie 1969 mit ihm Schluss. Fünf Jahre zuvor hatte Kästner durchgesetzt, dass sein Sohn seinen Namen trug. Kästners Stimme wurde langsam leiser, nicht, weil es nichts mehr zu kritisieren gab, sondern aus Resignation. Und er war krank. Anfang der Sechzigerjahre verbrachte er wegen einer Tbc 18 Monate in einem Schweizer Lungensanatorium. Er rauchte trotzdem weiter wie ein Schlot und verzichtete nicht auf harte Getränke. Seine Freunde sorgten sich um ihn. Am 29. Juli 1974 starb Erich Kästner in München an Krebs.

Von wegen Kinderbuchonkel!

Erich Kästners Kinderbücher werden immer wieder neu verlegt und verfilmt. Das zeigt, wie aktuell sie noch immer sind. Aber nur die wenigsten seiner Fans kennen den „anderen Kästner", wissen kaum etwas vom politischen Engagement des vermeintlichen „Kinderbuchonkels". Von 1951 bis 1962 saß er dem westdeutschen Schriftsteller-Verband PEN vor (wegen der deutschen Teilung gab es in der DDR einen eigenen). 1959 wurde ihm das Große Bundesverdienstkreuz verliehen. Sechs Jahre später landete sein Buch „Herz auf Taille" noch einmal auf einem Scheiterhaufen: Zusammen mit Werken anderer kritischer Autoren wie Günter Grass wurde es öffentlich in Düsseldorf verbrannt. Diesmal von einer sich als Missionare verstehenden christlichen Jugendgruppe, die sagte, sie wolle Deutschland „von Schmutz- und Schundliteratur" befreien. Die Stadt Düsseldorf hatte die Aktion genehmigt, sie nur wegen der Feuergefahr vom Regierungsviertel ans Rheinufer verlegt. Als der Vorfall bekannt wurde, war das Entsetzen groß – auch bei den Kirchen. Nach ihren Motiven befragt, antworteten die Jugendlichen, sie hätten in der Schule wenig über das Dritte Reich erfahren und von der Bücherverbrennung der Nazis gar nichts. Genau das war es, was Kästner Sorgen machte: dass Menschen aus der Geschichte nicht lernen, weil sie davon nicht erfahren. Auch deshalb wünschte er sich Lehrer, die sich als Lerner verstehen.

Verbotene Äpfel

Als kleines Mädchen sah sie hinter jedem Grashalm, jeder Blume, jedem Tautropfen und jeder Wolke Gott. Bei ihren Streifzügen durch die Natur fühlte sie sich von Tausenden von Engeln behütet, die am Himmel über sie wachten. Sie glaubte so inbrünstig an den überirdischen Schöpfer, dass sie eine Zeit lang mit dem Gedanken spielte, ins Kloster zu gehen. Bis ihr eines Abends Ungeheuerliches widerfuhr. Sie war damals 14 Jahre alt und verbrachte, wie so oft, die Ferien auf dem Landgut des Großvaters. Am offenen Fenster stehend, sprach sie das Nachtgebet. Doch diesmal brach ihr Dank an Gott kraftlos in sich zusammen und im gleichen Moment ihr Glaube an ihn. Sie hatte in der Stunde zuvor von einem „verbotenen Apfel" genascht, ein Buch über Leidenschaft und Liebe gelesen. Das hatte in ihr den Wunsch ausgelöst, sich vor dem Einschlafen selbst in „sonderbare Zustände" zu versetzen. Das war „Sünde". Wenn sie aber nicht bereit war, auf solch irdische Freuden zu verzichten, konnte das doch nur heißen: Sie glaubte nicht mehr an Gott. Denn andernfalls „wäre ich nicht freudigen Herzens bereit gewesen, ihn zu beleidigen".

Ohne diesen Glauben an ein allmächtiges höheres Wesen fühlte sie sich ungebunden. Später meinte sie, sie sei bestimmt zu einem Dasein in Freude und Freiheit. Die, zu der sie und ihr Lebensgefährte sich bekannten und die jeder für sich in vollen Zügen genoss, war skandalös. Einem Aufruf zum Umsturz kam die andere Freiheit gleich, zu der sie die Frauen ermunterte. Sie sollten sich von den Fesseln der Mutterrolle lösen, sich auf eigene Füße stellen und so die vermeintliche Überlegenheit des anderen Geschlechts Lügen strafen. Mit dem Satz „Man wird nicht als Frau geboren, man wird erst dazu" wurde sie berühmt und zur Mutter der modernen Frauenbewegung.

Wer war das?

Simone de Beauvoir –

die Andere

Geboren am 9.1.1908 in Paris
Gestorben am 14.4.1986 ebenda

Mit 15 Jahren wünschte sich Simone de Beauvoir, „dass die Leute eines Tages meine Biografie mit gerührter Neugier lesen", und beschloss, „eine bekannte Autorin" zu werden. Das war ein Jahr nach ihrem Abschied von Gott und dem Bekenntnis zur „Sünde". Bis dahin deckte sich ihre Lebensgeschichte zwar weitgehend mit denen anderer Mädchen aus gutbürgerlichem Haus. Aber ihr schwante offenbar schon, dass ihr Weg sich von dem für sie als Frau vorgesehenen unterscheiden würde. Sie brachte den Mut auf, aus vermeintlich festen Bahnen auszubrechen, und den, darüber zu schreiben. Aus dem kleinen, gottgefälligen Mädchen wurde eine rebellische Frau, Skandal-Autorin und die aufsehenerregendste Intellektuelle des 20. Jahrhunderts. Dieser Mut war ihr nicht in die Wiege gelegt. Bis zu dem Erlebnis während des Nachtgebets war Simone ihrer streng katholischen Mutter brav und gern zu Messe, Beichte und Kommunion gefolgt. Sie wagte erst Jahre später, nach dem Abitur, ihr den Abfall vom Glauben zu gestehen. Für Françoise de Beauvoir muss es gewesen sein, als stürze ihr Kind aus der Welt.

Simone war die erste von zwei Töchtern des Juristen und Beamten Georges de Beauvoir und seiner Gemahlin Françoise. Sie wurde am 9. Januar 1908 am Boulevard Montparnasse im späteren Künstlerviertel von Paris geboren. Zwei Jahre danach gesellte sich Schwester Hélène dazu. Die Eltern pflegten einen gehobenen Lebensstil, bis sich der Vater nach dem Ersten Weltkrieg mit Aktien verspekulierte und sein Vermögen verlor. Plötzlich gehörten die Beauvoirs zu den „neuen Armen", Madame musste ihre Dienstboten entlassen, die Familie in eine kleinere Wohnung ziehen. Statt Schmuck und teurer Kleider gab's vom Vater jetzt bestenfalls Bücher, weil die billiger waren. Er selbst kannte sich gut aus in Politik und Literatur. Anders als seine tiefgläubige Frau war er Atheist, aber damit einverstanden, dass Françoise die Mädchen katholisch erzog. Nach dem finanziellen Absturz kündigte er den Töchtern an: „Heiraten, meine Kleinen, werdet ihr nicht. Ihr habt keine Mitgift, da heißt es arbeiten." Simone war das nicht unrecht: Sie wollte ohnehin lieber studieren und einen Beruf erlernen als in einer langweiligen Ehe enden.

Vom sechsten Lebensjahr an besuchte sie die katholische Mädchenschule „Cours Désir" und blieb dort bis zum Abitur. Ihre Mitschülerin Elizabeth Mabille, genannt „Zaza", wurde ihre Vertraute. Die beiden pflegten eine zärtliche Mädchenliebe. Die Ferien verbrachte Simone auf dem Land: meist auf dem großväterlichen Gut in Meyrinac, manchmal auf Schloss Grillère, wo die Schwester des Vaters seit ihrer Heirat residierte. Simone liebte es, stundenlang durch die Gegend zu spazieren. Wann immer sich die Gelegenheit bot, zog sie ihr Leben lang die Schnürstiefel an und wanderte. Auf den Pariser Boulevards und in den Cafés beobachtete sie fasziniert die Menschen, hier draußen konnte sie sich stundenlang in den Anblick eines Baumes, einer Wiese oder des Himmels vertiefen, als würde sie die Welt mit den Augen aufsaugen.

Zu Hause fühlte sie sich als umhegtes und behütetes Kind. Der Vater war stolz auf die gute Schülerin. Bald aber ließ er sie spüren, dass sie sein Versagen verkörperte. Bildung für Mädchen war in den „besseren Kreisen" en vogue, aber nur als schmückendes Beiwerk, um einen standesgemäßen Mann zu finden, nicht als Vorbereitung auf Selbstständigkeit, geschweige denn einen Beruf. Bei den Beauvoirs war das nun anders. Simone sagte: „Die Töchter seiner Freunde, seines Bruders, seiner Schwester würden einmal Damen sein. Ich nicht." Sie wiederum schüttelte es bei dem Gedanken, eines Tages wie ihre Mutter und die Frauen in der nun ganz und gar nicht mehr hochherrschaftlichen Umgebung Tag für Tag Gemüse putzen, Mittag- und Abendessen kochen und schmutziges Geschirr spülen zu müssen. Nein, ein solches Frauenleben wollte Simone nicht führen! Mit zwölf begann sie, gegen die Eltern zu rebellieren. Dennoch musste sie mangels Geld bis zum Ende ihres Studiums bei ihnen wohnen und sich fügen.

Ihre Fächer Philologie und Philosophie und den künftigen Beruf der Lehrerin hatte der Vater für sie ausgesucht. Weil den Eltern die Sitten der überwiegend männlichen Studenten auf der Sorbonne zu roh erschienen, musste sie ihre Ausbildung am Institut Saint-Marie in Neuilly und an der katholischen Universität beginnen. Sie wurde in jeder Hinsicht kontrolliert und abends in Begleitung eines Mannes auszugehen, war ihr verboten. Deshalb trieb sich Simone manchmal heimlich in den Pariser Nachtcafés herum. Sie liebte deren Atmosphäre, die Tabakschwaden, den Geruch von Alkohol. Nicht sattsehen konnte sie sich an den geschminkten Frauen, die auf den Barhockern ihre Beine in hauchdünnen Seidenstrümpfen präsentierten. Bald nahm auch sie dort Platz und fühlte sich wohl „wie als Kind vor dem Allerheiligsten". Was ihr früher die kirchliche Orgelmusik, war für sie jetzt der Jazz.

Aber Simone war auch eine eifrige Studentin. 1929 machte sie mit einer Arbeit über den deutschen Philosophen Gottfried Wilhelm Leibniz ihr Diplom. Danach bereitete sie sich an der Sorbonne und der École Normale Supérieure auf die „agrégation", die Zulassung zum Lehramt der Philosophie, vor. Zugelassen wurden nur die Besten und sie war erst die neunte Frau. Simone schaffte es bei der Prüfung auf den zweiten Platz. Auf dem ersten landete ein kleiner, unansehnlicher, rundlicher Kommilitone, der schrecklich schielte, dessen schneidende Intelligenz und philosophische Schärfe aber gefürchtet waren: Jean-Paul Sartre. Bei der gemeinsamen Vorbereitung auf die mündliche Prüfung hatte sie das „Zwillingszeichen auf unseren Stirnen" entdeckt. Sie betrieben Philosophie mit dem gleichen Ziel: „Irrtum bekämpfen, Wahrheit finden, Welt aufklären."

Beide waren Existenzialisten: Diese Denkrichtung sieht hinter dem menschlichen Dasein nicht ein übergeordnetes, metaphysisches, von einer höheren Macht bestimmtes Ziel oder Wesen, sondern hält den Menschen für absolut frei. Damit ist er aber auch ganz allein verantwortlich für sein Leben.

Simone und Jean-Paul kamen sich nicht nur als kluge Köpfe näher: Sie wurden zum ungewöhnlichsten Liebespaar ihrer Zeit. Sie lebten zusammen, ohne zusammenzuziehen. Später hatten sie im selben Haus zwei Wohnungen. Sie schlossen einen Pakt, mit dem jeder dem anderen die Freiheit zugestand, Liebe, Lust und Leidenschaft auch anderweitig auszuleben, der sie aber verpflichtete, dabei immer absolut ehrlich zu sein. Vor allem er machte davon reichlich Gebrauch. Seine Beziehungen schilderte er ihr bis ins Detail. Sie war da diskreter und gestand ein, dass sie durchaus nicht frei von Eifersucht war. Manchmal vergnügte man sich sogar zu dritt, denn Simone liebte auch Frauen, die sie ihm zuführte, wenn er Interesse zeigte. Sie hielt Frauen für „begehrenswerter als Männer", attraktiver, weicher, schöner und charmanter. Sartre sah das ebenso … In einer ihrer Schülerinnen, der Russin Olga Kosakievicz, entdeckte sie allerdings eine „Höllenmaschine", als sie die Geliebte mit Sartre teilte. In ihrem ersten, 1943 erschienenen Roman „Sie kam und blieb"

Wer wen beim Philosophieren mehr befruchtet hat – Sartre Beauvoir oder umgekehrt –, darüber streiten sich noch heute die Anhänger der beiden.

setzte sie Olga ein Denkmal – und ließ sie am Ende der Geschichte sterben. Dazu passte ihr Satz: „Die Literatur tritt in Erscheinung, wenn irgendetwas im Leben aus den Fugen gerät." Sartre und Beauvoir erregten bald Aufsehen in Paris: Als sie durch ihre Veröffentlichungen berühmt geworden waren, drehten die Leute auf der Straße die Köpfe nach ihnen um oder flanierten an ihrem Stammcafe „Flore" vorbei, um das Paar zu sehen.

Nach bestandenem Lehrerexamen unterrichtete Simone in Marseille, Rouen und Paris. Als sie 1931 in Südfrankreich war, hatte Sartre im 800 Kilometer entfernten Le Havre eine Stelle. Er machte ihr einen Heiratsantrag: Als Ehepaar hätten sie Anspruch auf Einsatz in räumlicher Nähe gehabt. Sie lehnte ab, denn sie hielt die Ehe für eine „beschränkende Verbürgerlichung und institutionalisierte Einmischung des Staates in private Angelegenheiten". Anfang der Dreißigerjahre bereisten die beiden Europa. Simone lobte die „fette, deutsche Küche", sah in Hamburg fasziniert die Prostituierten in Schaufenstern sitzen, erlebte in Stralsund erschrocken einen Aufmarsch von Hitlers SA und musste sich in Dresden zurechtweisen lassen: „Die deutsche Frau schminkt sich nicht!" In München notierte sie: „Ich konnte die massigen Bayern, die ihre behaarten Schenkel zeigen, während sie Würste verzehrten, schwer ertragen."

Schon in Rouen war die Lehrerin Beauvoir bei Kollegen und Eltern wegen ihrer freizügigen Ansichten angeeckt. In Paris musste sie schließlich 1943 wegen „Verführung Minderjähriger" den Schuldienst verlassen. Die Stadt war zu dieser Zeit von Hitlers Wehrmacht besetzt. Ihre „Verführung" bestand darin, dass sie eine Schülerin ermuntert hatte, an ihrer Beziehung zu einem jungen, jüdischen Mann festzuhalten. Die Eltern dieser Lise hatten sie um das Gegenteil gebeten und reichten nun eine offizielle Beschwerde über die Lehrerin ein. Der junge Mann wurde wenig später umgebracht. Beauvoir quälte sich mit Schuldgefühlen. Angesichts der Bilder aus anderen von den Nazis terrorisierten und vom Krieg zerstörten europäischen Städten schämte sie sich 1944 ihrer Freude über die Befreiung von Paris.

Über die Entlassung aber war sie nicht unglücklich: Eine Zeit lang arbeitete Simone als Programmgestalterin bei „Radio Nationale", vor allem aber hatte sie jetzt Zeit zum Schreiben. Sartre, zurückgekehrt aus kurzem Kriegseinsatz und aus der Gefangenschaft in Trier, ermunterte sie. 1944 veröffentlichte Beauvoir ihren ersten philosophischen Essay, 1945 ihren nach „Sie kam und blieb" zweiten Roman. In „Das Blut der anderen" beschäftigte sie sich mit der Frage des Widerstands gegen Besatzer. Von 1945 an schrieb sie für die von Sartre gegründete politisch-literarische Zeitschrift „Les Temps Modernes" – „Moderne Zeiten". Und sie reiste viel, mal mit, mal ohne Sartre. Sie fühlte sich der politischen Linken zugehörig und war als deren halboffizielle „Kulturbotschafterin" unterwegs. So kam sie nach Portugal, Tunesien, in die Schweiz und die USA. Sie war in der Sowjetunion, in China und auf Kuba, in Nordafrika, Südamerika, in den Ostblockländern und Israel unterwegs. Anfangs waren sie und Sartre vom Moskauer Kommunismus begeistert. Nach dem niedergeschlagenen Ungarn-Aufstand und mehr noch nach dem Einmarsch der Sowjets in die Tschechoslowakei 1968 gingen sie aber auf Distanz.

Über einige ihrer Reisen schrieb die Beauvoir Bücher, zum Beispiel über die USA. Das Land begeisterte und entsetzte sie. Sie war sprachlos über den dort herrschenden Luxus. Viele Amerikaner empfand sie als arrogant, unkritisch und angepasst. Einem Bürger dieses Landes aber war Simone de Beauvoir jahrelang nahezu verfallen: Mit dem Schriftsteller und bekennenden Macho Nelson Algren pflegte sie von 1947 bis 1951 eine transatlantische

Beziehung. Mal war sie bei ihm in Amerika, mal er in Paris. Dazwischen schrieb sie ihm glühende Briefe. Als die nach ihrem Tod veröffentlicht wurden, sprachen sie allem Hohn, was Simone de Beauvoir zur gleichen Zeit in ihrem berühmtesten Buch und der späteren „Bibel des Feminismus", „Das andere Geschlecht", schrieb: Sie bot ihm an, ihm „wie eine vorbildliche und herkömmliche Ehefrau" zu Diensten zu sein, ihm Essen zu kochen, den Boden zu wischen und „zehnmal in der Nacht und ebenso oft am Tage mit Ihnen Liebe zu machen". Sie beschwor ihn: „Kommen Sie und nehmen Sie mich in Ihre starken, sanften und gierigen Hände."

Algren stillte ihre weibliche Begierde, die ihr „kleiner Süßer", wie sie Sartre nannte, nicht hatte befriedigen können. Dem Amerikaner verriet sie: „Er ist ein hitziger, quicklebendiger Mann – überall, außer im Bett." Nach dem Ende ihrer Beziehung schüttete Algren einen wahren Schmutzkübel über ihr aus. Er nahm der einstigen Geliebten übel, dass sie ihn in ihren Romanen „verwurstete", nannte sie abfällig „Madame Quatsch-Quatsch" und äußerte sich verächtlich über ihre Sexualität.

Das war schlimmer als alles, was sie für ihr Buch „Das andere Geschlecht" einstecken musste. Sie hatte darin mit der Benachteiligung der Frauen durch die Männer abgerechnet. Dem vermeintlich „starken Geschlecht" warf sie vor, den biologischen Unterschied – die Fähigkeit der Frau zum Kinderkriegen – über Jahrtausende dazu missbraucht zu haben, diese zu unterdrücken. Ihre Ausführungen gipfelten in dem berühmten Satz: „Man wird nicht als Frau geboren, man wird erst dazu." Sie forderte ihre Geschlechtsgenossinnen auf, sich wirtschaftlich unabhängig zu machen und ihr Leben nicht weiter in Küche und Kinderzimmer zu vergeuden. Das Buch wurde ein sensationeller Erfolg. Innerhalb von zwei Wochen wurden 22 000 Exemplare verkauft. Die Männer tobten, selbst Freunde. Der Schriftsteller

Simone de Beauvoir und Jean-Paul Sartre siezten sich ihr Leben lang. So hielt sie es auch mit ihrem amerikanischen Geliebten Nelson Algren.

Albert Camus warf ihr vor, sie habe „den französischen Mann lächerlich gemacht". Ein anderer spottete, mit der Lektüre habe er in ihre weiblichste Stelle geschaut. Ihr nächstes Buch brachte ihr dagegen höchste literarische Ehre ein: Für „Die Mandarins von Paris" erhielt sie 1954 den angesehenen „Prix Goncourt". In dem Roman beschrieb sie Frankreichs Intellektuelle und Existenzialisten.

Ein Jahr später aber machte sie sich politisch unbeliebt: Die Französin protestierte gegen den kolonialistischen Krieg, den ihr Land gegen Algerien führte, und setzte sich für eine von Soldaten gefolterte Algerierin ein. Sie sagte, sie schäme sich ihrer Nationalität. Seit „Das andere Geschlecht" war Simone de Beauvoir weltberühmt. Sie nutzte ihre Prominenz für eine Kampagne gegen das Verbot der Abtreibung und provozierte 1971 zusammen mit anderen Frauen mit dem Geständnis: „Ich habe abgetrieben" – was vermutlich nicht stimmte. Die Aktion griff auf andere Länder über. Sie forderte die Einrichtung von Frauenhäusern zum Schutz Misshandelter und wurde Präsidentin der „Liga für Frauenrechte".

Von 1952 bis 1972 erschienen ihre Memoiren. In vier Bänden gab sie detailliert Auskunft über ihr Leben und schrieb damit auch ein Stück Zeitgeschichte auf. In den Sechzigern kam Simone de Beauvoir ihrer Mutter wieder näher: Jahrzehntelang hatte sie alles, woraus das Frauenleben von Françoise de Beauvoir bestanden hatte, in Grund und Boden verdammt. Als die alte Dame 1963 mit einem Krebsleiden dem Tod entgegenging, stand die Tochter ihr bei. Wochenlang saß Simone am Krankenbett der Mutter und beschrieb anschließend in „Ein sanfter Tod" ihr Leiden. Die Gedanken der nun 55-Jährigen kreisten um Altern und Sterben. In dem Essayband „Das Alter" beschrieb sie 1970, was es heißt, nicht mehr jung zu sein, und wie die Gesellschaft mit dieser Generation umging. Zehn Jahre spä-

Beauvoir und Sartre nannten sich gegenseitig Castor und Pollux – nach der griechischen Sage Zwillingssöhne von Zeus, die sich über alles liebten. Als Castor starb, wollte Pollux aus Trauer die nur ihm selbst verliehene Unsterblichkeit verlieren.

ter begleitete „Castor" ihren „Pollux" beim Sterben, am 15. April 1980 war Jean-Paul Sartre tot.

Danach adoptierte Simone de Beauvoir Sylvie le Bon, damit diese ihre letzten Dinge regeln konnte. Die 34 Jahre Jüngere war schon lange ihre Freundin und ihre letzte Geliebte. Am 14. April 1986 starb Simone de Beauvoir in Paris. Sie wurde neben ihrem Lebensgefährten auf dem Pariser Friedhof Montparnasse zur letzten Ruhe gelegt.

Hexe und Heilige

Ihr Buch „Das andere Geschlecht" machte Simone de Beauvoir nicht nur in Frankreich zur meistverteufelten und meistverehrten Autorin des 20. Jahrhunderts. Sie setzte damit die Frauenbewegung erst richtig in Gang. Andere Geschlechtsgenossinnen warfen ihr dagegen vor, sie wolle aus Frauen Männer machen. Manche Medien beschimpften sie als „verkommen" und nannten sie ein „Brechmittel". Die katholische Kirche setzte das Werk auf den Index der verbotenen Literatur, weil es „die Heiligkeit der Familie" mit Füßen trete. In zahlreichen Ländern, darunter Spanien, die Sowjetunion, Griechenland, Bulgarien und die DDR, durfte das Buch nicht erscheinen und wurde bestenfalls unter dem Ladentisch verkauft. Dabei hatte sie in einem Interview 1982 nochmals betont, worum es ihr ging: ums Menschenrecht auf Gleichheit. „Da ich nicht denke, dass die Frau von Natur aus dem Mann unterlegen ist, denke ich auch nicht, dass sie ihm von Natur aus überlegen ist." Mit ihrem Buch „Das Alter" war die Beauvoir der Zeit weit voraus: Wie wir mit den „Alten" umgehen, ist heute ein noch viel brisanteres Thema.

Wo ist der Mensch zu Haus?

„Was bezeichnen Sie als Heimat? a) ein Dorf? b) eine Stadt oder ein Quartier darin? c) einen Sprachraum? d) einen Erdteil? e) eine Wohnung? Wie viel Heimat brauchen Sie? Empfinden Sie die Erde überhaupt als heimatlich?" Fragebögen mit oder ohne a–b–c–d-Antwortvarianten kennen wir als Unterhaltung aus Zeitschriften oder dem Internet, als Lebenshilfe in Ratgebern oder von Prüfungen in Schule und Beruf. Manche stammen von echten Fachleuten, andere von selbst ernannten Experten. Dieser hier stammt von einem Schriftsteller. Er machte aus Fragebögen Literatur. In den oben zitierten geht's um sein Lieblings- und Lebensthema Heimat. In anderen fragte er nach Liebe und Freundschaft. Er suchte damit und überhaupt schreibend den Ort oder Zustand, in dem der Mensch bei, in und mit sich zu Hause ist, wollte klären, was das ist: Identität und wie und wo man die findet. Können Mann und Frau, kann der Einzelne zu zweien daheim sein? Was ist Treue, was Ehe, sind wir dafür geschaffen oder dazu verurteilt, an und mit ihr zu scheitern? Dann wandte er sich der Heimat „draußen" zu, wollte wissen, was es mit „Vaterland", Politik und Staat auf sich hat, was die uns schuldig sind und was wir ihnen. Er fragte (sich) ebenso nach der Rolle des Dichters. Bei all dem machte er nicht an den Grenzen der eigenen Heimat halt und überschritt auch die der herkömmlichen Literatur. Er mischte sich ein und schuf sich damit nicht nur Freunde. Eigentlich war er Architekt, jemand, der Behausungen plant und baut. Sein Meisterstück war ein Ort, an dem der Mensch die Hüllen fallen lässt und mancher vor Vergnügen außer sich gerät. Sein Bauwerk bot Platz für 4200 Leute. Am Ende seines Lebens beschimpfte er seine Heimat als „verludert" und „Sumpfboden", von dem es „zum Himmel stinkt".

Wer war das?

Max Frisch:
auf Standortsuche

Geboren am 15.5.1911 in Zürich
Gestorben am 4.4.1991 ebenda

Kurz bevor er seine Heimat so beschimpfte, hatte Max Frisch erfahren, dass die Schweizer Polizei ihn wie fast eine Million anderer Mitbürger über vierzig Jahre lang bespitzelt und eine „Fiche", eine Kriminalakte über ihn angelegt hatte. Da wusste der Schriftsteller bereits, dass er wegen seiner Krebserkrankung bald sterben würde. In seinem Testament verfügte er, auf seiner Totenfeier in der Züricher Kirche St. Peter dürfe kein Vertreter der „Religion" und der „Macht" das Wort ergreifen. Sein Leichnam sollte verbrannt werden, die Asche in Luft und Erde verstreut. Er glaubte nicht an Gott oder eine Wiederauferstehung und wollte jetzt auch nicht mehr in der Erde einer solchen Heimat begraben sein. So sprachen denn am 9. April 1991, fünf Tage nach seinem Tod, Freunde Worte zum Abschied. Seine Stimme verstummte nie: Was er sagte und schrieb gegen Unrecht, Krieg, Machtmissbrauch und Hass gegen andere, gilt nach wie vor. Von ihm stammt der bekannte Satz: „Man hat Arbeitskräfte gerufen und es kommen Menschen." Diese Worte schlug er vor bald fünfzig Jahren all denen um die Ohren, die sich beim Wirtschaftswunder gern von „Gastarbeitern" hatten helfen lassen, sie aber nicht als Nachbarn dulden wollten und ihnen das Recht auf Respekt und Heimat verwehrten. Frisch empörte sich über die Verlogenheit und wachsende Ausländerfeindlichkeit. Auch sonst nahm der zornige Schweizer kein Blatt vor den Mund: Er protestierte gegen den Krieg in

Vietnam, schimpfte, dass die Menschen aus den Gräueln der Nazi-Diktatur und des Zweiten Weltkriegs nichts gelernt hätten und die Biedermänner schon wieder als Brandstifter die Lunte an Freiheit, Frieden und Gerechtigkeit legten. Eins seiner berühmtesten Dramen heißt so: „Biedermann und die Brandstifter".

Sein erstes trug den Titel „Stahl". Max Frisch verfasste es als 16-jähriger Oberschüler. Eine Aufführung von Schillers „Räubern" hatte ihn dazu angeregt, nach diesem ersten Theaterbesuch selbst ein Schauspiel zu schreiben. Das Manuskript schickte er selbstbewusst nach Berlin an den Direktor des Deutschen Theaters Max Reinhardt – und bekam es nach sieben Wochen zurück. Er schrieb eine Komödie über die Ehe, obwohl er noch nie einer Frau auch nur nähergekommen war, und ein Stück über die Eroberung des Mondes. Diese Dramen, etliche andere Packen beschriebenen Papiers inklusive seiner Tagebücher und des ersten gedruckten Romans („Jürg Reinhardt. Eine sommerliche Schicksalsfahrt") schleppte er zehn Jahre später in den Wald und verbrannte sie. Damit verabschiedete er sich von seinem Traum, Schriftsteller zu werden. Stattdessen studierte er Architektur.

Architekt war sein Vater gewesen. Franz-Bruno Frisch war in dem Metier allerdings so erfolglos, dass er sein Geld als Makler zu verdienen versuchte. Max Rudolf Frisch, geboren am 15. Mai 1911 in Zürich, wuchs in ärmlichen Verhältnissen auf. Er hatte eine Halbschwester, die Franz-Bruno mit in die Ehe mit Karolina gebracht hatte, und einen acht Jahre älteren Bruder. Der, Franz, war ihm Ersatz für den leiblichen Vater. Die Beziehung zu diesem beschrieb Frisch als „Gefühlslücke". Die Mutter stand ihm näher: Sie hatte als Kinderfräulein in Russland gearbeitet und erzählte davon gern und viel. Der kleine Max fühlte sich dabei wie auf Abenteuerreise zu den wilden Wölfen. Karolina schämte sich manchmal, wenn sie ihn zum Fallobstklauben oder Bucheckernsammeln schickte, um die Familie satt zu kriegen. Er selbst beklagte sich nie über seine Kindheit.

Von 1924 bis 1930 ging Frisch aufs Realgymnasium. Dort fand er in Werner Coninx einen Freund und Förderer. Coninx' Vater war Verleger des „Tagesanzeiger", die Familie gebildet und reich. Werner spielte Max oft Schallplatten von Bruckner, Bach und Mozart vor. Auch in Philosophie und Literatur wusste er Bescheid. Frisch selbst war ein lausiger Leser, war über Don Quichotte und Onkel Toms Hütte nicht hinausgekommen. Erst mit den „Räubern" fand er zur Literatur. Als er Schillers Drama auf der Bühne sah, war er so begeistert, dass „ich nicht begriff, wieso Erwachsene, die genug Taschengeld haben und keine Schulaufgaben, nicht jeden Abend im Theater verbringen".

Nach dem Schulabschluss begann Frisch 1930 ein Germanistik-Studium in Zürich. 1932 starb Frischs Vater. Er hinterließ Schulden und Max wollte sich auf eigene Füße stellen. Obwohl ihm ein Professor ein jährliches Stipendium von 800 Franken verschaffte, brach er das Studium ab. Im Jahr zuvor hatte er aufs Geratewohl eine Ausstellungskritik an die „Neue Zürcher Zeitung" geschickt. Als er den Text mit seinem Namen darunter plötzlich gedruckt in Händen hielt, ging er vor Stolz fast rückwärts. Er stellte sich in Zeitungsredaktionen mit den Worten vor: „Ich bin einundzwanzig. Illusionen mache ich mir keine. Aber ich vertraue auf meine journalistische Befähigung." Wie er sich wirklich fühlte, vertraute er dem Tagebuch an: „Was bist du eigentlich?" Diese Frage trieb ihn beim Schreiben an und spiegelte sich in seinen Artikeln wider, selbst in Reportagen über die Arbeit bei der Post oder den Straßenbau in den Bergen. Dabei packte er selbst mit an und notierte: „Ich bin nicht hergekommen, um der armen Bergbevölkerung zu helfen, sondern mir!"

Frisch probierte sich aus. Dabei wurde ihm die Schweiz bald zu eng. 1933 ließ er sich von Zürcher Zeitungen nach Prag zur

Eishockey-Weltmeisterschaft schicken. Aus einer vierzehntägigen Reise wurde ein halbes Jahr. Er trieb sich auf dem Balkan herum, war in Istanbul und Athen und schaute auf dem Rückweg in Bari und Rom vorbei. In Artikeln beschrieb er seine Eindrücke. So dachte er zum Beispiel über die verschleierten Frauen des Balkans nach, die er durchaus reizvoll fand: Die „Vermummung", so schrieb er, wecke die Fantasie im Mann. Zu Hause werde er „um alles Erahnen" bestohlen. Aus den nicht veröffentlichten Notizen und Ideen montierte er seinen ersten Roman über die „sommerliche Schicksalsfahrt", der 1934 als Buch erschien – drei Jahre später aber auf dem von ihm selbst errichteten Scheiterhaufen landete.

1935 reiste Frisch ins von den Nazis beherrschte Deutsche Reich und schrieb für die „Neue Züricher Zeitung" ein dreiteiliges „Kleines Tagebuch". Er suchte nach Spuren des „geistigen Deutschland", dessen Kultur ja auch ihm Heimat war, wollte wissen, ob und was davon angesichts der politischen Verhältnisse und Hitler'schen Rassenpolitik übrig war. Dabei begab er sich auf fragwürdige Abwege. So merkte er nach dem Besuch einer Ausstellung über die „Wunder des Lebens" zwar an, die Darstellung der Juden machten es ihm schwer, „über diesem dritten Reich das ewige Deutschland nicht zu vergessen". Schob dann aber die Sätze hinterher, es sei zu wünschen, dass „das heutige Reich nach jenem notwendigen Zurückdämmen die Rassenfrage nicht länger auf die Spitze treibt". „Notwendiges Zurückdämmen"? Diese Worte verwunderten umso mehr, als Frisch zu dieser Zeit eine jüdische Freundin hatte. Käthe Rübensohn studierte in Basel, weil ihr als Jüdin der Besuch der Universität in ihrer Heimatstadt Berlin nicht mehr möglich war. 1936 lehnte sie seinen Heiratsantrag mit der Begründung ab, er wolle sie nur aus Fürsorge zu seiner Ehefrau machen. 1937 schickte Frisch eine Erzählung mit der Hoffnung auf Lob und Fürsprache an Hermann Hesse. Der reagierte nicht, woraus Frisch schloss: „Es reicht nicht." Danach verbrannte er seine Schriften.

Seit 1936 studierte Frisch wieder: diesmal Architektur an der Technischen Hochschule. Ermutigt hatte ihn dazu sein Freund Werner Coninx, der ihn mit 4000 Franken im Jahr unterstützte. 1939 griff Frisch dann doch wieder zur Feder – als Soldat der Schweizer Armee. Die Alpenrepublik befürchtete den Einmarsch der Deutschen. Seine Gedanken und Erlebnisse hielt Frisch im „Tagebuch eines Soldaten" fest, das er 1940 als „Blätter aus dem Brotsack" veröffentlichte. Ein Jahr später beendete er sein Studium und jubelte über eine Stelle in einem Architekturbüro: „Ich bin dreißig und habe endlich einen Brotberuf. Ich kann heiraten." Die Frau dafür stand am Reißbrett neben ihm: Gertrud – Trudy – Constanze von Meyenburg. 1942 wurde die Kollegin seine Frau. Ein Jahr später eröffnete Frisch sein eigenes Architekturbüro: Er hatte gegen 81 Mitbewerber die Ausschreibung zum Bau der Zürcher Badeanstalt Letzigraben gewonnen. Im selben Jahr wurde er Vater von Ursula. 1944 folgte Sohn Hans Peter, 1949 Charlotte. In Basel baute Frisch seinem Bruder ein Haus. Doch bei aller Arbeit ließ ihn das Schreiben nicht los. Der Dramaturg des Zürcher Schauspielhauses Kurt Hirschfeld hatte ihn zum Weitermachen ermuntert. So verfasste Frisch die Dramen „Santa Cruz" und „Nun singen sie wieder". Die Uraufführung dieses „Requiems" auf die Opfer des Zweiten Weltkriegs machte Frisch 1945 bekannt. Es kam auch in Hamburg und München auf die Bühne. In dem Buch „Bin oder Die Reise nach Peking" suchte er eine Antwort auf die Frage, was „Ich" „bin" und was Glück heißt: Ist es so weit entfernt wie Peking?

„Santa Cruz" war ein Ehedrama – und Ausdruck seines eigenen Hin- und Hergerissenseins zwischen der bürgerlichen Existenz als gut installierter Architekt, Ehemann und Familienvater und dem Wunsch nach Freiheit und aller Fesseln lediger Schriftstellerei. Frisch entfloh dem Dilemma durch Reisen: ins zerstörte Deutschland, nach Italien und Prag. 1946 stellte er mit dem Drama „Die Chinesische Mauer" die atomare Aufrüstung infrage: „Es gibt keine Arche gegen die Radioaktivität." Inzwischen hatte der schreibende Architekt Bert Brecht kennengelernt − und war von ihm tief beeindruckt. Er zeigte dem Verfremder und Erfinder des epischen Theaters stolz seine Baustelle in Zürich, der legte ihm seine kommunistische Weltanschauung dar. Sie überzeugte Frisch nicht. Dennoch wurden die beiden enge Freunde.

Seine „Heimatsuche" hatte der Schriftsteller inzwischen weit über die Schweiz hinaus ausgedehnt: Romane und Dramen kreisten ums Ich, Standort und Verantwortung des Menschen in der Welt versuchte er in Essays zu klären. Ebenso die Frage, ob ein Autor und Künstler politisch Position beziehen müsse, vielleicht sogar die Pflicht habe, sich einzumischen. Seine persönliche Antwort war „Ja". Die Überlegungen dazu veröffentlichte Frisch im „Tagebuch 1946−1949". Der große Erfolg des Buches stellte sich allerdings erst zehn Jahre später ein. Da war Frisch längst zu einem der wichtigsten deutschsprachigen Nachkriegsautoren geworden.

Der Privatmensch wusste inzwischen zumindest, wo er nicht hingehörte: zu Frau und Kindern ins traute Heim. 1954 verließ er seine Familie, fünf Jahre später war er geschieden. 1955 hatte er sich auch vom erlernten Beruf verabschiedet und sein Architekturbüro aufgegeben. Von nun an lebte Frisch als freier Schriftsteller. Seit Erscheinen seiner Romane „Stiller" und „Homo faber" 1954 und 1957 war er weltberühmt. Der „Homo faber" wurde übersetzt in über vierzig Sprachen. Seit 1958 war Frisch mit der Schriftstellerin Ingeborg Bachmann liiert. Die Beziehung war ein grausames Wechselspiel von Zusammensein

und sich trennen, das vier Jahre währte. Von 1960 bis 1965 lebte Frisch in Rom. Dort wurde Bachmann von der Studentin Marianne Oellers abgelöst. Sie war 28 Jahre jünger als er und zog mit Frisch in dessen Haus in Berzona. 1968 heirateten sie. Man lebte wechselweise im Tessin, in New York und Berlin. Diese Ehe endete nach elf Jahren. Die neue Frau an Frischs Seite war da bereits Alice Lock-Carey. Die Amerikanerin hatte ihn bei einer Lesereise durch die USA begleitet. Hinter „Lynn" in Frischs autobiografischem Roman „Montauk" steckt Alice.

Frisch war längst nicht nur ein geachteter Schriftsteller, sondern auch eine international Aufmerksamkeit erregende politische Stimme. 1961 hatte er mit seiner Parabel „Andorra" die Themen Rassismus und Fremdenfeindlichkeit auf die Bühne gebracht. Das Stück spielt zwar in dem kleinen Pyrenäen-Staat, gemeint war aber seine Heimat, die Schweiz. 1967 protestierte er gegen den Militär-Putsch in Griechenland, 1968 bezog er Stellung zu den Studentenunruhen in Zürich, gegen die amerikanische Invasion im fernostasiatischen Vietnam und den gewaltsamen Einmarsch der Sowjetunion in die Tschechoslowakei. 1970 wurde er eingeladen zu einem Besuch im Weißen Haus in Washington, 1975 begleitete er den deutschen SPD-Bundeskanzler Helmut Schmidt nach China. Ein Jahr später wurde Frisch der Friedenspreis des Deutschen Buchhandels verliehen. In Moskau saß er 1987 auf dem Podium beim „Forum für eine atomwaffenfreie Welt und das Überleben der Menschheit". Da trug Frisch längst die Ehrendoktorhüte der Universitäten verschiedener Länder und war mehrfach international preisgekrönt.

In seiner Heimat meldete er sich 1989 noch einmal laut und heftig zu Wort, als die Eidgenossen über eine Volksabstimmung zur Abschaffung der Schweizer Armee stritten. Er war dafür. Und tobte vor Wut, als ihm 1990 die Kopie eines Gutachtens zugespielt wurde, aus dem hervorging, dass der „Stab der Gruppe Generalstabsdienste" Strategien diskutierte, wie der populäre Schriftsteller in der Öffentlichkeit am besten zu bekämpfen sei. Er schickte das Schreiben an das 1981 gegründete Max-Frisch-Archiv der Technischen Hochschule Zürich mit der Bemerkung: „Die Nachwelt soll auch was zum Lachen haben."

Ihm selbst fiel das Lachen zunehmend schwer. Weniger, weil er mit dem Altern haderte, ein Thema, das er in der Erzählung „Der Mensch erscheint im Holozän" verarbeitete. Auch nicht, weil er wusste, dass ihm eine Krebserkrankung nicht mehr viel Zeit zum Leben ließ. Ihn verbitterte zunehmend, was aus seiner Heimat wurde. Die „Fichen"-Affäre war aufgeflogen, Schweizer hatten Schweizer bespitzelt, angestiftet von der Staatspolizei. Auch ihn. Frisch schimpfte: Die 1848 als freisinniger Staat gegründete Republik sei „verludert", die Schweiz sei verkommen zu einem „internationalen Finanzplatz, der langsam zum Himmel stinkt". „Auf diesem Sumpfboden wächst jede Gemeinheit!" 1991 rief er gemeinsam mit anderen Intellektuellen zum „Kulturboykott" der damals anstehenden 700-Jahr-Feier des Alpenstaats auf: Er selbst sagte seine Teilnahme mit den Worten ab: „Ihre Schweiz ist nicht meine." Sie sei „ein Land zum Davonlaufen. Ich möchte eine Million abheben und verschwinden. Es liegt nicht an der Million, aber ich kann nicht mehr laufen."

Anfang April 1991 lag Max Frisch bereits halb im Koma. Seit Wochen hatte er seine Schmerzen nur noch ertragen können, weil er Morphium bekam. Am Morgen dieses 4. April murmelte er: „Ich plane es Schiff." Gefragt, ob er der Kapitän sein wolle, soll er, der zu Hause stets Schwyzerdütsch sprach, geantwortet haben: „Nei, jetzt müend d Lüt sälber für sich luege …" Dann starb er.

Vom Privaten zur Politik – und umgekehrt

„Schreiben heißt: sich selber lesen", sagte Max Frisch in seinem „Tagebuch 1945–1949". In einem Interview erläuterte er, was er damit meinte: „Jeder Mensch erfindet sich früher oder später eine Geschichte, die er, oft unter gewaltigen Opfern, für sein Leben hält." Wie der „Stiller" in dem gleichnamigen Roman. Seine zweite Gedankensammlung, das „Tagebuch 1966–1971", eröffnete er mit der Frage: „Sind Sie sicher, dass Sie die Erhaltung des Menschengeschlechts, wenn Sie und alle Ihre Bekannten nicht mehr sind, wirklich interessiert?" Es ist die erste Frage in der Reihe von „Fragebögen", mit denen er zugleich unterhielt und provozierte. Die „Tagebücher" zeigen den Spannungsbogen, unter dem sich das Leben, auch sein eigenes, für den Schriftsteller abspielte: vom Ich zum Wir zum Ich. Wie eng beides zusammengehört, zeigt die ewig aktuelle Frage nach dem Erhalt des Menschengeschlechts. Er griff sie vor dem Hintergrund der atomaren Rüstung auf. Uns begegnet sie mit der Umweltverschmutzung, dem Klimawandel, der Endlichkeit elementarer Ressourcen. Frisch war kompromisslos gegenüber der Politik – und erbarmungslos offen gegenüber sich selbst. Er scheute nicht davor zurück, sich dabei bloßzustellen. In seinen Romanen hob er die Grenze zwischen privat und politisch auf, zeigte, dass das Private immer auch politisch ist – und umgekehrt. Auf der Bühne stellte er Politik zur Schau und machte damit die Bühne zu Politik.

Zwischen Gräbern

Für die Kinder im Dorf war er der Prügelknabe. Häufig lauerten ihm die Bauernjungen auf dem Schulweg auf. Um ihnen nicht unter die Fäuste zu kommen, musste er sich immer neue Schleichwege suchen. Und das alles nur, weil sein Vater der Dorfpfarrer war. Das zahlten sie ihm heim. Denn sie meinten, er sei „etwas anderes" als sie. Dabei war das Einzige, was an ihm „anders" war, dass er zwischen Gräbern spielte. Der Friedhof hinter Pfarrhaus und Kirche war sein Revier. Auch seine Eltern zogen sich dorthin zurück, wenn sie in Ruhe etwas besprechen wollten, und spazierten dann auf dem Gottesacker hin und her. War ein neues Grab ausgehoben und wartete auf den nächsten Sarg, richtete er sich in der Grube eine heimelige Höhle ein. Manchmal war er so ins Spiel vertieft, dass er erst durch das Läuten der Totenglocke merkte, dass der Trauerzug schon näher kam. Dann kletterte er geschwind die Erdwände hoch und rannte davon. Er hatte keine Angst vor Leichen, weil er, wie er sagte, als Pastorensohn ständig von welchen umgeben war. Der Anblick der aufgebahrten Großmutter faszinierte ihn besonders. Auch das Sterben war ihm vertraut: Hatte er doch oft genug dem Metzger beim Schlachten zugesehen. Der Tod war für ihn etwas Normales, die Angst davor fand er später „beinahe erotisch". Die hatte er als kleiner Junge kennengelernt, als er glaubte, er sei seinem letzten Stündchen ganz nah: Da war er auf dem Fahrrad einem Motorrad in die Quere gekommen und lag regungslos auf der Straße. Immer wieder murmelte er beschwörend vor sich hin: „Ich will nicht sterben."

Der berühmte Schriftsteller war auch ein Maler, in dessen Bildern es häufig um den Tod in Gestalt von Sintfluten, Schlachten und biblischen Szenen ging. Mit dem Schreiben befreite er sich von seinen düsteren Visionen.

Wer war das?

Friedrich Dürrenmatt –
der apokalyptische Wörter-Reiter

Geboren am 5.1.1921 in Konolfingen/Schweiz
Gestorben am 14.12.1990 in Neuchâtel

Als der kleine Fritz das erste Mal ein Skelett sah, ist er dann doch gewaltig erschrocken: Eines Tages stieß die Mutter beim Blättern in einem frommen Buch auf das Abbild eines knöchernen Sensenmanns. Als Fritzchen fragte, was das denn sei, sagte sie, um ihn nicht zu ängstigen: „Kaiser Wilhelm". Bei der nächsten Fahrt in die Stadt kündigte sie an, man wolle ins Warenhaus „Kaiser" gehen. Da schrie Fritz wie am Spieß. Diesem Klappermann wollte er auf keinen Fall begegnen! Später warfen Kritiker Friedrich Dürrenmatt vor, seine Stücke seien „eine Häufung von Leichen". Er hielt dem entgegen, es gebe bei ihm weit weniger Tote als bei Shakespeare. Nicht verleugnet hat Dürrenmatt aber, dass es der Tod war, der ihn zum Schriftsteller werden ließ: Das war Anfang 1945. Da war er als 24-jähriger Hilfssoldat in einem Schweizer Grenzbataillon. Die Welt lag in Trümmern. Jenseits der Alpen dröhnten die Bombeneinschläge. Nur seine Heimat blieb heil – und tat so, als sei dies das Verdienst ihrer Armee. Dabei habe, so Dürrenmatt, Hitler die Alpenrepublik verschont, weil er sie für Kohle und Stahl als Verbindungsweg nach Oberitalien brauchte. Statt ihre Chance dieses Verschont-Seins zu begreifen, hätten sich die Eidgenossen zu Helden stilisiert. Dieser Gedanke kam ihm eines Abends nach dem Genuss von reichlich Wein und Schnaps – und dabei das Essen wieder hoch: „Die übrige Welt war voller Leichen,

aber ich hatte dem nichts entgegenzuhalten als mein Gekotze."
In diesem Moment habe er sich vorgenommen, die Welt „schreibend in den Griff zu bekommen". Einige Versuche hatte er zuvor schon gewagt. Jetzt aber reichte er erstmals erfolgreich eine Erzählung bei einer Berner Tageszeitung ein. Fünf Jahre später wurde er mit der Kriminalgeschichte „Der Richter und sein Henker" zum Erfolgsautor und dann berühmt vor allem durch seine tragischen Komödien. Immer wieder ging es darin mit bissig-bitterem Humor auch um den Tod.

Den Hang zur Satire hat Friedrich Dürrenmatt wohl vom Großvater geerbt: Der, „Ueli" Ulrich Dürrenmatt, ein Bauernsohn, Lehrer und Nationalrat, hatte den Krämergeist seiner Landsleute in Gedichten verspottet. Einmal steckte er dafür in einer Zeitungsredaktion sogar Prügel ein. Friedrichs Eltern waren sanfterer Natur: Der Vater Reinhold Dürrenmatt sorgte sich als Pfarrer um das Seelenheil der Schweizer. Mutter Hulda war eine gottesfürchtige Bauerntochter, die dem Sohn mit ihrer Frömmigkeit manchmal auf die Nerven ging: „Wenn ich Erfolg hatte, sagte sie immer, das käme daher, dass sie gebetet hatte." Geboren wurde er am 5. Januar 1921 in Konolfingen im Kanton Bern. Dort, am Eingang zum Emmental, war der Vater Dorfpastor. Für Mutter Hulda war ihr erster Sohn ein Gottesgeschenk, hatte sie doch zwölf lange Ehejahre vergeblich auf Nachwuchs gewartet. 1924 kam Tochter Vroni zur Welt.

„Ich war ein kriegerisches Kind!", sagte Dürrenmatt über sich. Als Sechsjähriger sei er manchmal, bewaffnet mit einer Bohnenstange und einer Pfanne als Schild, durch den Garten gezogen und habe der Mutter anschließend gemeldet, er habe die Österreicher vertrieben. Schon als Schulkind verfertigte er mit Kohle, Pinsel und Buntstiften düstere Gemälde wie ein von Dämonen umtanztes Kreuz, Sintfluten und Schlachtengetümmel. Als diese Bilder immer blutrünstiger wurden, wandte sich die besorgte Mutter Hilfe suchend an den örtlichen Kunstmaler. Der prophezeite, aus dem Kind werde wohl mal ein Oberst, war aber so beeindruckt, dass er ihn das Zeichnen lehrte.

Im Dorf hatte es Fritz schwer: Pfarrers-, Lehrer- und Doktorskinder fanden sich auf dem Land schnell in der Außenseiterrolle, weil die Bauernburschen meinten, sie hielten sich für „etwas Besseres". Daran änderte auch nichts, dass Fritz sich in der Schule alle Mühe gab zu versagen und sich mit den Lehrern anlegte. Besonders hasste er den Schreib- und Französischmagister, der die Kinder schlug und an den Haaren zog. Für Dürrenmatt war seine gesamte Schulzeit „die übelste meines Lebens". Aus den Prügeln, die er bei jeder sich bietenden Gelegenheit von der Dorfjugend bezog, seien, so meinte er, seine Motive der Gerechtigkeit und Vergeltung entstanden, aus den Schulerlebnissen das der Rache. Mit dem einen Freund, den er hatte, verzapfte Friedrich den üblichen Lausbubenunfug: Sie hängten sich, auf den Fahrrädern sitzend, an die schweren Transportfahrzeuge, die die örtliche Milchsiederei versorgten, und ließen sich die Straße hochziehen. Oder schlichen sich in die Stadel der Bauern, gruben Tunnel und Höhlen ins Heu. Im Nachhinein fand Dürrenmatt sein Dorf hässlich, die ländliche Umgebung aber schön.

1935 zog die Familie nach Bern. Der Vater wurde Seelsorger am dortigen Spital und betreute ein Nonnenkloster. Zwischen den vielen Straßen und Häusern fühlte sich Friedrich nicht wohl. Hinter jeder Ecke dieses Labyrinths sah er den Minotaurus aus der griechischen Sagenwelt auf ihn warten: Beide Bilder griff er als Maler und Schriftsteller auf. Im Gymnasium weckten die langen, verwinkelten Gänge in ihm Fantasien von unterirdischen Höhlen und geheimnisvollen Gassen. Auch hier machte sich Fritz bei den Lehrern binnen Kurzem so unbeliebt, dass er die Schule verlassen musste. Er holte sich dann 1941 auf dem privaten Humboldtianium seine Matura, das Abitur. Dort weckte ein Lehrer in ihm das Interesse an der Astronomie – und prompt machte sich Friedrich eines Nachts einen Spaß: Er rief mehrmals im Meteorologischen Institut in Zürich an und erzählte den Mitarbeitern, jedes Mal in einem anderen Schweizer Dialekt, der Mond habe heute eine so seltsame Form. Dabei war der wegen dichten Nebels gar nicht zu sehen. Er stellte sich vor, welche Aufregung jetzt wohl in dem Institut herrschte, und amüsierte sich königlich …

Friedrichs Eltern wünschten natürlich, dass er Pfarrer würde. Doch der gutmütige Vater gab den Versuch, ihn dazu zu überreden, schnell auf. Stattdessen ging der junge Dürrenmatt nach Zürich und belegte an der Universität Philosophie, Naturwissenschaften und Literatur. Diese Stadt gefiel ihm aber noch weniger als Bern und er kehrte nach einem Semester dorthin zurück. An seine Zimmertür in der Mansarde des elterlichen Hauses hängte er einen Zettel: „Friedrich Dürrenmatt, nihilistischer Dichter". Die schrägen Wände drinnen hatte er bemalt – überm Bett mit einer Kreuzigung, in der Mitte des Raumes grüßte Salome mit dem abgeschlagenen Kopf Johannes des Täufers, von der Decke blickte die Medusa herab. Umgeben von diesen Bildern, schrieb Dürrenmatt seine ersten Texte. Weihnachten 1942 inspirierte ihn zu einer düsteren Vision: Er erzählte, er habe auf der Straße das Christkind gefunden. Es lag erfroren im Schnee. Als er ihm die Augenlider hochschob, waren die Höhlen dahinter leer. Vor Hunger habe er den Heiligenschein des göttlichen Kindes gegessen und ihm dann den Kopf abgerissen. In einer anderen Geschichte machte er Gott zum Folterknecht, in einer dritten beschrieb er Höllenfantasien mit Huren und Halunken. Die Manuskripte behielt er für sich.

Das ganze Studium über quälte sich Dürrenmatt mit der Frage, ob er Maler oder Schriftsteller werden sollte. Die Entscheidung fiel in jener Kriegsnacht Anfang 1945, in der ihm wegen der Selbstgefälligkeit der Schweiz das „Kotzen" kam. Was ihn antrieb, war dieses: „Ich wollte die Bilder weghaben. Und sie gingen nicht weg. So kam ich eigentlich zum Schreiben." Dabei hielt er es wie mit der Malerei: „Schöne Bilder" herzustellen, interessierte ihn nicht, ebenso wenig wollte er nun „schönes Theater" schreiben. Wenige Monate später wurde in einer Berner Tageszeitung seine erste Erzählung abgedruckt. Gleich danach schrieb er sein erstes Drama: „Es steht geschrieben", ein wüstes, apokalyptisches Stück über die Wiedertäufer in Münster.

Im Sommer 1946 verliebte er sich in die Schauspielerin Lotti Geißler und heiratete sie im Oktober. Die jungen Leute zogen nach Basel, wo Dürrenmatt seine akademische Karriere abbrach. Dort kam 1947 Sohn Peter zur Welt, 1949 und 1951 folgten die Töchter Barbara und Ruth. Endlich, am 19. April 1947, kam im Zürcher Schauspielhaus sein erstes Stück auf die Bühne – und endete mit einem Skandal: Das Publikum tobte und buhte den 26-Jährigen aus. Trotzdem bekam Dürrenmatt für „Es steht geschrieben", über dessen „Narrheit, Völlerei und Unzucht" Kritiker schimpften, auf Antrag der Schweizerischen Schiller-Stiftung einen Preis. Damit war aber noch nicht genug Geld verdient, um die Familie zu ernähren. Freunde unterstützten ihn finanziell. 1948 fanden die Dürrenmatts Unterschlupf bei Lottis Mutter am Bieler See. Der Dichter versuchte, sich mit Theaterkritiken für Zeitungen über Wasser zu halten. Schließlich bot er 1950 einem Wochenblatt an, eine Kriminalgeschichte als Fortsetzungsroman zu schreiben. „Der Richter und sein Henker" wurde zum großen Erfolg. Als Buch erreichte das Stück Millionenauflage. Es wurde als Hörspiel inszeniert und bald in mehrere Sprachen übersetzt. 1952 zog Dürrenmatt mit Frau und Kindern ins eigene Haus in Neuchâtel.

1956 wurde im Zürcher Schauspielhaus „Der Besuch der alten Dame" inszeniert. In dem Drama kehrt eine Milliardärin nach

45 Jahren in ihren Heimatort zurück. Sie will der Kleinstadt eine Milliarde Franken schenken, verlangt dafür aber den Tod ihres früheren Liebhabers, der sie in der Jugend schwanger sitzen ließ. Das Stück wurde weltweit beachtet, in Wien auch als Oper aufgeführt und 1964 verfilmt. Nach dem „Besuch der alten Dame" reihte sich ein Erfolg an den nächsten, Dramen wie „Die Physiker", „Die Ehe des Herrn Mississippi" oder „Der Meteor". Dürrenmatt reiste und inszenierte an verschiedenen Bühnen. In den nächsten Jahren wurde er mit Preisen überhäuft und 1981 Ehrendoktor der Universität Neuchâtel.

So wild Dürrenmatt es in seinen Bildern, Dramen und auf der Bühne trieb, als Mensch musste er Maß halten und Disziplin üben: Er war seit 1950 schwer zuckerkrank und musste höllisch aufpassen, dass er nicht das Falsche aß oder zu viel Wein trank. Sonst lief er Gefahr, ins Koma zu fallen oder auszurasten. Letzteres passierte ihm auf einem Flug nach New York: Er randalierte und stürmte die Pilotenkanzel. Als ihm Ärzte eine Spritze geben wollten, schmetterte er sie an die Wand. Er selbst bekam davon nichts mit. Lotti erzählte es ihm später. Als 60-Jähriger hatte er bereits drei Herzinfarkte hinter sich. Dürrenmatt meinte: „Wenn ich nicht krank wäre, würde ich vielleicht gar nicht schreiben. Man braucht eine Bremse, um den Motor in Gang zu halten." 1983 erlitt der Schriftsteller den schwersten Verlust: Lotti starb.

Ein Jahr später lernte Dürrenmatt Charlotte Kerr kennen. Die Journalistin, Schauspielerin und Regisseurin drehte einen Film über ihn. Am 8. Mai 1984 fiel die letzte Klappe für die vierstündige Dokumentation mit dem Titel „Portrait eines Planeten". Dürrenmatt holte eine Flasche Bordeaux aus dem Keller und führte Charlotte Kerr am nächsten Morgen zum Standesamt. Die nächsten fünfeinhalb Jahre lebten sie als Frau und Mann. Am 14. Dezember 1990 erlitt Dürrenmatt den nächsten Herzinfarkt. Er überlebte ihn nicht.

Der Dichter als Anarchist

Friedrich Dürrenmatt sah den Menschen als ein Wesen, „das nur durch paradoxe, komödiantische Mittel dargestellt werden kann". Und er meinte, ein Schriftsteller könne seiner moralischen Aufgabe nur nachkommen, wenn er Anarchist sei. Der „Anarchist" Dürrenmatt stellte den Menschen mit einer Art Humor auf die Bühne, bei der den Zuschauern oft das Lachen im Hals stecken blieb. Mit seiner Heimat verband den Dichter eine Hassliebe: Er bezeichnete die Schweiz als ein Gefängnis, in dem jeder Gefangene sein eigener Wärter sei. Trotzdem blieb er freiwillig hinter diesen „Gittern": „Ich muss mich einrichten", sagte er – auf Reisen könne er nicht schreiben. Und er fügte augenzwinkernd hinzu, da sei er „ganz wie Immanuel Kant", der große Philosoph, der ja auch sein Leben lang in Königsberg blieb. Zwiespältige Gefühle hegte er auch zu dem neben ihm berühmtesten Schweizer Schriftsteller des 20. Jahrhunderts, gegenüber Max Frisch. Fast vierzig Jahre lang schrieben sie einander Briefe, schickten sich ihre Manuskripte, tauschten Ideen aus – und beschimpften sich. Ende der Siebzigerjahre kam es zum endgültigen Bruch. Dürrenmatt hatte Frisch in ein neues Buch einen Gruß an den „alten Kumpanen" geschrieben. Der las es, stand vom Tisch auf und ging. Wenig später kam er wütend zurück: Er sei bei seinem Anwalt gewesen. Und der habe ihm erklärt, „Kumpan" sei ein Begriff aus der Verbrechersprache. Mit diesen Worten knallte er Dürrenmatt das Buch auf den Tisch und verschwand. Einige Tage später entschuldigte er sich, doch der Riss war nicht mehr zu kitten. Dürrenmatt fragte sich „warum eigentlich?" – und beklagte daraufhin seine „vollkommene Einsamkeit".

Stichwort-verzeichnis

Der war das!

Christine Schulz-Reiss, Jahrgang 1956, studierte in Erlangen und München Germanistik, Geschichte, Politik und Kommunikationswissenschaften. Danach arbeitete sie als politische Reporterin und Redakteurin für Tageszeitungen in Stuttgart und München. Seit 1991 ist sie freiberufliche Journalistin und schreibt Sachbücher für Kinder und Jugendliche. 2004 wurde der im Loewe Verlag erschienene Titel *Nachgefragt: Politik* für den Gustav-Heinemann-Friedenspreis nominiert. In der Reihe *Wer war das?* sind außerdem die Bände *Abenteurer und Entdecker, Menschen der Geschichte* und *Forscher und Erfinder* erschienen. Die Autorin hat eine Tochter und lebt mit ihrer Familie in der Nähe von München.

Bildnachweis
akg-images (S. 24, 30, 42, 48, 59, 64, 74, 82, 88, 92, 102, 110, 120, 128, 138, 143, 146, 156, 166, 176, 184, 194, 220, 230, 235, 240, 244, 250, 270), akg-images/Erich Lessing (S. 14, 21, 36, 54), akg-images/Rabatti – Domingie (S. 38), akg-images/Archiv Klaus Wagenbac (S. 212), akg-images/Binder (S. 260), The Bridgeman Art Library (S. 202)